Geulnuri
2018-A-03

고전읽기와 토론

고전으로 읽는 우리 삶과 사회

한남대학교 탈메이지교양교육대학 교재개발(편찬)위원회

글누리
HNU

프롤로그 | 삶, 가치, 세계 : 고전과 함께, 고전을 넘어서

고전이란 무엇인가? 왜 어렵고 골치 아픈 책이라는 오해와 선입관에 휩싸인 고전을 읽어야만 하는가? 이런 질문에 대한 대답은 쉽고도 어렵다. 고전의 기준을 무엇으로 하느냐에 따라 고전은 달라진다. 그럼에도 불구하고 어떤 책을 고전이라는 범주에 집어넣는 합의된 기준은 있다. 그것은 오래된 책이지만 여전히 '살아있다는 것', 다시 말해 현대를 사는 우리들의 삶의 의미만이 아니라 '지금', '여기'의 사회와 세계를 이해하는 데 한줄기 '빛'을 던져주는 책이라는 점이다. 더 이상 오늘의 나의 삶과 우리가 사는 세계를 이해하는데 현재화, 문맥화할 수 없는 책이라면 그것은 그저 옛날 책, 한때의 시대를 풍미했던 책에 불과하다. 또한 고전은 인류 지성사의 보고이며 연구 가치가 있다는 데 이론을 제기하는 사람이 없는 책을 말한다.

그렇다면 우리는 왜 고전을 읽어야 하는가? 왜 수많은 역사적 인물이나 사상가들이 고전을 읽으라고 하는가? 또 오늘날 인문학에 관심 있는 대중들이 고전을 '독서 중의 독서'라고 인정하는가? 한 가지 질문을 더 던져보자. 왜 미국의 160개 이상의 메이저 대학들이 교양교육과정을 고전읽기 프로그램 중심으로 운영하는가? 왜 세인트 존스 대학 등 리버벌 아츠 칼리지에서는 1학년에서 4학년까지 오직 고전만을 교육하는가? 1929년 시카고 대학의 '위대한 고전읽기' 교육과정을 전면적으로 실행한 이래 미국 대학에서 교양교육(자유교육)의 핵심으로 고전교육이 자리 잡은 지 100년이 가까워진다. 도대체 왜 그들은 그러한 교육과정을 고수하는가? 한국의 대학의 경우도 대략 10년 전부터 고전읽기 강좌를 필수과목화하기 시작했다. 왜 한국 대학에서도 이러한 일이 벌어지고 있는가?

우리가 대학에서 교양과목으로 '고전읽기'를 해야 하는 이유는 민주사회를 이끌어갈 미래의 시민인 학생들이 인문학적인 기초를 갖추지 못한다면 인류 문명에 대한 총체적인 시각과 비판적인 사고 능력을 갖지 못하기 때문이다. 즉, 대학에서의 교양교육은 미래의 건전한 시민을 길러내는 것을 목표한다. 교양교육과 관련해 언급해야만 하는 것은 교양교육에 대한 관련 종사자와 일반인들의 오해이다. 교양교육은 빌둥Bildung이라는 말을 일본인이 번역해 한국에서 일반화된 개념이다. Bildung은 이론사적 맥락에서 한결같이 자기 형성을 의미한다. 이 개념은 사상가에 따라 자기교육, 성숙, 계몽, 문화화, 내면성의 완성 등의 개념으로 변주되기도 한다. 교육적인 개념으로 번역하면 교양교육은 가치교육이며 이것은 전통적인 자유교육 개념을 관통한다. 교양교육은 타자에 의해 이끌어지는 교육 개념이나 기초적인 학습력을 위한 도구 과목을 배우는 하위 교육 과정 단계가 아니다. 인간성, 인간다움, 어떤 가치와 공동체를 지향해야 하는가에 대한 전인적인 인격을 함양하는 것이 교양교육임을 분명하게 인식해야 한다.

대학교육의 가치가 고등 직업 교육 기관, 특정한 직업 기술을 연마하기 위한 곳으로 이동하고 있는 오늘날의 현실에서도 인문학 교육의 가치는 여전히 중요하다. 대학에 진학하는 대부분의 학생들에게 캠퍼스에서 보내는 4년은 우리가 사는 세상에 대해 깊이 생각해볼 수 있는 마지막 기회이다. 대학이 직업 훈련소, 특히 돈벌이가 되는 직업을 갖기 위한 훈련소가 되어버린다면 이는 학생들에게도, 사회에도 커다란 손실이다. 오늘날 급변하는 세계 경제 속에, 성공한 기업들이 찾는 인재는 한 분야에 대해 많이 아는 사람이 아니라 재빠르고 호기심이 강하며 혁신적인 사람이다. 초보 회계사와 컴퓨터 프로그래머, 엔지니어, 변호사, 금융 애널리스트들의 일은 이미 아웃소싱되고 있고 머지않아 컴퓨터로 대체될 것이다. 좋은 일자리는 폭넓게 사고하고 관습에 도전하는 사람, 즉 인문학 교육의 목적에 충실한 사람에게 돌아간다는 것을 스티븐 잡스가 증명했다. 지식을 비판적으로 수용하여 새롭게 활용할 수 있는 창의적 능력과 비판적 사고력을 향상시킬 수 있는 교양교육을 《고전읽기와 토론》으로 담아낼 수 있다.

우리가 고전읽기에 주목하는 이유는 인류 문명사에 거대한 지적 유산을 남긴 고전의 텍스트를 통해 인류 지성사를 이해함으로써 미래에 대한 가치를 지향할 수 있는 균형 잡힌 사고를 학생들에게 제공할 수 있기 때문이다. 맑스의 표현을 빌리면 '오늘날 4차 산업 혁명이라는 유령이 세계를, 우리들 주위를 배회'하고 있다. 고전읽기는 4차 혁명 시대에 낡은 방식의 경전주의가 아니다. 왜 그런가? 오늘날 새로운 노동 형식과 내용을 보자. 평생 한 가지 직업에 종사하는 시대는 지나갔고, 누구나 다양한 기술을 요하는 여러 커리어를 갖게 되는 시대가 되었다. 극본을 쓰고 싶은 젊은이가 영화 관련 애플리케이션용 웹 콘텐츠를 만들어야 할 수도 있고, 프로그래머를 꿈꾸는 청년은 스토리텔링을 중시하는 비디오게임 회사와 협업을 해야 할 수도 있다. 이렇게 인문학과 기술 간의 장벽은 무너지고 있다. 역사학자들이 인간을 더 잘 파악하기 위해 빅데이터를 활용하고, 공학자들이 기술 관련 문제에 대한 답을 얻기 위해 휴먼 인터페이스를 연구하는 시대이다. 이런 시대적 흐름에 고전읽기 과목은 결정적인 사회적 기능이 있다. 그것은 세속적인 사회 질서가 챙길 겨를이 없는 종류의 가치를 보호하고 육성하는 것이다. 기술이 지배하는 사회에서 잃어버릴지 모를 인류의 숭고한 지성사적 가치와 사상을 보존하고 기술과 인간에 대한 균형 잡힌 통섭형 인재를 요구할 뿐만 아니라 높은 의사소통능력도 필요로 한다. 대학은 4차 산업혁명을 준비하는 현대사회가 요구하는 능력을 갖춘 인재를 양성해 내야 하는 새로운 과제를 떠맡게 된 것이다.

끝으로《고전읽기와 토론》이 인간성의 가치에 대한 재인식, 자기성찰과 사회 및 세계 이해 그리고 4차혁명이라는 미지의 세계로 나아가는 우리 시대의 젊은이들에게 조금이나마 도움이 되길 기대한다.

2018. 2월의 어느 날, 정명기 외 저자 일동

| 차 | 례 |

2부 | 우리들이 사는 세상읽기

1부

철학이 있는 삶의 향기

1

주체로 산다는 것

니체 《짜라투스트라는 이렇게 말했다》

Also sprach Zarathustra.

Ein Buch

für

Alle und Keinen.

Von

Friedrich Nietzsche.

Chemnitz 1883.

Verlag von Ernst Schmeitzner.

Paris
W. Fischbacher
33 Rue de Seine.

St. Petersburg
H. Schmitzdorff
(C. Roettger.)
Kais. Hof-Buchhandlung.
5 Newsky Prospekt.

Turin
(Florenz, Rom.)
Hermann Loescher
via di Po 19.

New-York
E. Steiger & Co.
25 Park Place.

London
Williams & Norgate
14 Henrietta Street,
Covent Garden.

주체로 산다는 것

이하준

니체 삶의 여정

니체Friedrich Wilhelm Nietzsche, 1844~1900처럼 치명적인 매력을 가진 철학자도 없다. '신은 죽었다'라는 그의 표제어는 최고의 '사이다'철학이자 최악의 철학이라는 극단적 평가를 불러일으켰다. 그의 철학적 선언에 대한 양극단의 반응처럼 그의 삶도 극단을 달렸다. 목사의 아들, 여성들 품 안에서의 성장, 소크라테스적 인간에 대한 혐오와 디오니소스적 광기의

니체(뭉크1906)

숭배, 평생 달고 산 구토, 위장병, 편두통, 발작, 심한 근시로 인한 안구 통증, 수면장애, 우울증 그리고 10여 년이 넘는 정신착란의 세월, 반유대주의자였던 여동생에 의한 사상의 왜곡 시도 등. 사상사에서 니체처럼 영화 같은 삶을 살다간 철학자도 드물다. 니체가 극도로 혐오한 소크라테스와 비교하면 더더욱 그렇다. 철학적 자살을 선택한 소크라테스Socrates의 삶에서 영화적 장면을 찾는다면 기껏해야 그의 재판 과정뿐이다. 나머지는 그저 아테네의 '등에(말파리)'[1]로 스스로를 규정하면서 제자들과 즐거운 향연을 벌인 것이 전부이다. 니체의 생애사를 쭉 살펴보면 그는 감정의 폭발적인 상승과 하강이 심한 사람, 과장과 자기애가 강한 사람, 일상에서 계획성이 없이 사는 사람, 세상에서 자신처럼 현명한 사람은 없다고 허풍을 떨거나 자기 철학이 반향을 일으키자 그 영향이 수백 년을 갈 것이라고 맹신했던 사람, 천박한 영혼을 마음대로 조롱했던 사람, 직설적이며 동시에 시적인 사람, 모든 에너지를 모아 망치를 들고 모든 것을 부숴버리는 사람, 천진난만한 아이와 같은 사람, 가장 심각하지만 일상은 느낌대로 사는 사람, 소심하고 여성성이 가슴 한구석을 채우고 있는 사람처럼 보인다.

니체는 귀족의 가정교사였다가 목사가 된 아버지와 17세에 결혼한 어머니 사이의 장남으로 태어났다. 그의 아버지는 피아노 연주와 작곡에도 능한 사람이었으나 니체가 다섯 살이 되었을 때 뇌연화증으로 죽는다. 그때 그의 어머니는 23세였다. 니체의 남동생 요제프도 아버지 사망 후 몇 달 뒤에 죽는다. 아버지가 죽자 니체는 할머니, 두 명의 고모, 여동생 엘리자베트, 미네라 부르는 하녀에 둘러싸여 자라게 된다. 학교에서 니체는 우수한 성적을 내는 모범생이었으나 친구들은 소수에 불과했다. 그럼에도 불구하고 몇몇 맘 맞는 친구와 '게르마니아'라는 문예클럽을 만들기도 했다. 대학에서 그는 고전 문헌학을 배웠고 문헌학 학회 활동, 피아노 연주, 합창 및 작곡만이 아니라 공연 관람에 많은 시간을 할애했다. 니체는 이 시절에 피아노 즉흥연주로 주변인들로부터 인정을 받았으며 춤도 잘 추고 즐겼다고 알려져 있다. 그는 본 대학에서 신학으로 시작해 문헌학자인 리츨Ritschl교수의 영향을 받아 문헌학자로 성장하며 24세의 나이에 라이프치히 대학에서 학위를 한 후 바젤대학의 문헌학 교수가 된다. 학위를 받을 즈음해서 그는 〈디오니소스적 세계관〉1870과 같은 철학 논문과 첫 철학 저서인 《비극의 탄생》1872들 등을 쓰기 시작하면서 철학자로서 변신한다.

니체의 인생에서 쇼펜하우어Schopenhauer의 영향과 바그너Wagner와의 애증관계를 빼놓을 수 없다. 니체의 초기 사상에 결정적인 영향을 준 쇼펜하우어를 그는 본Bonn의 한 헌책방에서 만난다. 《의지와 표상으로의 세계》라는 쇼펜하우어의 책은 무력감과 의미 부재에 빠져있던 당시의 니체에게 한 줄기 빛과 같았다. 의지 개념의 변용, 음악과 예술에 대한 생각, 이성의 역할에 관한 입장에서 보면, 그는 쇼펜하우어의 제자이다. 칸트의 철학에 접근하는데 자극을 준 것도 쇼펜하우어의 책을 통해서이다. 사상적 성장과정에서 쇼펜하우어만큼은 아니지만 랑케의 역할도 있다. 그의 책을 통해 니체는 다윈, 데모크리토스, 유물론 등에 접근했다. 생애사적 관점에서는 니체와 바그너와의 만남은 니체에게 인생의 결정적 장면 중의 하나이다. 바그너와 그의 관계는 아버지와 아들, 숭배자와 지도자, 동지와 적, 코지마Cosima를 둘러싼 묘한 삼각관계로 요약할 수 있다. 양자는 첫 만남에서 쇼펜하우어의 철학과 그의 음악론에 대한 논의를 하면서 강한 공감을 확인한다. 첫 만남 후 니체는 바그너의 오페라와 저작을 탐독하며 그를 신봉한다. 니체가 여행을 할 정도로 거리가 떨어진 바그너 집을 23번이나 방문했다는 것, 크리스마스를 같이 지낼 정도였다는 것, 교수 신분이었던 니체가 바그너와 코지마의 악보 복사, 신문기사 철하기, 바그너가 좋아하는 음식물 주문 등을 자발적으로 했다는 점에서 보면 영웅에 대한 일방적인 사랑의 측면이 컸다고 보인다. 철학자로서 본격적인 첫 저서라고 할 수 있는 《비극의 탄생》을 바그너에게 헌정할 정도로 한때 바그너는 그에게 영웅이었다.

얼마간의 교감과 일방적 사랑에서 적대적 관계로의 발전은 니체의 사상적 성장과 관련이 있다. 결별의 원인을 니체는 '기독교의 십자가 앞에 무릎을 끊어 버린 바그너'에 대한 혐오 때문이라고 적고 있다. 신의 죽음과 기독교의 노예도덕을 전복시켜 위버멘쉬의 도덕으로 나아가는 니체에게 구원의 종교 기독교에 귀의하는 바그너와의 결별은 자연스러운 일이다. 바그너를 버리고 난 후 니체는 그 자리에 또 다른 음악가인 조루즈 비제Georges Bizet를 세웠다. 그는 비제의 오페라 <카르멘>에서 자신이 추구하는 디오니소스적인 강렬함, 정열을 발견했기 때문이다.

누구나 사랑을 하듯이 니체도 사랑을 하였다. 그는 학창시절에 매음굴을 들락거렸고 매독에 걸린 바도 있다. 라이프치히 대학시절에 니체는 로데라는 여인을 사랑했고 그녀와 함께 바젤에 있었던 바그너를 방문한 적도 있다. 니체가 장난 같은 청혼을 한 여인은 마틸데 트람페다흐이다. 니체는 그녀를 제네바 체류할 때 몇 번 보았는데 내일 떠날 것이라고 말하며 결혼 승낙을 편지로 요청했다. 그 청혼은 니체 스스로 말했듯 바람직하지만 비현실적인 일에 불과했다. 니체의 전 인생에서 영혼을 바쳐 사랑한 여인은 당대 지식인 사회에서 만인의 여인이었던 루 살로메Lou Andreas-Salomé와 바그너의 두 번째 아내 바그너 코지마이다. 루 살로메는 릴케, 프로이트와도 사랑을 나눴던

니체,살로메레(1882)

여성으로 지성적이며 자유분방한 여성이었다. 니체는 그녀를 본 순간부터 사랑에 빠졌고 그녀가 지은 <삶의 찬미>라는 시를 소재로 작곡도 하였다. 소심했던 니체는 친구인 파울 레Paul Rée를 통해 사랑을 전하려하지만 그도 그녀를 사랑했다. 이 두 사람의 청혼은 거절당했다. 니체의 가슴을 뜨겁게 한 또 다른 여성은 바그너의 아내 코지마이다. 니체는 코지마를 디오니소스의 여인 아리아드네Ariadne로 생각했고 정신병이 발생한 이후에 그녀를 '나의 아내, 코지마'로까지 지칭하기도 했다. 니체는 니체적 사랑을 한 것이다. 자기 관점에서 보면 누구든 사랑은 죄가 아니다. 니체적 사랑도 그러한 성격이다. 상호 헌신-동등한 두 주체의 계약 등의 개념이 니체의 사랑에 없었다. 삶의 예술가이자 세계 구원의 철학을 열광적으로 설파하는 니체에게 그런 사랑을 할 에너지는 없다고 그의 철학적 감각이 말하는 것이 아닐까.

왜 니체는 '차라투스트라'를 불러내는가?

니체는 늘 호명된다. 붕괴와 해체의 시기만이 아니라 붕괴와 해체가 필요하고 무언인가 완전히 다른 세계, 다른 가치를 지향할 때 호명되는 인물이 바로 니체이다. 이러한 호명은 망치를 들고 있는 니체, 망치로 상징되는 "모든 가치의 전환Umwertung aller Werte"이 요구될때 이루어진다. 거대담론의 해체, 로고스 중심주의의 해체를 내세운 포스트모너니스트들의 배후에는 철학의 과거를 바라보는 변용된 니체적 시선이 있었다. 역사사회적 환경에 따라, 정치 경제적 환경에 따라, 개인의 시대인식에 따라 이론적 시선은 늘 무엇인가를 호명한다. 2018년 한국 사회를 사는 우리들은 누구를 호명하고 싶거나 호명해야 한다고 생각할 것이다. 어떤 이는 마르크스를 호명하고 변주할 것이다. 누구는 니체를 급하게 부를 것이다. 이 호명은 당대의 인간 존재와 시대를 읽어내는 '거울'의 역할을 함과 동시에 새로운 이론과 시선을 만들어 내는 단서로 작용한다. 이런 의미에서 호명은 지극히 '사회적'인 것이며 동시에 '철학적'인 것이다. 사회적이란 시대인식과 요구의 반영이라는 점에서, 철학적이란 고유한 가치와 세계관의 측면에서 호명된다는 것을 의미한다. 일상적 자아로 살아가는 우리들도 누군가를 불러낸다. 이 호명은 개인사와 그의 캐릭터가 녹아 있다는 측면에서 개인적이며 동시에 우리의 개인사가 사회문화적 영향 하에 있다는 면에서 사회적이기도 하다. 20대의 청춘은 '달달한 사랑', '자유로운 삶', '아름다운 노동', '밝은 미래', '청춘의 순수와 아름다움'을 불러낸다. 어떤 청춘은 '자유와 평등', '연대의 가치'를 불러낸다. 성찰적 휴머니즘 혹은 건강한 사회생태계가 우리 사회에 필요하다고 믿는다면 우리는 누구를 불러내겠는가?

니체가 호명한 것들은 그리스, 디오니소스, 기사, 자유정신, 힘에의 의지, 어린아이 등 수없이 많이 있다. 그것들을 모두 응축하면 위버멘쉬 Übermensch이자 위버멘쉬를 설파하는 차라투스트라 Zaraϑuštra라고 말 할 수 있다. 그의 출생과 생존 시기, 활동 지역은 불분명하지만, 그가 아직도 활동 중인 조로아스터교의 창시자라는 점은 주지의 사실이다. 《차라투스트라는 이렇게 말했다》에서 차라투스트라는 역사적으로 인물 혹은 종교 창시자 거나 여전히 영향력을 행사하는 예언자를 의미하지 않는다. 니체가 그의 이름으로 자신의 철학을 설파한다는 점에서 차라투스트라는 니체의 '입' 이상이 아니다. 니체는 차라투스트라라는 입을 통해서 생의 절대적 긍정과 생의 창조, 자기극복, 선악의 부정, 위버멘쉬, 자유정신을 말한다. 니체에 따르면 차라투스트라는 "선과 악 사이의 투쟁에서 숙명적인 오류인 도덕을 창조했고 도덕의 오류를 인식한 최초의 사람"이다. 기존의 도덕, 규범을 노예적 인간을 만드는 노예도덕으로 본 니체는 기존 도덕의 오류를 최초로 본 사람이 그라고 가정하고 도덕을 극복한 사람으로서 차라투스트라를 불러낸다. 동시에 그는 차라투스트라를

"내 안의 자기 극복", 자신을 극복하는 사람으로 내세운다.

또 다른 관점에서 차라투스트라를 니체가 호명해야 하는 이유는 병든 현대, 왜소화되고 나약하며 방황하는 현대인에 대한 처방이 필요했기 때문이다. 왜소하고 병든 현대인에게 필요한 것은 건강한 몸과 영혼이다. 이런 문제의식에서 니체는 완전히 새로운 인간 유형을 만들어 낸다. 그가 바로 자유정신으로서 위버멘쉬이다. 니체는 인간에게 병든 인간을 대체할 위버멘쉬가 누구이고 왜 인간이 위버멘쉬가 되어야 하는가를 가르치는 차라투스트라를 불러낸 것이다. 이상적인 인간으로서 위버멘쉬를 가르치는 차라투스트라를 불러내면서 니체는 교육비판, 도덕비판, 기독교비판, 형이상학비판 등 전방위적인 비판을 수행한다. 완전히 새로운 대지에서만 새로운 인간이 탄생하고 활동할 수 있기 때문에 그는 그렇게 했다.

《차라투스트라는 이렇게 말했다》는 니체가 육체적 고통으로 교수직을 사임한 4년 뒤인 1883년에 쓰기 시작해 1885년 출간된다. 그의 자서전 격인《이 사람을 보라》에서 니체는 총 4부를 각각 열흘 단위로 써 내려갔다고 밝히고 있다. 철저한 고독과 우울, 호숫가, 숲길, 산책, 번뜩이는 착상, 햇볕과 생명의 냄새가 뒤섞여서 나온 책이 이 책이다. 니체는 이 책을 "가장 심오한 책, 몇 천 년 동안 인간에게 영향을 미칠 책"으로 자평했다. 그의 자평을 인정하든 안 하든 이 책은 니체의 저서들 중에서 가장 많이 읽히고 있는 책이며 앞으로도 읽힐 책이다. 전통적인 철학자의 이미지로 니체의 책을 열면 당황한다. 이 책은 문학작품처럼 머리말부터 비유와 상징으로 가득 차 있고 전체적으로 보면 잠언이나 교설의 형식을 취하고 있기 때문이다. 숲속의 성자, 밧줄, 벌레, 용, 뱀, 거머리, 원숭이, 비둘기, 사막, 정오 등등 비유와 상징이라는 문학의 외투를 하고 있지만, 이 책은 니체 철학의 정수라 할 수 있는 신의 죽음, 위버멘쉬, 자유정신, 영원회귀, 힘에의 의지, 허무주의 등의 사상이 잘 농축되어 있다. 이런 점에서 이 책은 가장 비체계적이지만 가장 체계적인 사상서라고 말할 수 있다. 독자가 얼개를 어느 정도 볼 수 없다면, 이 책은 어지럽고 난삽한 책에 지나지 않는다. 한마디로 던져버리고 싶은 책이 될 것이다. 그런 점에서 니체의 말처럼 이 책은 "모두를 위한 책"이면서도 누구나 쉽게 이해하기 어려운 책이기도 하다. 니체의 다른 책과 함께 읽어서 이 책을 이해하든 이 책의 일부에 감흥을 받든 상관없다. 가장 중요한 것은 차라투스트라가 말하는 바를 자기 몸으로 읽는 것이다. 다르게 표현하며 기존의 나의 삶을 이 책의 시선으로 들추어내 들여다보고 맛을 보며 다른 삶의 가능성에 대해 생각하고 몸으로 만들어가려는 시도를 해야 한다. 그렇게 한다면《차라투스트라는 이렇게 말했다》읽기는 성공한 것이다. 해석의 정확성과 그 해석에 대한 공증을 받고 싶어 하는 것 자체가 반니체적 읽기 방식이다. 차라투스트라의 관점에서 '나' 보기, 나의 관점에서 차라투스트라 '다시 보기'가 몸으로 읽는 방식이다. 헛소리다 생각되면, 차라투스트라가 역겨우면, 과감히 집어던져라. 그것은 또 다른 방식의 차라투스트라 되기의 시작일 수 있다.

짐승과 위버멘쉬 사이에서 밧줄 타는 인간의 풍경

인간 존재 상황에 대한 니체의 고발은 좀 당황스럽다. 그는 말한다.

> 지금까지 존재해온 모든 것들은 그들 이상의 것을 창조해왔다. 그런데도 너희는 이 거대한 밀물을 맞이하여 썰물이 되기를 원하며 사람을 극복하기보다는 짐승으로 되돌아가려 하는가? 사람에게 있어 원숭이는 무엇인가? 일종의 웃음거리 아니면 일종의 견디기 힘든 부끄러움이다. 너희는 아직도 많은 점에서 벌레다. 너희는 한때 원숭이였다. 그리고 사람은 여전히 그 어떤 원숭이보다도 원숭

이다운 원숭이다. (1부, 머리말 3)

니체에게 인간은 벌레였다. 자기의지가 전무하고 자동기계로 살아가는 존재 이상이 아니다. 얼마간의 성장이 됨에 따라 인간은 원숭이 다운 원숭이가 되었다. 자기 의지를 오로지 따라 하는 것 이상으로 작동시키지 못하는 존재가 원숭이이며 그것을 의식 못하는 존재로서 인간은 원숭이스러운 원숭이이다. 위버멘쉬의 시각에서 볼 때 그러하다는 말이다. 곧바로 니체는 인간을 '더러운 강물'로 비유한다. 더럽지 않은 바다의 관점에서 볼 때 더러운 강물이 인간 존재라는 것이다. 인간은 이렇게 경멸의 대상이자 혐오의 대상이다. 인간을 이렇게까지 규정하는 니체에게 비호감을 넘어 혐오를 느끼는 사람도 있을 것이다. 그런데 위와 같은 인간의 모습은 차라투스트라가 원숭이인 인간에게 위버멘쉬를 왜 가르쳐야 되는지를 말하기 위한 니체적 장치라고 생각해야 한다.

좀 과격했다고 생각했는지 니체는 톤을 한 단계 낮추어 군중에게 설파하는 차라투스트라를 보여준다.

> 사람은 짐승과 위버멘쉬 사이를 잇는 밧줄, 심연 위에 걸쳐 있는 하나의 밧줄이다. 저편으로 건너가는 것도 위험하고 건너가는 과정, 뒤돌아보는 것, 벌벌 떨고 있는 것도 위험하며 멈춰서 있는 것도 위험하다. 사람에게 위대한 것이 있다면 그것은 그가 목적이 아니라 하나의 교량이라는 것이다. 사람에게 사랑받을 것이 있다면 그것은 그가 하나의 과정이요 몰락이라는 것이다. 나는 사랑하노라. 몰락하는 자로서가 아니라면 달리 살 줄을 모르는 사람들을. 그런 자들이야말로 저기 저편으로 건너가고 있는 자들이기 때문이다. 나는 위대한 경멸자들을 사랑하노라. 왜냐하면 그런 자들이야말로 위대한 숭배자요 저기 저편의 물가를 향한 동경의 화살이기 때문이다.

> 나는 사랑하노라. 왜 몰락해야 하며 제물이 되어야 하는지, 그 까닭을 먼저 별들 뒤편에서 찾는 대신 언젠가 이 대지가 위버멘쉬의 것이 되도록 이 대지에 헌신하는 자를. 나는 사랑하노라. 깨치기 위해 살아가는 자, 언젠가 위버멘쉬를 출현시키기 위해 깨치려는 자를. 그런 자는 이와 같이 그 자신의 몰락을 소망하고 있는 것이니 […] 나는 사랑하노라. 자신의 덕을 사랑하는 자를. 덕이야말로 몰락하려는 의지요 동경의 화살이기 때문이다. 나는 사랑하노라. 한 방울의 정신조차도 자신을 위해 남겨두지 않고 전적으로 자신의 덕의 정신이 되고자 하는 자를. 그런 자는 이와 같이 정신으로서 저 다리를 건너고 있는 것이니 […] 나는 사랑하노라, 자신을 잊을 만큼, 그리고 자신 속에 만물을 간직할 만큼 넘쳐흐르는 영혼을 지닌 자를. 이렇게 하여 만물은 그에게 멸망의 계기가 되리니. (1부, 머리말 4)

이 인용구에서 니체는 인간을 짐승과 위버멘쉬 사이의 밧줄, 교량(다리)이라고 규정한다. 이것은 두 존재 사이의 중간자 혹은 사이 존재라는 의미가 아니다. 현명한 독자는 그다음 문장에서 금방 감을 잡았겠지만, 니체가 원하는 인간상은 밧줄을 넘어 위버멘쉬로 나아가는 인간이다. 또 이해력이 높은 독자는 니체가 '인간은 결코 위버멘쉬가 될 수 없다'고 말하지 않았음을 간파했을 것이다. 니체가 말하는 인간은 '과정적 존재'이다. 짐승에서 위베멘쉬로 나아갈 수 있는 과정적 존재이며 짐승으로 되돌아가거나 위버멘쉬가 될 수 있는 가능성의 존재이다. 외줄을 타서 밧줄 저 너머로 넘어간다면 그는 위버멘쉬가 되는 것이다. 밧줄의 한가운데 즉 힘차게 건너는 시간을 니체는 "위대한 정오"(1부, 베푸는 덕에 대하여, 131)의 시간으로 표현하기도 한다.

그런데 밧줄을 건너가지 위해서는 많은 전제조건들이 필요하다. <진짜 사나이>에서나 여성 연예인들의 군부대 체험에서 등장하는 밧줄

타기 수준에서 필요한 담력 정도로 되는 문제가 아니다. 니체는 한 방울의 생의 에너지, 정신에너지마저도 다 모아야 한다는 것, 반드시 넘어가 자신만의 푸른 대지에서 생명력을 발산시키겠다는 '동경의 화살' 그 자체가 되어야 한다는 것을 강조한다. 게다가 몰락을 반복적으로 강조한다. 이 몰락은 짐승으로서의 탈각, 인간의 얼굴을 하고 있지만 원숭이의 속성으로 살고 있는 인간의 자기 해체의 실행, 삶의 모든 위험을 회피하거나 더 나은 존재로 상승하려는 욕구를 스스로 제어하는 안정추구적인 속성, 살아가는 것 자체가 행복이고 지금의 그 상태에 쉽게 자족하는 습성의 완전한 해체를 의미한다. 따라서 몰락하려는 의지 = 덕이 되는 것이다.

이 대목에서 주의를 기울여야만 하는 것은 '위대한 경멸자'라는 표현이다. 위버멘쉬 입장에서 인간은 벌레 이상이 아니며 인간은 경멸의 대상이다. 위버멘쉬는 곧 위대한 경멸자인 셈이다. 그런데 그것 이상의 의미가 있다. 밧줄-몰락-위대한 경멸자라는 논리적 관계를 고려하면, 몰락의 전제조건으로 경멸이 필요하다. 그리고 그 경멸 행위는 위대하다. 왜냐하면 본인이 밧줄을 타고 있는 존재임을 인식하고 동경의 화살을 쏘며 그 위험스러운 밧줄을 타는 인간은 밧줄을 건너려 하지 않는 자, 두려움에 떨며 멈추어 있는 자, 아예 밧줄의 위험을 잊고 싶어 하는 자를 경멸하기 때문이다. 경멸은 외줄의 밧줄을 건너게 하는 동인이라는 면에서 '위대한'의 의미를 갖게 되는 것이다. 형편없는 사람, 영혼이 추하고 빈약한 사람, 철학 없는 불나비들이 자신을 경멸하지 않는다면 몰락도 없고, 밧줄을 건너 새로운 대지에 다다를 일도 없다. 팩트 체크니 팩트 인정이 아니라 그 모습을 스스로 경멸하라고 니체는 말하고 있다. 밧줄을 건너는 자들에게 해피바이러스 전파자, 무한 긍정주의자, 안온한 평화주의자는 외줄에 올라타지 않은 군중, 벌레, 원숭이로 머물러 있는 자이다. 격정적인 언어로 니체는 '우리는 행복을 찾아냈다'고 말하는 자들을 "인간

말종"으로 규정한다. 이들은 정신의 측면에서 인간이 아닌 동물로 퇴행하는 자이다.

니체는 묻는다. "인간은 극복되어야 할 그 무엇이다. 너희들은 너희 자신을 극복하기 위해 무엇을 했는가?"라고. 차라투스트라의 입으로 말하는 니체의 요구는 분명하다. 내가 너희들에게 가르치는 자인 위버멘쉬가 되어야 한다는 것이다. 그런데 위버멘쉬가 되는 것이 그리 쉬운 일인가? 플라톤이 말하는 철인 되기, 칸트가 말하는 어른 되기처럼 위버멘쉬가 되기는 결코 쉽지 않다. 도대체 위버멘쉬가 뭐 길래 그리 쉽지 않은가. 그의 정체를 밝혀보자.

위버멘쉬와 신의 죽음 그리고 자유정신

니체가 제시하는 위버멘쉬의 모습은 기독교를 대체하는 새로운 신이나 초월자가 아니다. 헤겔Hegel이 말하는 세계사를 움직이는 알렉산더, 시저, 나폴레옹과 같은 구체적인 한 개인을 의미하지도 않는다. 위버멘쉬와 대립되는 인간으로 "마지막 인간der letzte Mensch, last"[2]은 "좁아버린 대지에 모든 것을 작게 만드는 자"이다. 마지막 인간은 체제 순응적이며 기존 것의 적응을 최고의 가치로 삶을 살아가는 자이다. 이런 의미에서 "가장 오래 사는 자"이다. 니체는 신의 죽음을 선언하면서 동시에 "지금이야말로 사람이 자신의 목표를 세울 때"라며 위버멘쉬를 이상적 인간 유형으로 제시한다.

> 모든 신은 죽었다. 이제 위버멘쉬가 등장하기를 바란다. 이것이 언젠가 우리가 위대한 정오를 맞이하여 갖게 될 최후의 의지가 되기를. (1부, 베푸는 덕에 대하여, 131)

니체의 신의 죽음 테제[3]는 단순히 기독교적 신의 죽음 곧 기독교적 영향력의 완전한 상실만을 의미하는 것이 아니라 형이상학적 가치의 죽음, 서양문화의 핵심가치들의 죽음을 포함한다. 지금까지 인간을 지배했던 종교와 그 밖의 모든 가치들의 무덤 위에서 등장해야 하는 것이 위버멘쉬이다. 그가 말하는 위버멘쉬는 지금과 다른 완전히 새로운 인간, 이상적인 인간의 모습이다. 니체는 위버멘쉬를 "번갯불", "광기"로 비유하며 "자유로운 정신, 자유로운 심장을 지니고 있는 자", "자기를 극복한 자" "창조하는 자", "정신의 해방을 쟁취한 자", "새로운 가치를 창출하는 자", "힘에의 의지에 충실한 자", "생에 대한 디오니소스적 긍정", "최후의 인간을 경멸하는 자"등으로 묘사한다. 니체의 위버멘쉬에 대한 정의 속에 우리가 어떤 인간으로 자기교육을 해야 하는지가 잘 드러나 있다.

그러나 자유의 정신을 갖고 자기 삶을 창조하는 창조자로서 위버멘쉬가 되는 길은 험난하다. 대부분의 인간은 니체가 말하듯 아직 "자유를 꿈꾸는 갇혀 있는 자에 불과하다." 자신이 열정을 바쳐 평생하고 싶은 일은 따로 있는데 부모님께 효도하기 위해, 경제적 안정을 도모하기 위해 다른 일을 하며 자유에 대한 막연한 동경을 갖는 경우가 부지기 수이다. 막상 자유가 주어진 다음에는 무엇을 해야 할지 모르거나, 아니면 새로운 권위를 찾아 그것에 의존하며 새로운 안정감을 가지려 한다. 위버멘쉬가 되려면 자유를 위해 끊임없이 분투해야 한다. 차라투스트라는 자유를 찾아 떠나는 인간들의 길동무가 되길 원하며 그러한 인간을 위로한다.

> 너는 아직 자유롭지 못하다. 그 때문에 아직도 자유를 찾아 헤매고 있는 것이다. 자유를 향한 너의 추구가 너로 하여금 밤을 지새우게 했으며 긴장을 늦추지 않도록 만들었지. (1부, 산허리에 있는 나무에 대하여, 68)

위버멘쉬와 신의 죽음 그리고 자유정신

사회적 삶을 살아가는 사람들에게 위버멘쉬 되기란 승산 없는 싸움과 같은 것인지도 모른다. 로빈슨 크루소Robinson Crusoe나 루소Rousseau가 상정하는 최초의 자연인이 아닌 이상, 아니 위버멘쉬는 인간과의 대비 속에서 만들어진 개념이라는 측면에서 그들도 해당사항이 없다. 의무와 책임이라는 족쇄, 무한 경쟁 사회에서 특히 한국과 같은 정글 자본주의 사회에서 위버멘쉬가 된다는 것은 결코 쉽지 않다. 니체 역시 그것을 잘 알고 있다. 니체는 위베멘쉬 되기를 탐구하면서 위버멘쉬 되기가 어려운 이유들로 연민, 사랑, 나약함, 시장의 명예 추구, 종교, 권위, 관습, 도덕, 규범, 민주주의, 민족주의, 전체주의, 천박한 교양의 확산, 죽은 교육 등 수많은 얘기들을 하고 있다. 위버멘쉬 되기의 탐구는 문명 비판을 필수적으로 동반하는 셈이다. 동시에 위버멘쉬 되기의 방법으로 그는 실존적 측면도 강조한다. 니체는 되기의 출발점으로 고독, 자기애(운명애 amor fati), 허무주의의 극복-생에 대한 디오니소스적 긍정"dionysisches Jasagen-힘에의 의지der Wille zur Macht을 말한다. 무엇보다도 제일 먼저 해야 할 일은 "고독 속으로" 들어가는 것이다.

> 벗이여, 너의 고독 속으로 달아나라! 너 거창한 위인들의 아우성에 귀가 멀고 소인배들의 가시에 마구 찔려 상처투성이가 되어 있구나. […] 위대한 일은 하나같이 시장터와 명성에서 멀리 떨어진 곳에서 이루어지기 마련이다. 새로운 가치를 창출하는 자들도 예로부터 시장터와 명성에서 멀리 떨어진 곳에서 살았다. (1부, 시장터의 파리들에 대하여, 84, 86)

차라투스트라, 곧 화자 니체도 잘 알고 있다. 고독 속에서 영혼을 상승시키고 정신을 고양하려는 시도를 하다가도 사람들이 '외로워 죽겠다'라고 부르짖을 것이라는 사실과 시간이 지나면 용기가 꺾일 것이라는 사실을. 그래서 니체는 경고한다. "때가 되면 너는 네 자신의 숭고함을 더 이상 보지 못하면서 네 자신의 비천함만은 너무나도 가까이에서 보게 될 것이다"라고. 자신을 고양시키려고 하는 고귀한 자가 바로 위버멘쉬이다. 위버멘쉬로 대변되는 정신적 귀족성은 시장이나 명성, 사교 속에서 획득되는 것이 아니고 고독 속에서 영혼의 싹을 키우며 얻어지는 것이다. 차라투스트라가 탄생할 수 있었던 것도 십 년의 고귀한 고독이 있었기 때문이다. 차라트스투라의 머리말 첫 문장을 기억해두자.

> 차라투스트라는 그의 나이 서른이 되던 해에 고향과 고향의 호수를 떠나 산속으로 들어갔다. 그곳에서 자신의 정신과 고독을 즐기면서 보내기를 십 년. 그런데도 조금도 지치지 않았다. (머리말 1)

여기서 주목해야 하는 것은 니체가 고독 = 자기 사랑의 길로 규정한다는 점이다. 니체가 말하는 고독이 정서적 외로움을 의미하지 않고 실존적 고독을 의미하듯이 '자기 자신을 사랑한다'는 것은 나르시즘적 자기애, 외모 가꾸기, 이미지 관리를 의미하지 않는다. 자기를 사랑한다는 것은 자신의 길을 가는 것이다. 앞서 살펴보았지만 여기서도 자기 사랑과 경멸은 같이 간다. "고독한 자여, 너는 사랑하는 자의 길을 가고 있다. 너는 너 자신을 사랑하며 그 때문에 너 자신을 경멸한다. 사랑하는 자만이 할 수 있는 그 같은 경멸을." 니체가 말하는 자기 경멸은 '약한 자기', '자기 삶을 창조하는 삶의 예술가로서 디오니소스적 열정의 부족', '능동적 허무주의'가 아닌 현세 저편에 가치를 두고 거기에서 피난처를 찾는 '수동적 허무주의에 빠진 자기'에 대한 경멸을 의미한다. 자기 경멸이 없는 사람은 유약하고 무기력한 퇴락의 삶을 사는 것이다. 누구나 갖는 콤플

렉스를 자기발전의 동력으로 사용하는 사람은 부정적 방식을 통해 자신을 사랑하는 법을 아는 사람이다. 수많은 천재들 중에 경멸의 한 형태인 열등감을 자기 생산적 에너지로 변화시킨 사람들이 많다.

자기를 사랑하는 사람은 자신의 삶을 긍정한다. 그는 열정과 몰입, 니체의 언어로 표현하면 디오니소스적 긍정으로 무한한 가능성을 현실화하려고 한다. 그들은 비로소 자기 생성의 과정, 위버멘쉬 되기의 과정으로 진입하게 되는 것이다. 생애 대한 디오니소스적 긍정은 운명애로 나타난다. 왜 인간은 운명애를 갖고 살 수밖에 없는가? 자살을 꿈꾸고 실행하는 사람들에게 운명애를 가지라고 말하는 것이 쉽지 않은 일이다. 극단적인 상황이 아니더라도 인간의 삶이 고통의 연속이라는 것은 분명한 사실이다. 고통의 형식, 강도, 내용, 지속성, 근접성 등의 차이일뿐 고통은 인간의 운명과 같은 것이다. 부처나 쇼펜하우어만이 아니라 니체는 인간의 삶이 넘쳐나는 고통으로 둘러싸여 있으며 고통에 대한 대가를 치르는 운명을 인간이 갖고 있다고 말한다.

그럼에도 불구하고 인간이 살아가기 위해서는 '그래, 어차피 그렇다 치더라도 내가 너를 대적해 주마, 나에게 오라'는 자세를 취해야 한다. 니체에게 운명애란 자신의 삶을 긍정하고 자기 삶을 만들어 가는 고귀한 정신적 태도이며 '힘에 의지'하는 것을 말한다. 왜냐하면 힘은 삶을 만드는 동력이며 그 힘은 끊임없이 생성되고 변형되고 재생성 되어 삶을 만들어 간다. 삶의 목적은 바로 그러한 힘을 키우고 강화하고 계속해서 그 힘에 의지하는 것이다. 이와 같은 의미에서 니체는 "이 세계는 힘에의 의지이지 다른 것은 아니다. 너희들도 역시 이 힘에의 의지이다"라고 말한다. 힘에의 의지란 존재의 모든 법칙이나 원리의 차원으로 설정되며 존재가 존재이게 하고 존재가 존재되게 하는 것을 의미한다. 힘에의 의지는 물리적인 권력이나 법적 권력을 의미하는 것이 아니다.

힘에의 의지는 어떤 고정된 힘이라는 실체에 의지하는 것이 아니라 힘과 힘의 대수적 관계 속에서 힘의 성질에 의지하는 것을 의미한다. 힘에의 의지란 '생성'하는 어떤 힘을 따름으로써 그 힘의 발현에 능동적으로 관여하는 것을 말한다. 힘에의 의지는 곧 "생성에 존재의 성격을 각인"시키는 것이다. 이런 의미에서 힘에의 의지는 삶을 무한 긍정하게 만든다. 니체는 삶의 긍정을 "영원히 자신을 창조하고 영원히 자신을 파괴하는 디오니소스적 유희"라고 말한다. 디오니소스란 꿈, 도취, 통일에의 열망, 창조와 파괴의 일체성을 의미한다. 힘에 의지하여 디오니소스적 무한 긍정의 유희를 즐기는 인간이 다름 아닌 위버멘쉬이다. 위버멘쉬는 슈퍼맨이 아니라 기존의 모든 형이상학적 가치, 종교적 가치의 통칭인 신의 자리에 자신의 '존재의 의미'를 창조하는 사람이다.

또한 위버멘쉬는 영원회귀ewige wiederkehr des gleichen에 내재한 허무주의적 계기를 극복하며 힘에 의지하는 자이다. 니체는 《차라투스트라는 이렇게 말했다》의 핵심 사유가 영원회귀라고 말하며 영원회귀를 다음과 같이 설명한다.

> 모든 것은 가고, 모든 것은 되돌아온다. 존재의 수레바퀴는 영원히 돌고 돈다. 모든 것은 죽고, 모든 것은 다시 소생한다. 존재의 해는 영원히 흐른다. (3부, 건강을 되찾고 있는 자, 361)

영원회귀는 존재하는 모든 것의 원리이다. 위의 인용구는 몰락의 분위기, 허무주의적 냄새가 짙게 배어 있는 듯하다. 니체도 영원회귀 사유가 뭇사람들에게 "허무주의의 극단적 형식"처럼 여겨질 수 있다고 보았다. 그러나 영원회귀에서 퇴락의 가능성과 생성의 가능성이 동시에 있다. 니체는 영원회귀의 두 계기성에서 디오니소스적 긍정, 생성으로의 실존적 결단으로 나아갈 것을 강조한다. '삶의 의미가 없다', '진리는 존재하지 않는다'라는 사실을 인식한다고 해서 절대적 허무주의, 자기 파괴로 나아가는 것이 아니라 그것을 인식하지만, 바로 그 지점으로부터 자기 삶을 힘에 의지해 만들어 가는 긍정의 사람이 되어야 한다고 니체는 강조하는 것이다. 영원회귀의 사실 앞에서 선택지는 '사느냐 죽느냐'인 셈이다. 나약한 자가 강한 자로 되기를 결단하는 위기와 기회의 순간이 바로 그 순간이다.

위버멘쉬로 가는 세 변화

니체의 전체 철학 체계 내에서 위버멘쉬를 설명하는 것보다 《차라투스트라는 이렇게 말했다》의 낙타-사자-어린아이 비유에서 위버멘쉬가 무엇이며 '어떻게' 그길로 가야 하는지를 더 명확하게 설명된다. 이 비유는 서두에서 말한 '밧줄 비유' 즉 벌레-원숭이-밧줄(인간)-위버멘쉬의 동물버전이라고 볼 수 있다. 내용을 천천히 음미해보자.

> 나 이제 너희에게 정신의 세 변화에 대해 이야기하련다. 정신이 어떻게 낙타가 되고, 낙타가 사자가 되며, 사자가 마침내 어린아이가 되는가를. […] 공경하고 두려워하는 마음을 지닌 억센 정신, 짐꽤나 지는 정신에게는 무거운 짐이 허다하다. 무엇이 무겁단 말인가? 짐꽤나 지는 정신은 그렇게 묻고는 낙타처럼 무릎을 꿇고 짐이 가득 실리기를 바란다. […] 그것은 자신의 오만함에 상처를 주기 위해 자신을 낮추는 일이 아닌가? 자신의 지혜를 비웃어줄 생각에서 자신의 어리석음을 드러내는 일인가? […] 짐 꽤나 지는 정신은 이처럼 더없이 무거운 짐 모두를 짊어진다. 그러고는 마치 짐을 가득 지고 사막을 향해 서둘러 달리는 낙타처럼 그 자신의 사막으로 서둘러 달려간다.
>
> 그러나 외롭기 짝이 없는 저 사막에서 두 번째 변화가 일어난다. 여기에서 정신이 사자로 변하는 것이다. 정신은 이제 자유를 쟁취하여

그 자신이 사막의 주인이 되고자 한다. 그는 여기에서 그가 섬겨온 마지막 주인을 찾아 나선다. 그는 그 주인에게 그리고 그가 믿어온 마지막 신에게 대적하려 하며, 승리를 쟁취하기 위해 그 거대한 용과 일전을 벌이려 한다. 정신이 더 이상 주인 또는 신이라고 부르기를 마다하는 그 거대한 용의 정체는 무엇인가? "너는 마땅히 해야 한다." 그것이 그 거대한 용의 이름이다. 그러나 사자의 정신은 "나는 하고자 한다"고 말한다. […] 새로운 가치의 창조, 사자라도 아직은 그것을 해내지 못한다. 그러나 새로운 창조를 위한 자유의 쟁취, 그것을 사자의 힘은 해낸다. 정신도 한때는 "너는 마땅히 해야 한다" 는 명령을 더없이 신성한 것으로 사랑했었다. 이제 그는 자신의 사랑으로부터 자유를 되찾기 위해 더없이 신성한 것에서조차 망상과 자의를 찾아내야 한다. 바로 이러한 강탈을 위해서 사자가 필요한 것이다.
그러나 말해보라, 형제들이여. 사자조차 할 수 없는 일을 어떻게 어린아이로 해낼 수 있는가? 왜 강탈을 일삼는 사자는 어린아이가 되어야 하는가? 어린아이는 순진무구요 망각이며, 새로운 시작, 놀이, 제 힘으로 돌아가는 바퀴이며 최초의 운동이자 거룩한 긍정이다.[...] 창조의 놀이를 위해서는 거룩한 긍정이 필요하다. 정신은 이제 자기 자신의 의지를 의욕 하며, 세계를 상실한 자는 자신의 세계를 획득한다. (1부, 세 변화에 대하여, 38 이하)

낙타는 "전통의 의심 없는 수용과 자명한 계승", 그 속에서 "복종 속에서 자신을 즐겁게 만들고 자신의 강함"을 확인하는 허약한 정신의 소유자를 말한다. 한마디로 기존의 권위, 규범, 전통, 관습에 철저히 순응하고 의심 없이 실천하는 노예 정신이 낙타이다. 그는 자신을 낮추고, 자신의 어리석음을 비웃는 행위를 통해 기존의 것에 대한 공경과 두려움에 싸여 '너는 해야만 한다'를 내면화하는 정신이다. 낙타의 정신으로 산다는 것도 실은 많은 이점이 있다. 안정과 편안함, 좋은 관계, 성실하고 좋은 사람이라는 칭찬과 보상이 그것이다. 외부지향형 성향, 인정욕구에 목말라 하는 사람들의 경우에 낙타가 많다. 위버멘쉬가 되기 위해서 낙타는 지양해야 할 정신이다.

니체는 낙타에서 기존의 모든 것으로 대변되는 "거대한 용"과 싸우는 사자의 정신으로 거듭날 것을 촉구한다. 사자는 기존의 모든 가치에 대해 부정하는 정신이다. 사자는 자유를 쟁취하고자 투쟁하는 자이다. 사자의 정신은 자신이 믿었던 그 어떤 종류의 믿음, 신념, 가치, 도덕, 이론, 권위, 종교, 신 등 모든 것으로부터 자유를 추구한다. 사자는 이와 같은 것에 깃들어 있는 "망상과 자의"를 집어던지고 자기 자신의 삶의 주인이 되고자 하는 정신이다. 사자의 정신이란 "나는 하고자 한다"인 것이다. 니체가 인간은 "하나의 시도"라고 말할 때 그 시도는 사자로서의 시도이며 자기극복을 감행하는 사자의 시도를 의미한다. 블랑쉬 드 리슈몽의 경우를 보자. 그녀가 서른이 되었을 때 15살이던 남동생이 자살했다. 이것이 계기가 되어 그녀는 삶의 의미를 찾고자 시나이 사막으로 갔다. 그녀는 사막에서 "자기 자신다운 삶을 살고 있는지", "나는 지금 진정 자유로운지"대해 자문하였으며 "자신이 자란 세상의 틀을 벗어나는 것에 그치지 않고 ... 세상을 이해하는 다른 방식을 발견"하려 노력했다고 말했다. 니체의 시각에서 보면 이 작가는 서른까지 낙타로 살다가 비로소 시나이 사막여행에서 사막의 주인, 바로 사자로 변화한 것이다.

위버멘쉬가 되기 위해서는 사자의 정신을 넘어서 어린아이가 되어야 한다. 왜 어린아이가 되어야 하는가? 니체는 유약함, 사리분별 없음, 판단력 부족 등으로 대변되는 어린아이의 부정적 측면을 배제하고 어린아이의 긍정성을 새롭게 규정한다. 그가 볼 때 사자는 '아니오'의 정신이지만, 아직 아무것도 새로이 만들어지지 않은 단계를 의미이다. 이 정신은 어린아이의 정신으로 진화되어야 한다. 어린아이는 '망각'의 상징이다. 무엇에 대한 망각이가? 과거의 모든 것, 지금 이전의 모든 권위와 가치, 선과 악의 관념, 도덕과 종교, 신, 형이상학의 원리들에 대한 망각이다. 그와 같은 망각을 통해서만 '새로운 시작, 새로운 정신의 탄생'이 가능하며 자신을 만들어 가는, 자기 자신이 되는 놀이를 즐겁게 할 수 있다. 또한 어린아이의 정신은 망각과 더불어 "자의"로 완전히 새로운 것을 창조해내는 과정과 활동을 마치 놀이처럼 즐기는 위버멘쉬이다. 어린아이의 놀이는 자기 창조의 자유로운 놀이, 자기 삶의 주인이 되는 놀이이다. 이 놀이가 "제 힘으로 돌아가는 원형의 바퀴"라는 비유는 타인, 외부 권에의 의존하는 것이 아니라 오직 "자기가 자기에게 의지"한다는 의미이다. 놀이의 시작과 끝이 자기 자신이라는 점에서 어린아이의 놀이는 자기 긍정의 원형 운동인 것이다.

니체의 위버멘쉬에서 다시 나에게로

《차라투스트라는 이렇게 말했다》를 통해 니체가 우리에게 하고 싶었던 말은 명확하다. '너 자신을 창조하라'는 것이다. 이러한 그의 강한 권고에는 "모든 것은 되어간다; 영원한 사실이란 없다: 절대적 진리라는 것이 없듯이"라는 생각이 그 기저에 놓여있다. 그렇다면 나의 삶의 주인이 되기 위해서는 무엇을 해야 하는가? 먼저 자신을 알아야 한다. 길들여진 영혼, 예스맨은 자신이 낙타인지를 모른다. 내가 낙타인지 아닌지, 벌레인지 아닌지 알기 위해서는 자기응시와 내면의 관찰이 필요하다. 내가 누군지 알기 위해서 성격심리 등의 기초적인 자료를 활용하는 것도 도움이 된다. 물론 도구적 차원에서 말이다. 성찰적 자아라는 의식의 눈을 지속적으로 가져야 비로소 삶의 주인으로 갈 수 있다.

나의 삶의 주인이 된다는 것, 곧 위버멘쉬가 되려면 비판과 자기비판의 능력을 가져야 한다. 비판은 사회비판, 문명비판을 의미한다. 나와 타자의 삶의 상승을 일으키지 못하게 하는 사회에 대한 경멸과 분노 그리고 비판이 이루어져야 한다. 스스로 망치가 되어 자신과 기존의 지배적인 것을 부숴야 한다. 멈추어버린 정신은 '아니오'라고 말할 수 없고 그렇게 말할 용기 자체를 가질 수 없다. 비판은 단순한 '아니오' 차원을 넘어 대안을 제시해야 한다. 대안 없는 비판은 누구나 할 수 있다. 이것은 치기와 만용, 어설픈 이해에서 더 많이 나오며 지루한 노래와도 같은 것이다. 자기비판은 니체가 말하는 위대한 경멸과 같다. 내로남불의 이중 잣대는 자기비판이 아닌 자기방어에 불과하며 자신의 정신과 삶을 상승시키지 못하게 만든다. 정신적 귀족은 자기비판에 예민하며 이는 '내가 나의 삶을 살고 있는지'에 대한 예민성을 갖게 만든다.

니체의 위버멘쉬 되기의 철학을 살펴보면서 사회경제학적 마인드가 전혀 배어있지 않은 생각, 마치 인간 누구나 슈퍼맨이 될 수 있다는 요설처럼 생각할 수도 있다. 그런 비판으로부터 니체는 완전히 자유로울 수 없다. 시민의 역량과 집단지성의 힘을 부정하는 니체가 맘에 안들 수 있다. 얼마간 타당한 시각들이다. 독자들이 '모든 철학은 시대의 아들이다'라는 명제를 받아들인다면 니체의 한계에 유연한 시선을 가질 수 있을 것이다. 니체 당대의 위버멘쉬의 존재 양상과 오늘날 가정할 수 있는 위버멘쉬의 존재상황은 당연히 다르다. 그럼에도 불구하고 니체의 위버멘쉬의 철학에서 우리

니체의 바위, 니체가 호숫가를 산책하다 이 바위를 보고 《차라투스트라는 이렇게 말했다》의 착상을 얻었다고 한다.

가 배울 수 있는 것은 가족 내에서, 내가 지금 있는 학교, 동아리, 직장에서, 타인과의 관계에서 '나'는 어떻게 있는지 스스로 판단해야 하며 어디서 있든지 '나'로, 나의 고유성을 확보하려는 투쟁심으로 살려 시도해야 한다는 점이다. 그 출발은 니체가 말하듯 고독이고 동경의 화살을 만드는 것이다. 당신은 지금 그러한가?

토론 주제

- 자신이 니체와 같은 성장 환경과 건강의 문제를 안고 있다고 가장한다면, 자신은 니체와 다른 삶을 살았겠는가? 유전–운명–행운–천성–성격의 관점을 동원해 토론해 보자.
- 니체의 위버멘쉬 철학의 관점에서 니체의 삶을 어떻게 평가할 수 있는가?
- 자신은 낙타, 사자, 어린아이 중 어디에 해당하며 왜 그러한가? 혹은 정신의 3단계론의 난점은 무엇인가?
- 자신의 '동경의 화살'은 무엇이며 자신의 동경을 진작시키는 자신만의 방법은 어떤 것이 있는가?
- '차라투스트라의 10년의 고독'처럼 자신은 얼마만큼 자기 존재의 의미를 찾아왔는가? 자신은 언제 고향(익숙한 것)을 떠나 산(자신을 넘어서려는 시도의 공간)으로 갈 것인가?
- 나의 삶의 주인이 되기 위한 나만의 구체적인 행위 목록(to do list)은 무엇인가?
- 니체가 말하는 디오니소스적 긍정, 운명애에 대해서 어떻게 생각하는가? 그것의 가능 근거를 논하고 자살옹호론자의 논거와 비교·평가하라.
- 니체가 말하는 자유정신의 실현, 자기 삶의 창조자 되기는 우리사회의 사회적 상황에서 얼마만큼 현실성이 있는가? 실현 조건은 구체적으로 무엇인가?
- 니체의 위버멘쉬 철학에서 민주주의는 허용될 수 없는 정치체제이다. 시민사회의 구성원으로서 무엇을 비판할 수 있는가? 그의 민주주의 비판 내용 중 일부 타당한 측면이 있는가?
- 니체의 위버멘쉬의 철학 나치즘에 의해 활용될 가능성이 얼마만큼 지니고 있다고 생각하며 히틀러 추종자였던 그의 여동생의 왜곡에 대해 어떻게 평가하는가? 아울러 부정한 권력에 이용당한 철학들과 권력을 옹호한 철학자들을 조사하고 평가하라.

더 읽을 거리

- 니체, 차라투스트라는 이렇게 말했다, 정동호 역, 책세상, 2000.
- 니체, 비극의 탄생 · 반시대적 고찰, 이진우 역, 책세상, 2005.
- 니체, 선악의 저편 · 도덕의 계보, 김정현 역, 책세상, 2002.
- 뤼디거 자프란스키, 니체, 그의 사상의 전기, 오윤희, 육혜원 역, 꿈결, 2017.
- 최상욱, 차라투스트라는 이렇게 말했다 메타포로 읽기, 서광사, 2015.
- 키스 안셀 피어슨, HOW TO READ 니체, 서정은 역, 웅진지식하우스, 2007.

주

* 출처: 니체,《차라투스트라는 이렇게 말했다》, 정동호 역, 책세상, 2012.

1) 소크라테스는 《변명》에서 다음과 같이 자신을 규정한다. "저는 신이 이 나라에 달라붙게 한 사람입니다. 마치 몸집이 크고 혈통은 좋지만 그 큰 몸집 때문에 좀 둔한 말을 깨어있게 하려면 등에가 필요한 것처럼 말입니다. 신은 저를 마치 이 등에처럼 이 나라에 달라붙어 있게 하여, 여러분을 깨우되, 하루 종일 어디나 따라가서 곁에 달라붙어 설득하고 따지기를 그치지 않게 한 것이 아닌가 저는 생각합니다."

2) 일반적으로 '종말인'으로 번역하나 종말인의 의미가 중의적이라는 점과 '가장 오래 사는 자'라는 문맥적 의미를 고려해 '마지막 인간'으로 번역한다. 종말인은 밧줄을 건너는 정오의 시간을 결단하지 않는 자, 위버멘쉬 되기를 꿈꾸지 못하는 자이다.

3) 기독교적 신의 죽음은 좁은 의미에서 신의 죽음을 뜻한다. 니체는 세계의 창조자란 개념 자체가 인간의 망상의 산물에 불과하다고 보았다. 이것은 모든 종교적 사유와 신개념에 대한 근본적인 부정을 의미한다. "신은 신이 모두 그러하듯이 사람이 만들어낸 작품이자 망상이었다! 신이라고 했지만 사람, 그것도 사람과 자아의 빈약한 일부분이었을 뿐이다. 이 유령이 그 자신의 재와 불길로부터 내게 온 것이지, 진정! 저편의 세계에서 유래한 것이 아니었다. [···] 배후 세계라는 것을 꾸며낸 것은 고뇌의 무능력, 그리고 더없이 극심하게 고뇌하는 자만이 경험하는 그 덧없는 행복의 망상이었다."(차라스트라는 이렇게 말했다, 배후 세계를 신봉하고 있는 사람들에 대하여.

2

사람됨의 의미

맹자 《맹자》

孟子四
孟子五
孟子六
孟子卷之七
孟子卷之二

사람됨의 의미

이기호

인간이 인륜에 어긋나는 짓을 했을 때, 우리는 그것을 '패륜'이라고 부른다. 패륜과 관련된 범죄들은 주로 가족관계에서 벌어지는 경우가 많은데, 가장 많은 유형은 부모와 자식 간의 범죄행위이다. 이러한 범죄가 최근 몇 년 사이에 급증하고 있다고 한다.

> 최근 가족을 대상으로 한 존속 범죄가 크게 늘고 있다. 최근 3년 사이 그 수가 거의 두 배 가까이 늘어났다. 경찰청이 국회 행정안전위원회 소속 이재정 더불어민주당 의원에게 제출한 '존속범죄 현황'에 따르면 2013년부터 지난 2017년 7월까지 존속 범죄는 총 7,582건으로 확인됐다. 2013년에는 1141건이었지만 2014년 1206건, 2015년 1908건으로 늘더니 지난해에는 총 2235건으로, 3년 만에 두 배 가까이 증가했다. 올해에는 지난 7월까지 1092건의 존속범죄가 발생했다. 존속범죄 중에는 존속폭행이 4945건(65.2%)으로 가장 많은 비중을 차지했다. 존속상해 1709건(22.5%)과 존속협박

600건(8%), 존속 체포·감금 76건(1%)도 적지 않았다.

2017.10.02. 〈아시아 경제〉

얼마 전부터 각종 뉴스와 메스컴을 떠들썩하게 했던 '전주 여아 암매장사건'만 보더라도 사건과 관련된 새로운 뉴스가 올라올 때 마다 충격을 금하기 어렵다. 2017년 4월, 전주에 사는 A씨는 발달장애를 가지고 있는 5세의 여아를 죽음에 이르게 한 후, 그의 내연녀 가족들과 공모하여 딸의 시신을 군산의 한 야산에 암매장하고, 약 8개월간이나 주변사람들을 속여 왔다. 아이의 생일엔 미역국까지 끓여 주변 사람들과 나누어 먹으며 딸의 건강을 기원하기도 했다고 한다.

2017년 12월 8일경, 내연녀와의 불화로 인해 이별을 통보받은 A씨는 불안감에 사로잡혀 경찰에 딸의 실종신고를 했다. 경찰들은 집주변을 중심으로 수사를 펼쳤고, 도무지 풀리지 않자 공개수사로 변경하기도 했지만 별다른 성과는 없었다. 그러다가 수사도중 아이의 친부와 가족들의 태도에서 석연치 않은 점을 발견하고, 수사의 방향을 바꾸어 조사하던 중 결국 친부와 내연녀 가족이 공모하여 이미 여러 달 전에 아이를 암매장하였다는 사실을 밝혀냈다. 살해 여부는 아직 밝혀지지 않았으나 구타와 학대의 흔적이 발견되었고, 친부는 아이의 양육비 문제 때문에 거짓말을 해왔다고 자백했다.

패륜의 범죄를 저지르게 되는 데에도 이유는 많다. 시한부 선고를 받은 자식이 자신의 죽음 이후 치매를 앓고 있는 노모를 돌볼 사람이 없다는 이유로 노모에게 약을 먹여 살해 하는 사건 등은 보는 이의 가슴을 먹먹하게 하기도 한다. 그러나 아무리 어려운 환경이라도 패륜이 정당화될 수 있을까? 자신의 부모와 자식을 죽음에 이르게 하는 사람들의 마음상태는 어떨까? 사람들의 말에 따르면 부모와 자식의 사이는 그 무엇으로도 가를 수 없는 천륜이라는데 말이다.

이런 사건들을 마주할 때면 항상 인간의 본성이라는 것에 대해 다시 생각하게 된다. 사실 인류가 시작된 이래로 인간의 본성에 관한 고민은 꾸준히 지속되어 왔다. 그리고 그것은 다양한 환경에서 다양한 사유로 고민되고 연구되었던 만큼 그 학설이나 이론도 다양하다.

홉스는 인간이 태어날 때부터 가지고 있는 것이 있다면, 그것은 '자기 보존의 욕구' 내지는 충동 정도라고 생각했다. 이 세상의 인간은 자신의 생존을 위한 이익추구를 위해 이기적 행동을 할 수 밖에 없으며, 이러한 인간을 그대로 놔두면 그 사회는 '만인의 만인에 대한 투쟁'의 상태에 놓이게 된다. 그러므로 공존을 위한 하나의 장치가 필요한데, 사회계약이 바로 그것이다. 반면 로크는 원래 백지상태인 인간의 마음이 감각적 경험을 통해 생긴 관념들로 채워진다는 백지설을 주장하기도 한다. 루소는 이와는 다른 새로운 견해를 보여준다. 그에 의하면 인간은 태어날 때 선한 본성을 가지고 있다고 한다. 인간이 악하게 되는 것은 사회적인 폐단을 접하게 됨으로써 그 본성을 상실한 결과라는 것이다.

이러한 인간의 본성에 대한 탐구는 지금도 계속되고 있다. 이러한 탐구가 계속된다는 것은 아직까지 이 문제에 대한 명쾌한 해답이 없다는 말과도 같다. 이 장에서는 약 2,400년 전, 인간의 본성에 대한 희망의 끈을 놓지 않았던 맹자의 이야기를 들어볼까 한다. 맹자는 무엇을 근거로 인간의 본성이 선하다고 했을까? 당시의 학문적인 풍토 속에서, 왜 유독 맹자만이 성선을 고집할 수밖에 없었을까? 성선설을 통하여 맹자가 궁극적으로 도모하고자 한 것은 무엇이었을까? 또 맹자가 생각했던 전국시대의 인성에 관한 이론은 21세기를 살아가는 지금에도 유효할 수 있을까?

맹자, 이상을 찾아 떠나다

맹모삼천

맹자는 전국시대(기원전 403~221년) 중기의 사람이다. 사마천의 사기에 의하면 맹자는 추(鄒)나라 출신이며, 그 이름은 '가(軻)'라고 한다. 일찍이 공자의 고향이었던 노(魯)나라로 유학을 가서 공자의 손자였던 자사(子思)의 문하에서 공부하였다고 한다. 맹자는 공자의 학문과 사상을 흠모하여 끊임없이 사숙하였고, 그러한 사상을 '성선설(性善說)'과 '왕도정치사상(王道政治思想)' 등 체계적 이론으로 발전시킨 인물이다.

춘추전국시대의 제자백가들이 그러하듯이 맹자에게 있어서도 그 사상적 과제는 난세를 극복하여 태평한 세상을 만드는 것에 있었다. 그는 단순히 사상의 이론적 확립뿐만 아니라 실제로 자신이 직접 정치에 참여하여 자신의 생각을 정치에 적용하기를 원했다. 따라서 그는 자신의 정치참여 기회를 만들기 위하여 열국을 돌아다니며 수많은 제후들을 만나고 그들을 설득하기 위해 애썼다.

그러나 당시 세상은 '힘을 통하여 천하를 차지'하려는 패권경쟁이 심화되고, 사분오열된 열국에서 통일의 기운이 움트고 있던 시기였다. 각각의 제후들은 어떻게 해야만 자신이 강력한 힘을 가지고 천하를 자신의 손에 넣을 수 있을지에 혈안이 되어있었다. 따라서 자신에게 이익이 된다면 어제의 적과 오늘은 동지가 될 수도 있고, 이익이 되지 않는다면 오늘의 동지가 내일은 적이 되는 합종연횡(合從連衡)이 난무하는 등 이익이 될 만한 것이라면 하지 못할 일이 없던 시절이었다. 전쟁을 벌여 영토를 넓혀야했기에 때를 가리지 않고 침략전쟁을 일삼았으며, 그 비용은 고스란히 백성들이 부담해야 하는 것이었다. 일할 만한 장정들은 모두 전장으로 차출되고, 힘없는 노인과 아이들은 제때에 농사를 짓지 못하여 굶어죽고 얼어 죽은 시체들이 많았다고 한다.

이러한 광란적 상황에서 '인정(仁政)과 덕치(德治)'처럼 지고의 도덕정치를 통하여 도덕적으로 완성된 사회를 만들고자 하는 맹자의 주장은 열국의 제후들을 설득하지 못했다. 자신들에게 좀 더 넓은 영토와 군사력을 가져다 줄 수 있는 방책과 술수는 제시하지 않고, 백성이 가장 귀하고 군주가 가장 가볍다고 하는 등 '왕다운 왕노릇'에 관한 고루한 이야기는 당시의 제후들에게 아무런 감동도 줄 수 없었던 것이다.

결국 맹자는 자신이 평생도록 힘을 쏟았던 왕도정치의 실현이 불가능하다는 것을 느끼고서 육십이 훨씬 넘은 나이에 제나라에서의 유세를 끝으로 고향인 추나라로 돌아온다. 그러나 맹자는 이를 하늘의 뜻으로 여기고, '하늘이 세상을 평화롭게 하려고 할 경우, 그 일을 맡을 사람은 자신 밖에 없다.'는 신념을 가지고 자신의 제자였던 만장(萬章), 공손추(公孫丑) 등과 함께 《맹자》 7편을 저술하였다고 한다.

사실 《맹자》라는 책은 그 저자가 확실치 않다. 후한의 조기(趙岐)와 남송의 주희(朱熹), 청대의 초순(焦循) 등은 문체의 일관성을 근거로 맹자가 직접 지었다고 주장한다. 반면, 당대의 한유(韓愈)나 북송의 소철(蘇轍) 등은 맹자의 제자인 만장과 공손추 등에 의해 저술된 것이라고 주장한다. 사마천은 《사기(史記)》에서 '맹자의 주도 아래 만장과 공손추가 참여한 저작'이라고 하는데, 이것이 현재 가장 설득력 있게 받아들여지는 설이다. 즉 문체의 일관성은 맹자의 저작임을 보여주고, 문답의 비중이나 각각 인물들의 호칭을 살펴볼 때, 제자들이 《맹자》의 저작 과정에 많은 부분 기초적인 자료들을 제공하거나 이후 책을 펴낼 때 교정에 참여하였던 것 같다.

《맹자》는 본래〈양혜왕(梁惠王)〉부터〈진심(盡心)〉까지 총 7편으로 구성되어 있었으나, 후한의 조기에 의하여 주석되면서 전체 7편의 구성을 각각 상편과 하편으로 나누어 총 14편의 체제로 만들어졌다. 현재 우리가 볼 수 있는《맹자》의 체제는 조기의 분류를 따른 것이다.

임금다운 임금의 정치다운 정치

《맹자》를 읽다보면, 맹자는 공자의 법통을 잇는 '사상가'이면서도 다분히 '정치가'다운 면모를 많이 드러낸다. 앞서 언급하였듯이, 맹자가 오랜 기간 동안 열국의 제후나 대부들을 찾아다닌 것은 자신의 사상을 전파하기 위한 것이 아니라, 제후에게 등용되어 자신의 생각을 실제정치에서 실현시키기 위한 것이었다. 따라서《맹자》라는 책에 나타난 맹자의 생각들은 단순한 철학적 이론체계라기 보다는 실제 정치와 관련된 구체적인 대안과 그것을 위한 이론적 근거들인 셈이다.

우리가 흔히 '맹자'라는 학자를 떠올리게 되면 고구마 줄기처럼 타고나오는 '성선설'도 인간의 내적 본질에 대한 지적 호기심에서 나온 철학적 주장이라기보다는 그가 실현시켜보고자 했던 왕도정치 시행 가능성의 근거로 제시된 것이다. 또한 그가 제시하였던 교육론 혹은 수양론도 역시 이상적인 정치를 실현하기 위해 도덕적 인격을 갖추는 방법들이다.

맹자는 당시 전국의 제후들이 '인의(仁義)를 가칭하여 힘에 의존하는 패도정치(覇道政治)'만을 일삼는다고 비판하고, 전국을 통일하여 천자가 되는 방법은 오로지 왕도정치를 시행하여 백성의 마음을 얻는 것임을 강조한다.

> 천시(天時)를 얻는 것이 지리(地利)만 같지 못하며, 지리를 얻는 것은 인화(人和)만 같지 않다. […] 포위공격을 하는 데에 있어서 반드

> 시 천시의 기회를 얻었는데도 이기지 못하는 것은 천시가 지리만 못하기 때문이다. 성의 담도 높고, 그 아래의 연못도 깊으며, 구비하고 있는 병갑도 굳고 예리한데다 먹을 식량마저도 넉넉한데, 마침내 패하여 성을 버리고 도망치는 것은 지리가 인화만 같지 못하기 때문이다. […] 인의(仁義)의 도를 얻은 자에게는 돕는 이가 많고, 도를 얻지 못한 자에게는 돕는 이가 적다. 돕는 이가 지극히 적으면 친척들 마저도 배반을 하게 되고, 돕는 이가 많아지면 천하가 이에 따르게 되는 것이다. […] 그러므로 군자는 싸우지 않을지언정, 싸우면 반드시 이긴다. (《맹자(孟子)》, 〈공손추(公孫丑) 下〉)

왕도정치란 공자가 말했던 바의 인정(仁政)과 덕치(德治)를 말하는데, 이는 이 세상의 모든 사람들이 타고난 선한 본성을 충분히 세상에 발현시킬 수 있게 하는 도덕적 교화의 정치를 말한다. 이러한 정치가 시행되는 조건으로 민생의 보장을 통한 경제적 안정, 현능한 관리의 등용, 적절한 세금의 부가와 도덕적 교화 등을 제시한다.

맹자는 요순으로부터의 역사적 사례를 꼼꼼히 살펴보고, 천하를 잃거나 얻는 것은 모두 백성의 마음을 잃거나 얻은 것에서 결정된다고 보았다. 이는 오랫동안 지속되었던 천명정치사상의 현실적인 이해라고 볼 수 있다.

> 하나라의 걸왕과 은나라의 주왕이 천하를 잃은 것은 그 백성을 잃은 것이요, 그 백성을 잃었다는 것은 그 마음을 잃은 것이다. 천하를 얻는 길이 있으니 그 백성을 얻으면 천하를 얻는다. 그 백성을 얻는데는 길이 있으니 그 마음을 얻는 것이다. 그 마음을 얻으면 그 백성을 얻는다. 그 마음을 얻는 데는 길이 있으니 바라는 바를 주어서 모이게 하고, 싫어하는 바를 베풀지 말아야 할 뿐이다. (《맹자(孟子)》, 〈이루(離婁) 上〉)

만장 : 요임금이 천하를 순에게 주었다는 것이 사실입니까?

맹자 : 아니다. 천자는 남에게 천하를 넘겨주지 못한다.

만장 : 그러면 누가 순에게 천하를 준 것 입니까?

맹자 : 하늘이 준 것이다.

만장 : 하늘이 주었다는 것은 소리를 내어 명령한 것입니까?

맹자 : 아니다. 하늘은 말하지 않는다. 행위와 하는 일을 가지고 그 뜻을 보여줄 따름이다.

만장 : 그렇다면, 그를 하늘에 천거하였는데 하늘이 그를 받아들이고, 백성들에게 내놓았는데 백성들이 받아들였다는 것은 무슨 말입니까?

맹자 : 그를 시켜서 제사를 주관하게 하였는데, 모든 신이 그 제사를 흠향하였으니, 그것은 하늘이 받아들인 것이다. 그를 시켜서 나라의 일을 주관하게 하였는데 나라의 일이 다스려지고 백성들이 그것을 편안하게 여겼으니 그것은 백성들이 그를 받아들인 것이다. 하늘과 백성들이 그에게 천하를 준 것이지, 천자가 사사로이 남에게 넘겨준 것은 아니다. (《맹자(孟子)》, 〈만장(萬章) 上〉)

왕은 천명을 수명한 자인데, 천명은 미상한 것이어서 왕이 왕다운 왕노릇을 하지 못할 경우 천명이 떠난다고 한다. 즉, "저 하늘은 우리 백성들이 보는 것을 보고, 우리 백성이 듣는 것을 듣는다."는 《서경》의 구절을 인용하면서 '하늘의 명령'이라는 천명도 실질적으로는 '백성들의 마음'이라는 점을 강조하고, 백성들의 마음을 얻는 것이 천명을 얻는 것이라 주장한다. 때문에 군주는 백성들이 원하는 것과 싫어하는 것을 잘 구분하여 정사를 행하면서 백성들을 올바른 곳으로 이끌어야 한다. 이러한 과정을 통하여 사회를 구성하고 있는 모든 구성원들의 조화로운 행복을 추구하는 것이 바로 왕도정치이다.

맹자는 왕도정치의 실제적인 시행이 현실적 문제의 해결로부터 시작할 수 있다고 설명한다. 즉, 모든 백성들을 도덕적으로 완성된 존재로 만들기 위해서는 민생의 보장을 통한 경제적 안정이 필수적인 것이다. 맹자는 백성들이 배불리 먹고 부모와 처자를 부양할 수 있는 안정적인 생업을 보장해 주는 것이 왕도정치의 실질적인 출발이라고 강조한다.

> 무릇 어진 정치는 반드시 땅의 경계를 정하는 것으로부터 시작한다. 땅의 경계가 바르지 않으면 정전(井田)이 고르지 못하게 되고, 그렇게 되면 곡록이 고르지 않게 된다. 이러한 까닭에 포악한 군주와 탐관오리들은 반드시 경계를 소홀히 한다. 경계를 정하는 것이 이미 바르면 밭을 나누고 녹을 제정하는 것은 앉아서도 할 수 있는 일이다. (《맹자(孟子)》, 〈등문공(滕文公) 上〉)

> 백성들로 하여금 농사의 시기를 놓치지 않게 하면 곡식이 풍족해질 것이고, 호수나 연못에 촘촘한 그물을 넣지 못하게 하면 물고기가 먹을 수 없을 정도로 많아질 것이며, 제때에 맞추어 산림에 벌목을 허용하면 재목들이 넘쳐날 것이다. 곡식과 물고기가 풍족하고 집을 짓고 불을 땔 수 있는 재목이 충분해지면, 이로써 백성들은 살아있는 부모와 자식을 잘 부양하고, 죽은 사람을 장사 지내는데 유감이 없게 될 것이니, 이것이 왕도의 시작이다. (《맹자(孟子)》, 〈양혜왕(梁惠王) 上〉)

> 좌우의 신하들이 모두 그를 현명하다고 말해도 그대로 인정하지 말고, 여러 대부들이 모두 현명하다고 말해도 그대로 인정하지 말며, 나라 사람들이 모두 현명하다고 인정을 하면 잘 살펴보아서 훌륭한 점을 발견한 뒤에 등용해야 한다. […] 이와 같이 한 뒤에야 백성의 부모라고 할 수 있다. (《맹자(孟子)》, 〈양혜왕(梁惠王) 上〉)

그리하여 경제적인 안정이 이루어진 후에는 반드시 도덕적 교화가 필요하므로, 학교를 지어 백성들을 도덕적 인간으로 이끌 것을 강조한다. 여기서 도덕적 교화란 모든 인간들이 공통적으로 타고난 선한 본성을 일깨워 각각의 행동으로 드러나게 하는 과정을 말한다. 즉 성인을 만드는 작업이다. 결국 왕도정치란 군주를 포함한 지배계층의 도덕적 각성을 바탕으로 백성의 경제적 복지를 보장하고 도덕적 교화를 실행하는 복지국가와 도덕국가를 목표로 하는 정치이다. 맹자는 왕도정치의 실현을 통해 백성의 마음을 얻는 것이야말로 통일된 천하의 승자에 이르는 확실한 방법임을 강조한다.

사람의 본성은 착하다

성선설은 2500년 유학의 역사 속에서 맹자의 공헌으로 평가되는 이론이다. 한대 이후 당대와 송대에 다시금 부흥기를 맞이하게 된 유학의 중심에는 맹자의 성선설이 받아들여졌다. 그들은 이것을 바탕으로 인간의 심(心)과 성(性)에 관한 이론을 꾸준히 우주론과 연결해 연구하였다. 그러다가 남송의 주희에 의해서 성리학(性理學)이라는 이름으로 집대성되기도 하고, 연구 방면에 따라 육구연(陸九淵)과 왕수인(王守仁)에 의해 심학(心學)이 형성되기도 했다. 이들은 모두 맹자의 이론을 받아들여 인간의 내면적 본성과 마음에 관한 연구를 하게 되었고, 그러한 전통이 지금까지 이어져 유교의 중심사상으로 자리 잡게 된 것이다.

앞에 언급하였다시피 성선설은 왕도정치 실현의 내면적 근거를 확보하는 과정에서 제시된 이론이다. 왕도정치가 시행되는 사회는 모든 사람들이 호의호식한다든가 죽음 등으로부터 해방된 사회를 의미하는 것은 아니다. 그것은 도덕적으로 완성된 인간의 집단으로서 인간과 인간, 인간과 만물, 인간과 우주가 조화를 이루게 되는 사회를 말한다. 그리고 이러한 사회에 도달하기 위해서 전제되는 조건은 다름 아닌 인간의 선천적인 도덕성이다. 맹자가 성선설을 주장하는 이유도 바로 여기에 있다.

맹자는 인간의 정신적 본질에 대해 매우 낙관적인 신념을 갖고 있었다. 인간의 천부적인 본성이 착하고 깨끗하다고 믿은 것이다. 사람마다 지닌 이 선한 인간성을 천하에 펼치는 것이 곧 정치이며, 나의 선한 인간성을 가정으로부터 사회, 국가, 세계 인류에 보편적으로 실현하는 것이 바로 왕도다. 그리고 만인이 보편적인 인간성을 지니고 있는 한, 왕도정치의 가능성은 누구에게나 있다고 볼 수 있다.

그렇다면 이와 같은 맹자의 주장은 무엇에 근거를 두는 것일까? 맹자는 인간과 금수의 차이가 아주 미세하다고 말한다. 즉, 인간도 동물이기 때문에 근본적으로는 금수와 커다란 차이를 갖고 있지 못하다.

> 사람이 금수와 다른 점은 지극히 적지만, 보통 사람들은 그것을 내버리고 군자는 그것을 보존한다. 순임금은 사물의 이치에 밝았고, 인륜을 잘 살펴서 인(仁)과 의(義)에 따라 실천했을 뿐, 인과 의를 억지로 실천한 것이 아니다. (《맹자(孟子)》, 〈이루(離婁) 下〉)

> 사람들은 배불리 먹고 따스하게 입으며 편안하게 지내기만 하고 가르침이 없으면 금수에 가까워진다. (《맹자(孟子)》, 〈등문공(滕文公) 上〉)

세상의 모든 만물이 그 본연의 특성을 갖는다고 했을 때, 드러나는 본연성의 차이는 아주 미세하다는 말이다. 그러나 이 미세한 차이가 인간을 다른 동물과 구분해주고, 인간일 수 있게 하는 근거가 된다. 즉 아주 작은 차이이지만 이 작은 차이의 고유한 인성은 잘 발현되기만 하면 타 존재와의 눈에 띄는 차이를 만드는 근본 원인이 되는 것이다.

순임금이 깊은 산속에서 살 때 나무나 돌과 함께 살며 멧돼지와 함께 놀았는데, 산속에 사는 다른 사람들과 다른 점이 별로 없었다. 그러나 한 마디의 선한 말을 듣거나 하나의 선한 행위를 보면 곧잘 그것을 실천하였는데, 마치 강물이 막혔다가 터지는 것처럼 기세가 대단해서 그 무엇도 막을 수가 없었다. (《맹자(孟子)》, 〈진심(盡心) 上〉)

그렇다면 맹자는 인성의 고유성을 무엇으로부터 찾은 것일까? 맹자는 인성에 투영되어 나타난 인의예지(仁義禮智)와 성인이 체득한 천도 등으로 인성의 본래 모습을 규정한다. 그러나 이러한 덕성들이나 천도들은 현실적 측면에서 관찰이 불가능할뿐더러, 그 존재 유무를 속단하기가 어려운 것들이다. 따라서 인의 등의 덕성이 인간에게 내재하는지의 여부에 대한 고자(告子)와의 논쟁은 당연히 제기될만한 문제였다.

고자 : 사람의 본성은 갯가의 버드나무 가지와 같고, 의(義)는 갯버들로 만든 바구니와 같다. 사람이 인과 의를 행하는 것은 갯버들로 바구니를 만드는 것과 같다.

맹자 : 그대는 갯버들의 본성을 그대로 살려서 바구니를 만드는가, 아니면 그것을 억지로 구부리고 꺾은 후에 바구니를 만드는가? 만일 그것을 구부리고 꺾어서 바구니를 만든다면, 마찬가지로 사람의 본성을 구부리고 꺾은 후에 인과 의를 행한다는 것인가? 그대의 그러한 이론은 틀림없이 세상 사람들을 속여서 인과 의를 해치게 할 것이다. (《맹자(孟子)》, 〈고자(告子) 上〉)

이 대화를 보면 고자는 인성 속에 인의 같은 덕성이 내재하지 않는다고 생각하고 있다. 그저 뭔가를 만들기 위한 무목적적 재료에 불과한 인성을 우리가 원하는 모습으로 만들어 나아가는 과정을 의라고 설명한다. 그러나 맹자는 이러한 생각에 동의할 수 없었다. 그러나 적어도 인의가 내재하고 있음을 증명하기 위해서는 현실적으로 우리에게 관찰 가능한 무엇인가가 필요했음은 그도 역시 인지했던 것 같다.

그래서 맹자가 제시했던 것이 '차마 남의 고통을 외면하지 못하는 마음(不忍人之心)'이었다.

> 사람들은 누구나 '차마 남의 고통을 외면하지 못하는 마음(不忍人之心)'을 가지고 있다.
> 선왕들에게는 바로 이러한 마음이 있었기 때문에 '차마 남의 고통을 외면하지 못하는 정치(不忍人之政)'를 펼칠 수 있었던 것이다. '남의 고통을 외면하지 못하는 마음'을 가지고 '남의 고통을 외면하지 않는 정치'를 실천할 수 있다면, 정치라는 것은 마치 세상을 손바닥 위에 올려놓고 움직이는 것처럼 쉬울 것이다.
> 사람이라면 누구나 다 '차마 남의 고통을 외면하지 못하는 마음이 있다.'고 하는 것은 다음과 같은 근거 때문이다. 만약 지금 어떤 사람이 길을 가는 도중 한 어린아이가 우물 속으로 빠지게 되는 것을 보게 된다면, 누구나 깜짝 놀라며 측은하게 여기는 마음을 가지게 되고 자기도 모르게 아이를 구해내려고 할 것이다. 그렇게 되는 것은 어린아이의 부모와 교분을 맺기 위해서가 아니고, 마을 사람들로부터 칭찬을 듣기 위해서도 아니며, 어린아이의 울부짖는 소리가 듣기 싫어서 그렇게 한 것도 아니다.
> 이것을 통해서 볼 때, 측은하게 여기는 마음(惻隱之心)이 없다면 사람이 아니요, 부끄러워하는 마음(羞惡之心)이 없다면 사람이 아니요, 사양하는 마음(辭讓之心)이 없다면 사람이 아니요, 옳고 그름을 판단하는 마음(是非之心)이 없다면 사람이 아니다. 측은하게 여기는 마음은 인(仁)의 단서이고, 부끄러워하는 마음은 의(義)의 단서

이며, 사양하는 마음은 예(禮)의 단서이고, 옳고 그름을 가리는 마음은 지(智)의 단서이다.

사람에게 이 네 가지의 단서가 있은 것은 그가 사지를 가지고 있는 것과 같은 것이다. 이 네 가지의 단서를 가지고 있는데도, 자신의 선을 실천할 수 없다고 말하는 사람은 스스로를 해치는 사람이며, 자기의 군주는 선을 실천할 수 없다고 말하는 사람은 자기의 군주를 해치는 사람이다.

무릇 나에게 갖추어져 있는 네 가지 단서를 모두 확대시켜 가득 차게 할 줄 알면 마치 불이 타오르기 시작하고 샘이 솟아나기 시작하는 것과 같아진다. 진실로 그것을 확대시켜 가득 차게 할 수 있으면 천하라도 보존할 수 있고, 만일 확대시켜 가득 차게 하지 않으면 부모조차도 부양할 수 없을 것이다. (《맹자(孟子)》, 〈공손추(公孫丑) 上〉)

여기서 말하고 있는 인간의 네 가지 마음은 바로 본심(本心)을 말한다. 본심이란 외부의 어떠한 압력이나 인위적인 행위 등에 의해서 생겨난 마음이 아니라 인간이 본래적으로 가지고 있는 마음의 일부라는 말이다. 즉, 맹자가 말하는 인성은 이러한 본심 속에서 찾을 수 있는 것이며, 이러한 본심은 생리적인 욕망에 지배를 받지 않고 육체의 지배를 받는 동물적 본능이 아니다. 맹자가 말하는 인간의 본성은 이러한 본심 속에 인성이 있다는 것을 의미한다. 이는 맹자가 견지하는 인성에 대한 원칙이기도 하다. 이렇게 본다면 맹자에게 있어서 인성의 본래 모습은 도덕적 측면에서 언급된 것이다.

그러나 중요한 것은 맹자가 성선설을 주장했다고 해서, 그 선한 본성으로 인해 인간이 무조건 선하게 살 수 있다고 말하는 것은 아니다. 만일 맹자의 생각처럼 세상의 모든 사람들이 선한 본성을 가지고 태어났다면 이 세상에서 벌어지는 모든 악한 행위들은 무엇을 가지고 설명해야 할까?

우산(牛山)의 숲은 아름다웠다

사람은 선한 본성을 타고났음에도 불구하고 왜 이 세상은 선하지 않은 일들로 가득하게 된 것일까? 타고난 본성대로만 살면 분명 평화로운 세상이어야 할 텐데 말이다. 맹자는 다음과 같은 비유를 통해 그것을 설명한다.

> 우산(牛山)의 숲이 예전에는 아름다웠다. 그러나 큰 나라의 근교에 있기 때문에 사람들이 수시로 들어가서 나무들을 도끼로 베어내니, 계속 아름다울 수 있겠는가? 비와 이슬이 땅을 적셔주어 새로운 새싹이 움터 나오지만, 또한 소와 양들을 그곳에다 놓아먹이니 저렇게 반들반들한 민둥산이 된 것이다. 사람들이 그 반들반들한 것을 보고서 그곳에는 예전부터 나무가 없었다고 생각하지만, 그것이 어찌 산의 본성이겠느냐?
>
> 사람에게 있어서도 어찌 인과 의가 없겠는가? 사람들이 선한 마음을 놓쳐버리게 되는 것 역시 도끼질로 매일매일 나무를 베어내는 것과 같으니, 어떻게 아름다워질 수 있겠는가? 낮과 밤으로 자라난 선한 마음과 새벽의 맑고 고요한 기운은 인간에게 본성적인 기호(嗜好)를 만들어주는데, 그것은 모든 사람들이 거의 비슷하다. 그러나 그 공통적인 선한 본성은 아주 미미한 상태에 있기 때문에 낮에 각자의 환경에서 저지르는 나쁜 행동에 의해 없어지게 된다. 없애기를 되풀이하면 밤의 선한 기운(夜氣)이 살아남을 수가 없고, 밤의 선한 기운이 살아남을 수 없게 되면 금수와의 거리가 멀지 않게 된다. 사람들이 그가 금수와 같음을 보고서 원래부터 선한 재질이 없었을 것이라고 생각하지만, 그것이 어찌 사람들의 본래 바탕이겠는가?
>
> 그러므로 잘 길러주면 어떤 사물도 자라지 않는 것이 없고, 만약 길러주지 않으면 어떤 사물도 없어지지 않는 것이 없다. 공자께서 "붙

> 잡으면 있게 되고, 놓아버리면 없어진다. 드나듦에 일정한 때가 없고 그것이 어디로 가는지를 알지 못한다."고 하신 것이 바로 마음에 대해 말씀하신 것이다. (《맹자(孟子)》, 〈고자(告子) 上〉)
>
> 이러한 인의예지는 밖으로부터 나에게 주어진 것이 아니라 내가 본래부터 가지고 있는 것인데, 다만 사람들은 생각하지 않을 뿐이다. 그러므로 공자께서는 '찾으면 얻게 되고, 놓으면 잃어버리게 된다.'고 한 것이다. 때로는 사람들 간의 차이가 서로 두 배 또는 다섯 배가 되어 계산할 수도 없게 되는 것은 타고난 재질을 남김없이 실현하지 못했기 때문이다. (《맹자(孟子)》, 〈고자(告子) 上〉)

비록 인간이 선한 본성을 타고났긴 하지만, 그것은 다른 동물들과 다른 약간의 차이이며, 환경적 영향에 의해서 그 삶은 천차만별로 나타난다. 풍년에는 젊은 사람들이 대체로 얌전하고 착한데, 흉년에는 포악해지는 이유는 환경적인 영향 때문이다. 같은 종자라도 기후와 토지에 따라 결과가 천차만별이다. 그래서 인간의 성선이 외부환경에 기인하여 마음의 고유한 반성적 사고를 하지 못하면 불선한 사람이 생겨나게 되는 것이다.

즉 맹자가 말한 바의 성선이란 선함을 행할 수 있는 최소한의 가능성이지, 그 자체로 인간 행위의 전체가 된다고 말하는 것은 절대 아니다.

타고났으나 삶의 현실 속에서 스스로의 노력 여하에 따라 드러나기도 확충되기도 하지만, 본래 없었던 것처럼 완전히 가려져 버릴 수도 있다는 것이다. 맹자는 이것을 일컬어 '잃어버린 마음(放心)'이라고 표현한다.

> 생선요리도 내가 먹고 싶은 것이고 곰발바닥 요리도 내가 먹고 싶은 것이지만, 두 가지를 모두 먹을 수 없다면 나는 생선요리를 버리고 곰발바닥 요리를 택할 것이다. 삶도 내가 원하는 것이고 도의

(義)도 내가 원하는 것이지만, 이 두 가지를 다 가질 수 없다면 나는 삶을 버리고 도의를 택할 것이다.

삶 역시 내가 원하는 것이기는 하지만, 삶보다 더 간절히 원하는 것이 있기에 구차하게 삶을 얻으려고 하지 않는다. 죽음 역시 내가 싫어하는 것이지만, 죽음보다 더 싫어하는 것이 있기 때문에 환란을 피하지 않고 죽는 경우가 있다.

만일 사람들이 삶보다 더 간절히 원하는 것이 없다면, 삶을 얻을 수 있는 어떤 방법인들 쓰지 않겠는가? 만일 사람들이 죽음보다 더 싫어하는 것이 없다면, 환란을 피하 수 있는 어떤 방법인들 쓰지 않겠는가? 그러나 나에게 삶보다 더 간절히 원하는 것이 있기 때문에 살 수 있는데도 그 살 수 있는 방법을 쓰지 않는 경우가 있다. 또 나에게 죽음보다 더 싫어하는 것이 있기 때문에 환란을 피할 수 있는데도 그 환란을 피할 수 있는 방법을 쓰지 않는 경우가 있다.

그러므로 사람에게는 삶보다 간절히 원하는 것이 있으며, 죽음보다 더 싫어하는 것이 있다. 오직 어진 사람만이 이런 마음을 가지고 있는 것이 아니라 사람이라면 누구나 다 이런 마음을 가지고 있는데, 어진 사람은 다만 그것을 잃지 않을 수 있을 뿐이다.

밥 한 그릇과 국 한 사발을 얻어먹으면 살 수 있고, 얻어먹지 못하면 죽게 되는 경우에도, 소리 지르고 모욕하면서 내던져 주면 누구라도 받지 않을 것이고, 발로 차서 주면 거지라도 달갑게 여기지 않을 것이다. 그러나 사람들은 만 종(鍾)이나 되는 많은 봉록의 경우에는 예의를 따지지 않고 받는다. 만 종의 봉록이 자신에게 무슨 보탬이 있겠는가? 만 종의 봉록을 받는 것은 호화로운 집을 얻고 처첩을 먹여 살리고 자신의 친척들 중에서 궁핍한 사람들이 자신에게서 혜택을 얻도록 하기 위해서 일 것이다.

예전에 자신을 위해서는 자신이 죽을지언정 받지 않다가 지금은 아름다운 집을 위해 받고, 예전에는 자신이 죽을지언정 받지 않다가 지금은 자신의 친척들 중의 궁핍한 사람들이 자신에게서 혜택을 얻도록 하기 위해서 받는구나. 이것이 과연 그렇게 하지 않을 수 없는 것인가? 이것을 일러 '본래의 마음을 잃었다.(放心)'고 하는 것이다. (《맹자(孟子)》, 〈고자(告子) 上〉)

무명지가 구부러져서 펴지지 않는 경우에는 아프거나 일에 장애가 되는 것이 아니라고 할지라도, 어떤 방법으로든 그것을 고치려고 노력할 것이다. 자기의 손가락이 남과 다르기 때문이다. 손가락이 남과 다른 것은 싫어할 줄 알면서도 마음이 남과 다른 것은 싫어할 줄 모른다면, 이것을 일러 일의 경중을 알지 못한다고 하는 것이다. (《맹자(孟子)》, 〈고자(告子) 上〉)

이렇게 본다면 현실 속에 존재하는 불선들은 인간의 본질적인 요소는 아니다. 불선의 요소들은 각각의 상황에 따라서 나타나는 것들이다. 그러나 불선의 요소는 인간의 주체적인 자각, 즉 사유의 활동에 의하여 얼마든지 통제할 수 있는 것들이다. 따라서 인성을 찾아 확립하기 위해 잃어버린 마음을 찾아 그것이 환경적인 영향에 이끌려 지배되지 않도록 하는 교화의 과정이 절실하게 필요하다는 것이다.

인(仁)은 사람의 마음이고, 의(義)는 사람의 길이다. 그 길을 내버려두고 따르지 않으며 그 마음을 잃어버리고서 찾을 줄을 모르니, 슬프도다. 사람들은 닭과 개를 잃어버리면 찾을 줄을 알면서도 마음을 잃어버리고는 찾을 줄을 모른다. 학문 하는 방법은 다른 데 있는 것이 아니라 자신의 잃어버린 마음을 찾는 것(求放心)일 뿐이다. (《맹자(孟子)》, 〈고자(告子) 上〉)

인간이 잃어버린 마음을 찾는다는 것은 외부 세계에서 찾는다는 것이 아니다. 그것은 내 속에서 없어진 것이 아니라 그 위에 다른 색깔의 칠이 더해진 것에 불과하기 때문이다. 그 바탕으로서의 마음은 결코 없어질 수 없는 것이다. 그렇기 때문에 그것을 구하는 데에 있어서도 외부 세계가 아닌 자신의 내부에서 반성적 사유를 통해 자신의 본성을 자각하는 것이다.

이러한 자각 이후엔 그 마음을 다시 잃어버리지 않도록 잘 보존하는 존심(存心)의 노력이 필요하다. 존심은 구체적으로 우리의 본심을 잘 보존하여 인의예지의 덕을 도덕행위로 확충시켜 표출할 수 있도록 하는 것이다. 마음속의 본심을 잘 확충하게 되면 그로 인하여 내재적인 본성을 자각할 수 있게 된다.

> 그 마음을 극진히 다 하는 사람은 그 본성을 알게 되고, 그 본성을 알게 되면 하늘을 이해하게 된다. 그 마음을 보존하여 그 본성을 기르는 것은 하늘을 섬기는 것이다. (《맹자(孟子)》, 〈진심(盡心) 上〉)

인간의 본심을 잘 확충해 나아가면 내재적인 본성을 자각하는 단계에 이르게 된다. 그리고 이러한 자각된 본성은 곧 하늘을 이해하고 섬기게 되는 단초가 되는데, 여기서 말하는 하늘은 신앙적 대상으로서의 하늘이 아니라 유가 전통의 도덕적 근원인 하늘이다.

이처럼 맹자의 성선설은 일종의 도덕선험론적인 성격이 강하다. 그러나 이 선험적인 도덕성은 인의예지의 덕성이 잠재적인 형태의 도덕의식이라는 말이다. 잠재적인 도덕의식은 반드시 후천적으로 배양하고 발전시켜야만 그 진가를 발휘할 수 있다.[1] 그러한 후천적인 배양과 발전의 노력이 구방심과 존심양성 등의 수양론과 교육론으로 나타나게 되는 것이다.

사람이 희망이다

한대 이후로《맹자》에 대한 주석은 계속되었다. 송대의 정이(程頤)와 정호(程顥) 형제는《예기》에서 분장한《대학》,《중용》과《논어》,《맹자》를 '사서(四書)'라고 이름하였고, 이후로 이 책들은 유교의 핵심경전이 되었다. 또, 송대의 유학사상을 집대성한 주희 이후로 성리학은 그 사상적 토대로서《맹자》를 매우 중요시 여겼고, 이는 '심학(心學)'이라고 불리는 양명학 계통에서도 마찬가지였으며, 과거시험의 필수과목으로 지정되기도 했다.

유가의 개조는 공자다. 그러나 그 유가의 이상을 체계화하고 그것을 학문으로서 성립시킨 업적은 맹자에게 있다. 왕도정치의 이상과, 그것을 가능하게 하는 근거로서 인간의 선한 본성, 그리고 그 이상을 실현시키기 위한 수양론과 인륜교육에 대한 논의 등《맹자》는 유학의 교과서 같은 책이다. 특히 송·명대 유학자들의 사상은《맹자》의 성선설을 기본 축으로 하여 전개되었다.

사실 맹자가 살았던 전국시대 당시만 하더라도, 제자백가 중에서 인성의 선함을 주장한 사람은 오로지 맹자 한 사람뿐이었다고 한다. 맹자가 존숭하였던 공자 역시도 인간의 본성에 대해서는 선과 악의 뚜렷한 구별을 내놓지도 않았으려니와, 대부분의 학파나 학설들은 인간의 본성을 악하게 보거나 혹은 '악하지도 않고 선하지도 않다.'는 쪽에 많은 비중을 두고 있었다.《맹자》에 등장하는 고자만 해도 그렇다.

> 고자 : 사람의 본성은 빙빙 소용돌이치는 물(湍水)과 같아서, 동쪽으로 터주면 동쪽으로 흐르고, 서쪽으로 터주면 서쪽으로 흐른다. 사람의 본성 자체에 선함과 불선함의 구분이 없는 것은 물 자체에 동쪽과 서쪽의 구분이 없는 것과 같다. (《맹자(孟子)》,〈고자(告子) 上〉)

애초부터 인간은 태어나면서부터 선과 악이라는 어느 한쪽의 방향성을 가지고 태어난 것이 아니라, 자신이 처한 현실의 환경적인 영향에 의해 선한 쪽으로든 불선한 쪽으로든 흐를 수 있기 때문에 후천적인 교육과 노력이 더 중요하다는 말이다. 심지어 같은 시대, 같은 유학자임에도 순자(荀子)의 경우는 오히려 인간의 본성을 악하다고 평가하였다.

> 사람의 본성은 본래 악한 것으로, 그 선하게 보이는 것은 '인위(人僞)'를 통하여 본성을 속였기 때문이다. 사람은 태어나면서부터 이익을 좋아하는데, 이것을 따르기 때문에 다투고 빼앗는 마음이 생겨 사양하는 마음이 없어진다. 또한 태어나면서부터 시샘하고 미워하는 마음이 있는데 이것을 따르기 때문에 잔악하고 해치는 마음이 일어나 충실함(忠)과 믿음(信)이 없어진다. 그리고 태어나면서부터 귀와 눈에 욕망이 들어있어서 저절로 음악이나 여색을 좋아하게 되는데, 이것을 따르기 때문에 음탕하고 혼란스러운 것이 일어나고 예(禮)가 없어지게 되는 것이다.
>
> 이처럼 사람의 본성은 본래 방종하므로 사람이 타고난 본성과 감정만을 따라가면 반드시 다투고 빼앗을 수밖에 없다. 그리하여 사회규범의 아름다운 꾸밈새를 깨뜨리고, 정신세계의 아름다움을 어지럽히는 상황, 즉 횡포의 세상으로 돌아가게 되는 것이다. 그러므로 반드시 '스승의 규범을 통한 교화'와 '예(禮)나 의(義)의 도리'를 위한 지도를 충실히 익혀야만 사양하는 마음을 갖게 되고 규범이나 도리에 합치하여 태

순자

평한 세상에 귀착하게 될 것이다. 이런 점만 보더라도 인간의 본성은 악한 것이 명백하며, 그 선한 것은 인간의 후천적인 작위에 의하여 그리되는 것이다.

옛날의 성인은 '인간의 본성이 악하기 때문에 편벽되고 음험하여 바르지 못하고, 도리에 어긋난 행동을 하여 다스려지지 않고 있다.' 고 생각했다. 따라서 그들을 구제하기 위하여 예의를 만들고 법도를 제정한 것이다. 그것을 통하여 인간의 감정과 본성을 아름답게 꾸미고 바로잡아주었다. 인간의 감정과 품성을 길들이고 변화시켜 잘 인도해준 것이다. 이는 모든 사람들을 올바른 사회로 인도하여 도리에 맞는 삶을 살 수 있게 하기 위한 것이다.

오늘날의 사람들도 스승의 가르침에 교화되고, 학문을 잘 익히며, 예의에 따르는 자는 군자가 된다. 그러나 감정과 품성이 내키는 대로 행동하고, 방자한 자세로 일관하여 예의를 어기는 자는 소인이 된다.

예는 어디에서 생겨나는가? 사람은 태어나면서부터 욕망이 있다. 욕망을 가지고 있기 때문에 무언가를 구하여도 얻어지지 않으면 끊임없이 그것을 추구한다. 그런데 모든 사람이 자신이 원하는 것을 추구하는 범위나 한계가 없으면 서로 다투지 않을 수 없다. 다투면 어지러워지고 어지러워지면 세상은 꽉 막히게 마련이다.

선왕은 이러한 사회의 혼란을 싫어하였다. 그리하여 혼란을 막기 위하여 예를 만들어서 모든 사람들을 분별 지어 주었다. 예에 맞추어 인간의 욕망을 만족시켜주고, 인간의 요구를 잘 공급했다. 욕망이 물자 때문에 궁해지지 않도록 하면서도 물자가 욕망 때문에 다하게 되지 않도록 하였다. 두 가지가 서로 유지되면서 증대되도록 한 것, 이것이 예(禮)의 기원이다. (《순자(荀子)》, 〈성악(性惡)〉)

순자는 인간의 본성에 대해 그다지 낙관적인 견해를 내놓지는 않았다. 태어난 인간 그대로의 모습을 경험적으로 관찰하고, 그러한 객관적 관찰의 결과를 통하여 인간의 본성을 관찰 가능한 본능적 구조로 생각하고 있었다. 따라서 태평한 세상을 만들기 위해서는 그러한 본성을 인위적으로 개조해야 한다고 주장한 것이다. 이러한 생각은 이후 법가의 형성과 발전에 매우 지대한 영향을 미치기도 했다.

그러나 후대의 학자들은 순자의 성악이 아닌 맹자의 성선을 취하였고, 이 때문에 유가의 법통이 공자에게서 맹자로 이어졌다는 계보를 옹호하였다. 남송의 유학자들에게서는 맹자의 성선설이 '성즉리(性卽理)'나 '심즉리(心卽理)' 등의 명제로 해석되었고, 조선 유림들의 '사단칠정(四端七情) 논쟁'이나 '인심도심(人心道心) 논쟁'의 기본 전제도 맹자의 '선한 본성'이었다. 이렇게 본다면 《맹자》는 그 내용상 유학을 대표할 만한 책이라 할 수 있다.

현실 속에서 벌어지는 수많은 사건 · 사고나 우리가 만나게 되는 수많은 인간관계의 삶 속에서 인성이 선하다는 맹자의 말은 뭔가 맞지 않는 것 같기도 하다. 그러나 적어도 맹자의 성선설이 지극한 인본주의적 관점에서 제시된 것이라는 것을 감안해 본다면 그것이 시사하는 바는 작지 않다.

주지하다시피 전국시대는 전쟁으로 인하여 매우 혼란하였던 시기다. 자신의 사사로운 이익을 위해 나라를 온통 광기 어린 전쟁으로 몰아넣는 위정자와, 어려움에 처하여 생존을 위해 하지 못할 일이 없는 것처럼 행동하는 백성들. 그 속에서는 오히려 인간의 본성이 본래 이익을 쫓는 악으로 가득 찼다고 보는 것이 훨씬 설득적이었을지도 모른다.

맹자는 이처럼 혼란한 상황 속에서도 인간에 대한 희망을 버리고 싶지 않았던 것 같다. 그가 흠모하고 존숭하였던 공자, 그리고 공자가 늘 입만 열면 언급되었다는 요순의 도는 언제나 그 중심에 인간이 있었다. 이 세상을 통틀어 인간만큼 귀한 존재가 없었기에 공자는 인간의 모양을 따라 만든 인형을 관속에 넣어 장사를 지내는 것조차도 싫어했다.

적어도 공자나 맹자 같은 유가들은 이 세상이 혼란해지는 이유도 인간에게 있고, 그 혼란은 인간 스스로 극복할 수 있다는 강한 믿음을 가지고 있었던 것 같다. 즉 인간 세상에서 벌어지는 수많은 혼란들은 인간들이 가지고 있는 동물적 본능 구조 속에서 만들어진 것이지만, 그것을 극복하는 힘은 신 등의 외적 존재에 의한 것이 아니라 인간 스스로가 이미 가지고 있다고 믿었던 것이다. 그렇기 때문에 적어도 맹자의 사유체계 안에서 인간은 희망적인 존재여야 한다. 스스로가 악한 본성을 지니고 있기 때문에 그것이 외적인 힘이나 자극에 의해 교정될 수 있다는 생각은 인간을 의존적 존재로 만들어버리기 때문이다. 즉 맹자에게 있어서 태평성대를 열 수 있는 유일한 희망은 사람 그 자체였던 것이다.

과학과 기술이 고도로 발달한 오늘날에도 인간의 본성을 직접 들여다볼 수 있는 기술은 없다. 때문에 인간의 본성이 어떻게 생겼는지에 관해서 객관적인 증거를 보여줄 방법도 여전히 없다. 그러나 적어도 사람이 사는 세상에서 모든 것을 이끌어 나아가는 주체는 여전히 사람이다. 그 주체인 사람은 본성적으로 희망적인 존재라는 신념을 갖고 능동적인 생각과 행위를 통해 인간이 사는 세상을 인간 스스로의 힘으로 조절해 나아가기를 희망했던 맹자의 생각은 혼탁하고 암울한 시기를 살아가는 모든 사람들에게 위안과 용기가 되어주지는 않을까?

토론 주제

- 왕도정치론의 구조와, 그 이론이 바탕으로 삼고 있는 근본정신을 이야기해보자. 또 그 이론이 현대의 정치와 소통할 수 있는지의 여부를 따져보고, 만일 소통할 수 있다면 어떤 접점이 만날 수 있는지 말해보자.
- 인간이 태어나면서 선천적으로 가지고 있는 것은 무엇일까? 맹자는 인간이 금수와 다른 것은 아주 적은 차이라고 말하는데, 그렇다면 인간이 금수와 다른 것은 선천적인 요인 때문일까? 아니면 후천적인 교육 때문일까? 현대의 교육은 인간의 선천성을 어떻게 생각하고 있는지 생각해보자.
- 맹자는 성선의 근거로서 네 가지의 단서인 사단(四端)을 들고 있다. 맹자의 사단론이 지닌 특징과 논리적인 오류를 지적해보자.
- 맹자와 순자는 각각 무엇을 인간의 본성으로 삼고 있는지 생각해 보고, 근본적인 차이점과 공통점을 말해보자. 또한 현대를 살아가는 자신의 삶에 비추어 어떤 것이 자신의 생각에 맞는지 이야기해보자.
- 맹자와 고자, 순자의 인성론을 각각 살펴보고, 자신이 지지하는 이론을 논리적으로 정당화해보자.
- 인간의 본성을 연구하기 위해 필요한 방법론을 세워보자. (조건 : 많은 사람들이 타당하다고 받아들일만한 객관성이 확보되어야 함)
- 앞의 세 사람의 인성론 외에 자신의 인성에 대한 의견을 말해보고 자신만의 인성론을 구성해보자. 또한 그 이론을 가지고 현대인의 인성교육 방안을 마련해보자.
- 맹자는 자신의 마음을 잘 들여다보면 본성을 알 수 있고, 본성을 알면 하늘을 깨닫게 된다고 말한다. 맹자가 생각하는 하늘은 어떤 존재인지 생각해보자. 또한 그 하늘과 인간의 관계는 무엇인지 설명해보자.
- 맹자는 악한 행위가 일어나는 근본 원인을 우리가 가지고 있는 본심을 잃어버리는 것으로 보았고, 그러한 본심을 다시 찾는 것이 공부의 시작이라고 말한다. 잃어버린 본심을 되찾고 그것을 잘 보존하며 자신의 본성을 잘 기를 수 있는 실질적인 방법은 무엇이 있을까?
- 순자는 인간의 본성을 악하다고 보고, 그것은 성인이 만든 예에 의해서 교정 가능하다고 여겼다. 순자가 생각했던 예의 성격과, 법가에 어떤 영향을 주었을지 생각해 보자.

더 읽을 거리

- 맹자, 《맹자》, 신창호 역, 생각정거장, 2016
- 박경덕, 《지금 혼자라면 맹자를 읽어라》, 페이퍼스토리, 2016
- 변원종, 《동양고전의 윤리의식과 도덕적 인물》, 북코리아, 2015
- 성백효 외, 《동양철학콘서트》, 이숲, 2011

주

1) 변원종,《동양고전의 윤리의식과 도덕적 인물》, 북코리아, 2015년, p83 참조

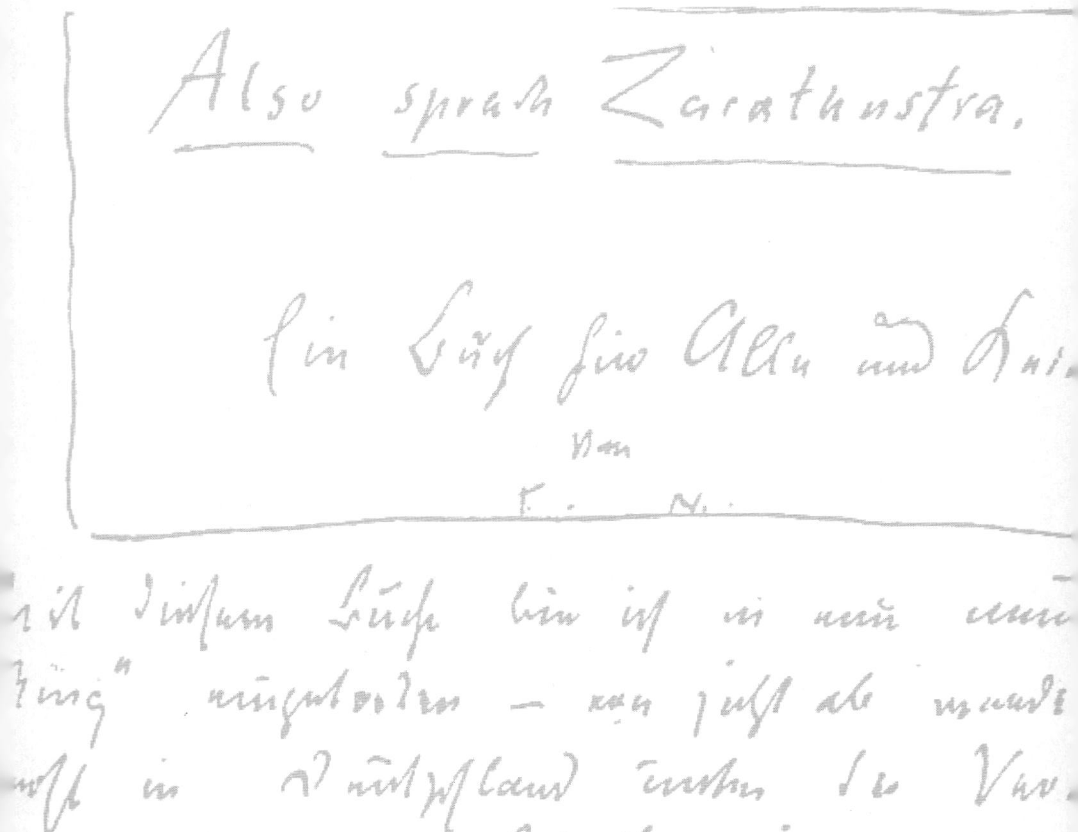

3

무엇을 위한 공부인가?

이이 《격몽요결》

戊辰十一月七日架

擊蒙要訣

무엇을 위한 공부인가?

이기호

공부를 하면 기쁘게 된다?

유교 최고의 경전인《논어(論語)》는 "배우고 그 배운 것을 늘 익히니, 또한 기쁘지 아니한가!(學而時習之不亦說乎)"라는 말로 시작한다. 소박하고 평범한 시작이지만, 적어도 유교처럼 '배움'을 중요시 여기는 문화도 많지는 않은 것 같다. 심지어 공자는 스스로 자신을 평가하여 "태어나면서 모든 것을 알고 있던 사람이 아니라, 열심히 배우고 익힌 사람"이라고 표현했을 만큼이나 모든 사람에게 있어서 '배움'은 똑같이 중요하다는 점을 강조하곤 했다.

우리가 살고 있는 현대사회는 흔히 '지식 기반사회'라는 이름으로 별칭 되곤 한다. 인간의 노동이 가치를 창출했던 농경사회, 자본이 가치창출에 큰 힘을 발휘하였던 산업사회를 넘어 수많은 정보와 지적 능력이 새로운 부가가치를 창출하는 '지식의 시대'를 맞이하게 된 것이다. 이러한 시대를 맞아 배움의 중요성은 또다시 새롭게 강조되고 있으며, 현대인들은 교육에 더 많은 돈과 시간과 노력을 투자하고 있다.

특히나 오랜 기간 동안 유교의 영향권에 있었던 동아시아 계통의 국가들에서는 이러한 교육열이 타 지역보다 높은 것으로 나타난다. 지난 2014년, BBC가 세계의 교육열 순위를 조사하여 발표하였는데, 한국, 일본, 싱가폴, 홍콩이 각각 1위부터 4위까지의 순위를 차지하는 등 상위권의 대부분이 동아시아인 것으로 나타났다. 또한 시사주간지 〈뉴스위크〉에서 세계 각국의 교육열에 대해 기사화하면서 꼽은 대표적인 사례의 90%가 동아시아의 것이었다. 예를 들면, 타이완의 '영재 임신법', 중국의 '6세 이하 유아들을 대상으로 무역과 웅변을 가르치는 MBA과정', 홍콩의 '국제 학교' 등 은 수강료가 상당한 고액임에도 사람들이 구름처럼 몰려들고 그것을 매우 긍정적으로 평가한다는 것이었다.

이러한 상황은 한국도 예외가 아니다. 한국의 경우, 언제부터인가 공교육이 힘을 잃고 사교육에 온갖 정성을 쏟으면서, 현재 대한민국 전체 사교육비가 연간 15조 원 정도로 추정된다고 한다.

이러한 현상의 원인은 무엇일까? 현재를 살고 있는 우리가 2,500년 전 배움을 소중히 여겼던 공자의 가르침을 너무도 잘 계승하여, 그러한 배움 속에서 진실로 '기쁨'을 찾고 있기 때문일까?

우리 시대 배움의 민낯

근대화 이후 우리는 절약과 근면, 성취를 위한 지속적인 노력을 중요시하였고, 이런 것들이 경제적인 기적을 이루어낸 저력이라고 평가한다. 이러한 이유 때문인지, 언제부턴가 우리의 머릿속에는 '경제적 성취'가 '성공적인 인생'이라는 등식이 성립하였고, 그러한 성취를 이루기 위한 방법은 '새로운 지식과 기술에 대한 공부'라는 생각이 뿌리 깊이 박히게 되었다. 또한 근대 이전과 다르게 '교육의 평등'이라는 이념이 확산되면서, 사람들은 자신들이 받지 못한 교육에 대한 열등감과 자신들이 누리지 못했던 근대적 인간으로서의 생활양식이 후손들에게 대물림되지 않을 수 있다는 강한 희망을 가질 수 있었다. 현대식의 공부가 그 해답이었고, 그래서 그들은 자신들의 모든 재산을 다 투자해서라도 자식들에게 현대식 교육의 혜택을 누리게 하기 위해 열과 성을 다했다. 이른바 개천에서 용을 만들기 위한 노력이었다.

이러한 생각들은 현재에도 여전히 유효한 듯하다. 아니, 보기에 따라서는 오히려 이전 사회에서 보다 훨씬 더 강화된 측면들이 없지 않다. 그나마 몇십 년 전까지만 하더라도 개인의 적극적인 노력 여하에 따라 사회에서 스스로 성취할 수 있는 부분이 어느 정도 남아있었다. 그 때문에 우리는 '경쟁'이라는 단어 앞에 '선의(善意)'라는 수식어를 붙여가며 아름다운 용어로 기억할 수도 있었다. 하지만 '5포'이니 '7포'이니 하는 말로 스스로를 자조하면서, 옆에 앉은 동료가 떨어지지 않으면 내가 실패자로 전락하게 될 것이라는 암울함을 안고 도서관과 학원가를 전전하는 지금 시대의 젊은이들에게서 '선의의 경쟁'이라는 말은 의미가 있는 것일까?

푸코는 신자유주의가 우리 인간을 기업가적인 주체로 만들어버릴 것이라고 경고했다. 개별화된 개개인이 스스로 자신의 삶을 책임지고 단련하는 자기계발의 주체가 되어 '자본주의 경쟁'에 나서게 된다는 것이다. 사회에서 각자의 성공은 오롯이 개인의 몫이며 그 책임 역시 개인의 것이고, 개인에게 전가된 책임은 끊임없이 '자기계발'을 강요하고, 교육에 있어서 무한 경쟁을 대두시킨다.

이런 상황에서 배움이라는 것은 단순히 '사회적 성취를 위한 지적 성장'이라는 이전 시대의 의미를 뛰어넘어, '남들을 이기기 위한 스펙 쌓기'로 전환되어 버린다. 보다 좋은 학교에 진학하기 위하여 남들을 의식해 가며 덜 놀고 덜 잔다. 좋은 학교에서의 질 높은 지적 유희를 지향해서가 아니라, 간판 높은 학교가 자신을 좋은 직장으로 인도하리라는 희망 때문이다. 보다 높은 연봉의 직장을 얻기 위해 낭만적인 청년기의 활동은 반납한 채, 자신을 다그쳐가며 외국어를 비롯한 각종 자격시험을 준비한다. 직장에서의 일을 통한 성취감을 위해서가 아니라 경제적인 부유함이 인생의 목표인 것처럼 되어버렸다. 이런 공부를 통하여 이들이 얻는 것은 무엇이고, 잃는 것은 무엇일까? 이들의 공부 속에는 공자가 말한 바의 '기쁨'이 들어있긴 할까?

이 장에서는 우리 선인들이 생각했던 '기쁨이 있는 공부'에 관하여 생각해볼까 한다. 적어도 인류가 시작된 이래로 끊이지 않고 계속되었던 공부. 그 공부에 대한 선조들의 생각은 어떤 것이었으며, 그 공부를 통해 성취하고자 했던 것은 무엇이었을까? 이제 조선시대의 학자였던 이이(李珥)를 통해 전통시대를 살았던 학자들이 생각하고 있었던 공부는 어떤 것이었는지 들여다보자. 그러한 공부를 통하여 그들이 추구했던 행복은 무엇이었는지, 그리고 그것이 현대를 살아가는 우리들의 공부에 결여된 '기쁨'을 더해줄 수 있는지 생각해보자.

몽매함을 깨기 위한 긴요한 비결 – 《격몽요결(擊蒙要訣)》

조선시대의 이름난 유학자들은 대부분 학자로서뿐만 아니라 정치나 교육면에서도 다양한 면모를 지닌다. 성리학적 사유체계 안에서 우주와 인간 등 유학의 여러 차원을 사유하는 사상가적인 면모, 그리고 그것을 현실 정치나 교육을 통해 실천하려는 정치인과 교육자적 면모도 매우 강하다. 그 대표적인 인물 중 한 사람이 바로 이이(李珥)이다. 그는 단순히 성리학적 학문 풍토에서 그것을 발전시키고 이론화하는 데에 그친 것이 아니라, 그 이론을 바탕으로 어떻게 하면 사람이 살만한 좋은 세상을 만들 것인가로 고뇌하였다. 이러한 고민은 체계적인 교육 이론을 세워 교육을 실천하는 교육자의 모습으로 승화되기도 한다.

이이가 저술한 대표적인 교육 관련 저서로는 《성학집요(聖學輯要)》를 비롯하여 《격몽요결》, 《학교모범(學校模範》 등이 있다. 《성학집요》는 당시의 군주였던 선조에게 지어올린 것으로, 군주의 공부에 관한 것이 주요 내용이다. 《격몽요결』과 《학교모범》은 공부에 뜻이 있는 일반인들을 위한 저술이다. 주로 유학이 지향하는 공부의 목표, 즉 '자아의 완성으로부터 사회에 완성에 이르는 길(修己治人)' 등을 핵심 내용으로 삼고 있다.

그중에서도 《격몽요결》은 이이가 42세였던 1577년에 저술된 것이다. 십만양병설로 인하여 조정에서 반대세력과의 갈등이 심화되던 시절, 홍문관 부제학이라는 직책을 그만두고 황해도 해주의 석담(石潭)이라는 지역에 거주할 때였다고 전해진다.

김홍도 서당

이 책은 '격몽(擊蒙)'이라는 글자로 인하여, '어린아이들의 교육을 위해 지어진 동몽학습서'라고 오인하는 경우가 많다. 그러나 서문의 내용을 통해 유추해보면 이 책은 단순히 어린 아이들을 위한 교육 서적은 아니었다.

> 공부하는 학도들이 이것을 통하여 마음을 씻고, 이에 입각하여 곧장 공부에 들어갈 수 있었으면 좋겠다. 그 뿐만 아니라, 나도 내 자신이 오랜 구태에 얽매여있음을 근심하였는데, 이를 계기로 스스로 경계하며 살피고자 한다.

즉, 이 책은 성현의 학문에 들어가고자 하는 초학자를 위한 지도서이면서 '자기성찰을 위한 수양서'의 성격을 강하게 지니고 있다.[1] 따라서 "이 책은 배우는 자들에게 가장 요긴한 책으로, 현명한 사람이나 어리석은 사람, 노인이나 젊은이 할 것 없이 모두가 그 유익함을 얻게 되니 배우는 자들이 가장 먼저 읽어야 할 책"[2]이라는 윤증(尹拯)[3]의 평가는 '격몽'의 대상자를 매우 잘 지적한 것이라고 할 수 있다.

이제 《격몽요결》의 서문과 공부의 목적과 성격에 대한 1,2,3장의 원문을 중심으로 그 내용을 들여다보자.

공부란 별스러운 것이 아니다

《격몽요결》은 서문과 함께 10개 항목의 본문으로 이루어져 있다. 서문에서는 이이가 이 책을 쓰게 된 경위와, 당시 사람들이 가지고 있었던 공부에 대한 편견 및 공부의 중요성을 다루었고, 본문에서는 학문의 단계와 내용을 구체적으로 10가지로 나누어 설명하고 있다.

우선 서문에서는 공부의 의의와 중요성 및 목적에 대한 이야기를 담고 있다.

> 이 세상에 태어난 사람은 누구라도 '공부'를 하지 않으면 올바른 사람이 될 수 없다. 그렇다고 해서 이른바 '공부'라는 것이 이상하고 별스러운 것은 아니다. 다만, 부모가 되어서는 마땅히 자애롭고, 자식이 되어서는 마땅히 효성스러우며, 신하된 자는 마땅히 충실하고, 남녀 지간에는 마땅히 분별하여 존중할 것이며, 형제간에는 마땅히 우애롭고, 나이 어린 자는 마땅히 어른을 공경하며, 벗들 사이에는 마땅히 신의가 있어야 한다. 이것은 누구나 날마다 생활하는 도중에 그 처한 상황에 따라 각각의 역할에 충실한 것일 뿐이다. 이

처럼 '공부'란, '마음을 현묘한 데로 이끌고 가서 기이한 효과를 바라는 것'이 절대 아니다.

공부를 하지 않은 사람은 마음이 꽉 막히고 보고 들은 것이 좁아서, 세상일을 두루 알지 못하여 어리석게 된다. 그러므로 반드시 책을 읽고, 세상이 돌아가는 이치를 끊임없이 궁구하여 '마땅히 행하여야 할 바'를 밝힌 뒤에야 공부의 경지가 올바르게 되고, 실천하는 행위들이 각각의 일에 알맞게 들어맞게[中道] 된다.

요즘의 사람들은 공부가 일상생활 속에 있음을 알지 못한다. 그래서 공부란 '높고 멀어서 행하기 어려운 것'이라고 생각한다. 그렇다 보니 공부를 하다가 어떠한 한계를 만나면, 공부는 자신이 아닌 다른 사람의 의무라고 미루면서 스스로 자포자기하는 것을 편하게 여기는데, 참으로 슬픈 일이 아닐 수 없다.

내가 해산(海山;지금의 해주)에 거처를 정하고 머물 적에, 한두 명의 학도가 찾아와 공부에 관하여 물은 일이 있었다. 그들의 질문을 듣다 보니, 내가 그들의 스승이 될 수 없는 것이 도리어 부끄러웠다. 왜냐하면 그 초학자들은 '무엇을 어떻게 공부해야 하는지'에 대한 방향도 몰랐을뿐더러, 공부에 대한 견고한 뜻도 없었다. 그저 붕 뜬 마음으로 지식만 바라고 있었는데, 나는 그러한 태도가 너무나 걱정스러웠다. 그러한 상태에서는 서로 간에 도움도 안 될 뿐만 아니라, 도리어 남의 비방을 살까 두렵기도 했다.

이런 까닭으로 한 권의 책을 쓰게 되었으니, '뜻을 세우고, 몸을 삼가며, 어버이를 받들고, 남을 대하는 방법'의 대강을 서술하여 그 제목을 《격몽요결(擊蒙要訣)》이라 하였다. 공부하는 학도들이 이것을 통하여 마음을 씻고, 이에 입각하여 곧장 공부에 들어갈 수 있었으면 좋겠다. 그뿐만 아니라, 나도 내 자신이 오랜 구태에 얽매여있음을 근심하였는데, 이를 계기로 스스로 경계하며 살피고자 한다.

(《격몽요결(擊蒙要訣)》, 〈격몽요결서(擊蒙要訣序)〉)

전통적인 유교의 입장에서 보면 이 세상을 살아가는 모든 사람은 보편적으로 공부를 할 수 있는 능력을 이미 가지고 있다. 이것은 누구나 똑같이 타고나지만, 살아가는 방향과 환경적 조건 등에 의해 그것이 제대로 발휘되지 못하므로 끊임없는 자기성찰을 통해 그것이 밖으로 발현되게 하여야 한다. 또한 '공부는 일상생활에서의 모든 행위들이 그 당위성을 확보하는 작업'이며, '공부의 길은 책을 읽고 삶의 이치를 연구하며 자신의 본분에 맞는 일을 실천하는 것'이라고 정리하고 있다. 즉 공부란 '일상생활에서 마땅한 행위의 실천'일 뿐이지, 절대로 별스럽거나 신비로운 어떤 것은 아니라는 것이다.

공부를 시작할 때는 올바른 뜻을 세워라

《격몽요결》의 제1장은 〈입지(立志)〉라는 제목으로 시작하고 있다. 이는 초학자가 공부를 시작하는 단계에서 해야 할 일을 적은 것이다. 대체로 먼저 뜻을 바르게 세워 자신도 성인이 될 수 있다는 신념을 갖고, 공부하는 과정 중에 부딪치게 되는 난관들에 의해 스스로를 작게 여겨 공부를 포기하려는 생각을 하지 말아야 한다고 강조한다.

> 처음 공부를 시작하는 사람은 우선 자신의 뜻을 확고히 세우고, 반드시 성인(聖人)이 될 수 있음을 스스로 자각해야 한다. 털끝만큼이라도 자신을 작게 여기거나 자신의 능력 등에 대하여 다른 핑계를 대려는 생각을 하지 않아야 한다는 말이다. 보통 사람(衆人)과 성인의 본성은 서로 같다. 비록 그가 가진 기질의 맑고 탁함과 순수하고 잡스러움의 차이가 없지는 않다. 그러나 만일 진실로 알고 실천하

여 자신에게 물들어있던 나쁜 습관을 버리고 그 타고난 본성만 회복한다면, 다른 것을 보태지 않더라도 온갖 선성(善性)이 갖추어질 것이다.

사정이 이러한데, 어찌 보통 사람들(衆人)은 왜 스스로 성인이 될 수 있다는 것을 생각하지 않는지 모르겠다. 맹자는 인성의 선함에 관하여 이야기 할 때, 반드시 요임금과 순임금을 예로 들면서 "사람은 누구나 요임금과 순임금처럼 될 수 있다."[4]고 하였는데, 설마 맹자 같은 성현이 우리를 속이지는 않았을 터.

우리는 마땅히 항상 스스로를 분발하면서 다음과 같은 생각을 놓지 말아야 한다. '사람의 본성은 본래 선하여, 옛날이나 지금이나 지혜로운 사람이나 어리석은 사람이나 차이가 없는데, 성인은 무슨 이유로 유독 성인이 되었고, 나는 무슨 까닭으로 보통 사람이 되었는가?' 이는 진실로 뜻을 세우지 못했기 때문이고, 아는 것이 분명하지 못한 까닭이며, 행실을 돈독히 하지 못했기 때문일 뿐이다. 뜻을 세우고 아는 것을 분명히 하며 행실을 독실하게 하는 것은 모두 나에게 달려 있을 뿐인데, 어찌 다른 것을 탓하겠는가? 이러한 맥락에서 안연(顔淵)도 "순임금은 어떤 사람이며, 나는 어떤 사람인가? 스스로 노력하는 사람은 누구나 그와 같이 될 수 있다."[5]라고 말하였는데, 우리는 안연이 순임금처럼 되기를 염원했던 그런 삶의 태도를 본받을 필요가 있다.

사람의 용모는 추한 것을 바꾸어 아름답게 할 수 없다. 타고난 골격과 힘도 약한 것을 바꾸어 강하게 할 수 없다. 또한 키가 작은 것을 바꾸어 크게 할 수 없으니, 이와 같은 것들은 이미 정해진 것이라 변화시킬 수 없다. 그러나 오직 '마음의 뜻(心志)'만큼은 어리석은 것을 바꾸어 지혜롭게 할 수 있으며, 불초한 것을 바꾸어 어질게 할 수 있다. 이것은 마음이 '텅 비었으나 영묘(虛靈)'한 것들이기 때문에

> 태어날 때 부여받은 기질에 구애되지 않는다.
>
> 지혜로움보다 아름다운 것이 없으며, 어짊보다 귀한 것이 없다. 그런데 사람들은 도대체 무엇이 괴로워서 어짊과 지혜로움을 실천하지 않으면서 하늘이 부여한 본성을 훼손하는가? 사람이 이와 같은 뜻을 마음속에 보존하여 굳게 지키면서 물러서지 않는다면 거의 도(道)에 가까워질 것이다.
>
> 어떤 사람들은 스스로 '뜻을 세웠다.'고 말하되, 열심히 노력하지도 않고, 미적거리면서 뒷날의 좋은 결과만 요행으로 기다린다. 이런 사람들을 가만히 관찰해 보면, 말로는 뜻을 세웠다고 하지만 실제로는 공부를 하려는 성의가 없다. 만약 자신의 뜻이 진실로 공부하는 데에 있다면, '인(仁)을 실천하는 일'은 자기에게 말미암는 것이어서, 자신이 하려고만 하면 곧바로 그것을 이루는 경지에 이르게 되는데[6], 어찌 외부에서 인(仁)을 구하면서 후일을 기대하겠는가?
>
> '뜻을 세움(立志)'을 중시하는 까닭은 이렇다. 자신의 뜻을 확고히 세우면, 공부에 착수하여 진행해 나가면서도, 혹여 자신의 뜻대로 되지 않을까 염려하면서 뒷걸음질 치지 않게 해주기 때문이다. 만약 혹시라도 뜻이 성실하고 독실하지 못하여, 그럭저럭 옛날의 좋지 못한 습관에 젖어서 세월만 보낸다면 삶이 다하여 세상을 마친들 무엇을 성취할 수 있겠는가? (《격몽요결(擊蒙要訣)》, 〈입지(立志)〉)

공부를 처음 시작하는 사람에게 있어서, 자신이 하는 공부를 통해 미래에 어떤 사람이 될 것인지에 관한 뜻을 세우는 일은 매우 중요하다. 이이에 의하면, 공부를 가능케 하는 인간의 본성은 일반인이나 성인이나 모두 동일하다. 다시 말해, 본성적인 측면에서 본다면 이 세상의 모든 인간은 평등하다. 그러나 인간은 제각기 다른 기질을 가지고 태어난다. 그래서 그 기질의 맑고 탁함에 의해 인간의 모든 행위가 선과 악 등으로 구분되는 것이다. 그렇기 때문에 자신이 타고난 기질을 바로잡으면 누구나 요순처럼 완성된 인격체인 성인이 될 수 있다는 것이다. 사실 이런 식의 사유는 이이의 독창적인 인간 이해라기보다는 성리학자들의 기본적 인간관이다.

결국 기질을 변화시킨다는 것은 어리석음을 명석함으로, 악함을 선함으로 만들 수 있다는 믿음에 기초하여, 인간을 변화시키려는 인간개조론의 성격이 매우 강하다.[7] 때문에 학문을 본격적으로 시작하는 사람은 성인이 되기 위한 뜻을 세운 후, 그것을 지켜나가기 위한 강한 의지를 갖고 학문에 온 힘을 쏟아야 한다는 것이 이 장에 담긴 논리인 것이다.

낡은 습관을 끊어버려라

제2장 〈혁구습(革舊習)〉은 사람이 학문에 뜻을 두어 열심히 노력하여도 성취하지 못하는 이유 중 하나가 오래된 나쁜 습관들임을 이야기하고 있다. 사람다운 사람이 되려는 공부의 과정에서 가장 큰 방해물은 삶을 왜곡시키는 낡은 습관들이다. 이러한 낡은 습관들 중 대표적인 8가지를 제시하고, 욕망을 절제하지 못하는 데서 생기는 다양한 습속들을 단호히 끊어야 한다고 주장한다.

> 사람이 비록 공부에 뜻을 두었으나, 용맹하게 온 힘을 다해 똑바로 나아가 뜻을 이루지 못하는 것은 옛날의 낡은 습관이 가로막고 무너트리기 때문이다. 옛 습관의 조목을 다음과 같이 열거하니, 만약 뜻을 더욱 굳게 세워 뼈아프게 끊어 버리지 않는다면 끝내 학문을 할 터전이 마련되지 않을 것이다.
>
> 첫째, 자신의 마음에 품은 뜻(心志)을 게을리하고 몸가짐을 함부로 하면서 단지 한가하고 편안하기만을 생각하여 어딘가에 매이기를

매우 싫어하는 것.

둘째, 항상 돌아다닐 생각만 하며 조용히 지내지 못하고, 어지럽게 드나들면서 농지거리나 하며 나날을 보내는 것.

셋째, 자기와 같은 편은 좋아하고 다른 편은 싫어하면서 세속적인 습속에 빠져 있다가, 간혹 행실을 닦고 바로잡으려는 시도를 살짝 하다가도, 혹시 그 때문에 주위 사람들로부터 따돌림을 당할까 주저하는 것.

넷째, 문장으로 당시 세상에서 이름나기를 좋아하여, 경전의 내용을 훔쳐다가 부조(浮藻 : 쓸데없이 화려하기 만한 문장)를 하는 것.

다섯째, 글 짓는 일에만 힘을 기울이고, 거문고 타기와 술 마시는 것을 업으로 삼아 한가히 놀면서 세월을 보내면서 스스로는 맑은 운치라고 여기는 것.

여섯째, 한가한 사람을 모아 바둑이나 장기를 두면서 배불리 먹고 하루를 보내면서, 남과 다투는 데만 힘을 보태는 것.

일곱째, 부귀를 부러워하고, 가난하고 천한 것을 싫어하여 남루한 옷과 거친 음식 먹는 것을 몹시 부끄럽게 여기는 것.

여덟째, 즐겨 하고 좋아하는 욕심을 절제하지 못하여 끊고 억제하지 못하면서, 재물과 음악과 여색에 빠져 그 맛을 사탕처럼 달게 여기는 것.

습관 중에서 마음을 해치는 것은 대개 이와 같으니, 그 나머지는 다 열거하지 못한다. 이러한 습관들이 사람으로 하여금 자신의 뜻을 견고하지 못하게 하고 행실을 독실하지 못하게 한다. 그래서 오늘 저지른 일을 내일 고치기 어렵고, 아침에 그 행실을 뉘우쳤다가 저녁에는 이미 다시 그렇게 하게 되는 것이다. 그러므로 반드시 용맹스러운 뜻을 크게 떨쳐서 마치 칼로 그 뿌리와 그루터기를 깨끗이 끊어버리듯이 하고, 마음을 깨끗이 씻어내서 털끝만치라도 남은 줄기가 없게 하며, 항상 맹렬하게 성찰하는 공부를 더해야 한다. 그렇게 해서 이 마음으로 하여금 한 점이라도 옛날에 물든 더러움이 없게 한 뒤에야 학문에 나아가는 공부를 논할 수 있을 것이다. (《격몽요결(擊蒙要訣)》, 〈혁구습(革舊習)〉)

이 장은 입지를 실천하는 실질적인 공부의 가장 첫 단계이다. 공부에 뜻을 두고 아름다운 뜻을 세웠음에도 불구하고, 그 공부에 진보가 없는 것은 낡은 습관에 얽매여 헤어나지 못하고 있기 때문이다. 따라서 구습은 공부 과정에서 우선적으로 척결해야 할 대상이다. 이러한 과정을 통하여 마음을 깨끗이 한 후에 공부의 길로 접어들어야 일상을 순탄하게 만드는 동시에 성숙한 삶을 승화할 수 있다.

자신의 몸과 마음을 잘 보존하라

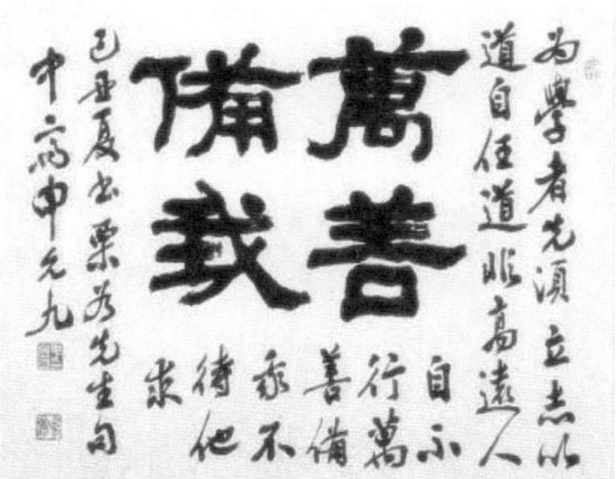

만선비아-자신의 몸과 마음을 잘 보존하라

제3장 〈지신(持身)〉은 공부하는 자의 몸가짐에 관한 내용이다. 뜻을 세우고 낡은 습관을 버린 다음, 자신을 가다듬는 실제적 작업이다. 특히 이이는 여기에서 9용(九容-아홉 가지의 몸가짐)으로 몸과 마음을 지키고, 9사(九思-아홉 가지의 생각)로써 학문을 진취시키는 뜻을 세울 것을 강조하였다.

공부하는 사람은 반드시 성심을 다하여 바른길로 향하고, 세속의 잡스러운 일들로 인하여 그 뜻을 어지럽히지 않아야 공부의 기초가 마련된다. 공자는 "충실함과 신의를 으뜸으로 삼는다."[8]고 하였다. 주희는 이 말을 해석하여 "사람에게 충실함과 신의가 없으면, 모든 일에 진실함이 없어서 악한 일을 하기는 쉽고 선한 일은 하기 어렵게 된다. 그러므로 반드시 이것으로써 으뜸을 삼는 것이다."[9]라고 하였다. 그러므로 반드시 충실함과 신의로써 으뜸을 삼고 용력을 다하여 공부를 한 뒤에야 성취하는 바가 있을 것이다. […]

몸과 마음을 바로잡는 데는 '구용(九容-아홉 가지의 태도)'[10]보다 절실한 것이 없고, 학문에 나아가 지혜를 더하는 데는 '구사(九思-아홉 가지의 생각)'[11]보다 절실한 것이 없다. […]

항상 이 아홉 가지의 태도와 아홉가 지의 생각을 마음속에 두고 그 몸을 단속하여 잠깐 동안이라도 놓아버리지 말아야 할 것이다. 또한 이것을 앉는 자리의 귀퉁이에 써 붙여놓고, 매양 바라보아야 할 것이다.

"예가 아니면 보지 말며, 예가 아니면 듣지 말며, 예가 아니면 말하지 말며, 예가 아니면 움직이지 말라."[12]는 네 가지는 몸을 닦는 요점이다. 공부에 처음 임하는 사람은 '예(禮)'와 '예가 아닌 것(非禮)' 분별하기 어려울 수 있다. 그러므로 반드시 세상이 돌아가는 이치를 궁구하여 밝혀가면서, 이미 알게 된 것 만이라도 힘써 행한다면 깨닫는 것이 많을 것이다.

공부라는 것은 일상적인 생활 속에 있다. 만약 평소에 거처함을 공손히 하고, 일을 처리하는데 최선을 다하며, 다른 사람과의 관계에서 성실히 임하면, 이것을 이름하여 '공부'라고 하는 것이다. 책을 읽는 것은 이 이치를 밝히고자 하는 것일 뿐이다.

의복은 화려하거나 사치스럽게 할 것이 아니라 추위를 막을 정도면 그만이다. 음식도 달고 맛있는 것을 추구할 것이 아니라 굶주림을 면할 정도면 된다. 거처는 편안하게 할 것이 아니라 자신을 보호할 수 있을 정도로만 유지하면 될 뿐이다. 그러나 오직 '묻고 배우는 공부'와 '마음을 수양하는 올바른 방법'과 '몸가짐을 단속하는 법칙' 등은 날마다 부지런히 힘써가면서 스스로 만족스럽게 여기지 말아야 한다.

자기의 사욕을 이기는 '극기(克己)'의 공부가 일상생활에 가장 절실한 것이다. 이른바 '기(己)'라는 것은 내 마음이 좋아하는 바가 천리(天理)에 부합하지 않는 것을 말한다. 반드시 내 마음이 '여색을 좋아하는가, 이익을 좋아하는가, 명예를 좋아하는가, 벼슬 하기를 좋아하는가, 편안하게 지내기를 좋아하는가, 잔치하고 즐기기를 좋아하는가, 진귀한 보배를 좋아하는가?' 하는 따위의 것을 잘 살펴보아야 한다. 그래서 여러 가지 좋아하는 바가 이치를 부합하지 않거든, 일체를 통렬히 끊어서 싹과 맥을 남겨두지 않은 다음에야 내 마음의 좋아하는 바가 비로소 의리에 들어맞게 되어서 더 이상은 사욕이 없게 될 것이다.

말을 많이 하고 생각이 많은 것은 마음을 수양하는 데에 오히려 가장 해롭다. 따라서 일이 없으면 마땅히 고요히 앉아 마음을 보존하고, 사람을 접하면 마땅히 말을 가려서 간략하고 신중하게 말한다. 때를 가린 연후에 말하면 말이 간략하지 않을 수 없을 것이니, 말이 간략한 자가 도에 가깝다. […]

공부하는 사람은 한결같이 도를 향하여 나아가되, 외부 사물들에 의하여 제압당하지 않아야 한다. 즉, 외부 사물 중에서 바르지 못한 것은 마땅히 일절 마음에 두지 않아야 한다. 고을 사람들이 모인 곳에서 만일 장기나 바둑, 저포 같은 놀이를 벌려 놓았거든 마땅히 눈독들이지 말고 뒷걸음질 쳐 물러나며, 만일 기생들이 노래하고 춤추는 것을 만나면 반드시 피해 가야 할 것이다. 만일 고을의 사람이 많이 모이는 상황에서 어른들의 만류로 물러갈 수 없으면, 비록 그 자리에 있을지라도 용모를 단정히 하고 마음을 맑게 하여 간사한 소리와 음란한 색이 나를 침범하지 못하게 해야 한다. 잔치를 만나 술을 마실 때에는 빠지도록 취해서는 안 되고, 술기운이 오르면 그만 마시는 것이 옳다. 모든 음식은 마땅히 알맞게 먹어야 할 것이니, 뜻대로 실컷 먹어서 자신의 심기를 손상시키지 말아야 한다. 말과 웃음은 마땅히 간략하고 신중히 해야 할 것이니, 시끄럽게 떠들면서 절도를 넘어서지 말 것이며, 행동거지는 마땅히 편안하고 조심스럽게 해야 할 것이니, 거칠고 경솔하게 하여 몸가짐을 잃어서는 안 된다.

일이 있으면 사리대로 일을 처리하고, 책을 읽을 때는 진실한 마음가짐으로 이치를 궁구해야 한다. 이 두 가지를 제외하고는 조용히 앉아 이 마음을 거두어들여서, 마음으로 하여금 고요하여 어지럽게 일어나는 잡념이 없게 한다. 그리고 항상 정신을 바짝 차려서 어두워지는 실수가 없게 하는 것이 옳으니, 이른바 "경(敬)으로써 마음 속을 곧게 한다."[13]는 것이 이와 같이 하는 것이다.

마땅히 몸과 마음을 바르게 하여 겉과 속이 한결같게 하여야 할 것이다. 깊숙한 곳에 있더라도 드러난 곳에 있는 것처럼 하고, 혼자 있더라도 여럿이 있는 것처럼 하여, 이 마음으로 하여금 푸른 하늘의 밝은 해를 사람들이 모두 볼 수 있는 것처럼 해야 한다.

항상 한 가지라도 의롭지 못한 일을 행하고, 한 사람이라도 죄 없는 사람을 죽여서 천하를 얻을 수 있더라도 하지 않겠다는 의사를 가슴에 두고 있어야 한다.

경을 실천함으로써 근본을 확립하고, 이치를 궁구함으로써 선을 밝히고, 힘써 행함으로써 그 진실을 실천하여야 하니, 이 세 가지는 죽을 때까지 해야 할 사업이다.

"생각에 간사함이 없다."[14]는 것과 "공경하지 않음이 없다."[15]는 오직

> 이 두 구절만은 일생토록 받아쓰더라도 다하지 않을 일이니, 마땅히 이것을 벽 위에 써 붙여서 잠깐 동안이라도 잊어서는 안 될 것이다. 공부하는 자는 매양 자신이 "마음을 보존하지 않은 적이 있었던가, 학문이 진전되지 않음이 있었던가, 행실을 힘쓰지 않음이 있었던가." 등을 스스로 점검하고 반성하여야 한다. 그래서 만일 그러한 것들이 터럭만큼이라도 있다면 그것을 고치고, 없으면 더 힘써 나가기를 죽은 뒤에야 그만둘 것이다. (《격몽요결(擊蒙要訣)》, 〈지신(持身)〉)

공부를 하는 사람은 모든 일에 있어서 그 성실함을 최우선으로 해야 하며, 일상에서 접하게 되는 어떤 일이라도 합리적이고 공정하게 처리해야 한다. 세속의 자질구레한 일들이나 욕심으로 인하여 자신을 어지럽혀서는 안 된다. 여기서 이이가 제시하고 있는 몸가짐이나 마음가짐의 준칙들, 그리고 네 가지의 비례(非禮-예가 아닌 것)에 대한 배척 등은 우리가 의식주 등에 의해 쉽게 삶의 일상성에 빠지지 않게 하려는 스스로의 노력들이다. 이는 일상생활에서 자신의 마음이 공정성에서 벗어나지 않게 하기 위하여 개인적 욕망을 극복하는 극기(克己)의 공부를 강조하고자 한 것이다.

'책을 읽는 것'부터 '처세'에 이르기까지

《격몽요결》의 4장부터 10장까지는 대체로 공부하는 사람들이 학문을 실천하는 세부적인 방법들을 제시하고 있다. 책을 읽는 독서의 방법론으로부터, 유교의 기초 윤리인 효와 남녀의 윤리, 사회적인 인간관계의 방식 등이 차례로 기술되어 있다.

제4장 〈독서(讀書)〉는 말 그대로 책을 읽어야 하는 중요성을 강조한다. 독서는 학문에서 간접 경험을 부여하기 위한 주요한 장치이기도 하

다. 따라서 삶과 세상의 이치를 탐구하기 위해서는 독서를 해야 하며, 독서를 하되 반드시 책 한 권을 선택하여 충분히 뜻을 헤아려 읽고 통달한 뒤에 다른 책으로 바꿔 읽을 한다는 것. 그리고 다독에 빠져서 쓸데없이 힘을 소모하는 것을 경계한다.

제5장 〈사친(思親)〉에서는 부모에 대한 사랑의 당위성을 강조하여 잠시도 효를 잊지 말 것을 밝혔다. 다시 말해 이 장은 유학의 핵심 이론인 효의 중요성을 일깨우는 작업이다. 맹자 이후로의 유학의 역사는 줄곧 성선설을 따르고 있으며, 이러한 전통은 공자가 주장하였던 인성의 씨앗인 '인(仁)'의 맥락이다. '인'이란 인간다움을 의미하며, 이 인간다움의 핵심은 '사랑'이라는 것이다. 인간에게 있어서 사랑은 본성적으로 타고 나는 것이며, 이 타고난 사랑을 세상에 잘 드러내는 사람이 바로 완성된 존재로서의 성인이다. 이 사랑의 가장 기초가 되는 단위의 사랑이 바로 부모에 대한 사랑인 효(孝)다. 따라서 집안에서 부모에 대한 사랑이 충분히 연습된 사람은 사회에 나아가서도 그러한 경험된 사랑에 의해 다른 이들도 진심으로 대할 수 있다는 것이다.

제6장과 제7장은 각각 〈상제(喪制)〉와 〈제례(祭禮)〉에 관한 이야기를 다루고 있다. 상례와 제례는 유교에서 중요시 여기는 예법 중 가장 큰 것으로써, 이 둘의 바탕에는 효 사상이 강하게 자리 잡고 있다. 이이는 이 두 장에 걸쳐 예법이 모두 주희(朱熹)의 《주자가례(朱子家禮)》에 따라 시행되어야 함을 밝히고 있다.

제8장 〈거가(居家)〉에서는 부부간의 예를 중심으로 집안에서 거처하는 방법등의 행동양식을 기술하고 있다. 집안의 살림은 절약을 기본으로 사치스럽고 호화로운 생활은 금해야 한다. 뿐만 아니라 형제 사이에는 우애롭고, 부부 사이에는 예와 공경이 바탕되어야 한다. 나아가 집안의 어른은 아랫사람을 가르치는 데에도 힘을 쏟아야 하고 부리는 사람도 그 직분에 적절하게 대우하여야 한다고 강조하고 있다.

제9장은〈접인(接人)〉이다. 말 그대로 사람과 사귀고 교제하는 일을 말한다. 이이는 이 장에서 '사람을 대할 때는 부드럽고 공경하는 마음으로 교유할 것과 자신의 얕은 지식만 믿고 스스로 교만해지거나 남을 업신여기는 것을 경계하라'고 가르친다. 사람을 사귈 때는 선한 사람을 택하여 교제하면서 상호 영향력을 미치고, 내가 남에게 비방을 받는 경우가 생기면 스스로 반성해야 한다. 윗사람을 모실 때는 공손하게 삼가야 하고, 동료나 아랫사람인 친구, 어린아이 등을 대할 때는 온순하고 공손하며 자애로워야 한다.

제10장 〈처세(處世)〉에서는 세상에 거처하는 방식, 즉 나의 삶을 펼칠 공동체 사회에서 어떻게 살아갈 것인가를 고려한다. 또한 벼슬을 위해 공부하지 말 것과 도를 행할 수 없으면 벼슬에서 물러날 것을 깨우치고 있다.

'입지'에서 '처세'에 이르는 과정은 일종의 공부 단계로 볼 수 있다. 그 시작과 종결은 개인이 '어떤 뜻을 세우느냐'에서 출발하여 세상에서 삶을 누리는 처세에서 마무리된다. 이러한 이이의 생각은 개인에서 가족, 사회로 나아가는 공부의 범주와 내용의 확산을 보여주는데, 이는《대학(大學)》의 8조목과 매우 유사한 구조를 가지고 있다. 즉 공부란 자신을 닦아 자아의 완성(格物致知誠意正心修身)을 보는 것이 시작이고, 이러한 완성이 가족(齊家)과 세상의 모든 이들에게까지 확산(治國)되어 이상사회(平天下)를 이루는 것을 골자로 하고 있다는 것이다.

공존의 기쁨을 꿈꾸는 공부

이이는《격몽요결》을 통해 유학의 핵심을 학습수준과 이해도에 관계없이 어떤 수준의 사람이라도 쉽게 이해할 수 있도록 전달하고자 했다. 이 책은 유학에서 다루는 핵심가치인 삶의 문제, 인간의 문제, 인간 내면의 문제 등에 대해 현실적 삶에 비추어 현실의 언어로 설명한다. 그런 까닭에 《격몽요결》은 공부의 입문 단계에서부터 완성단계에 이르기까지 모든 단계의 사람들에게 유용하며, 때문에 국가 차원에서 간행과 반포를 지시할 만큼 중요한 저술로 여겨졌다.

이이가 세상을 바라보는 관점에는 전통적인 유학의 인간관이 중심에 있다. 즉, 공부가 담당하는 것은 스펙을 쌓아 입신양명하여 많은 사람에게 부러움을 사거나 경제적인 이익을 도모하는 것이 아니었다. 모든 사람은 선한 본성을 지니고 있고, 선한 본성이 잘 발현될 수 있게 하는 것이 공부가 담당해야 할 역할이었다. 그런 까닭에 공부는 추상적이거나 이상적인 것이 아니라 사람이 선한 행동을 구현하는 현실, 즉 일상에 바탕을 두어야 한다고 본 것이다. 그래서 이이는 '모든 사람은 일상 속에서 선한 본성을 잘 발휘할 수 있도록 일상의 일 하나하나를 준거에 따라 배워야 한다.'는 점을 강조하고 있다. 이에 따라 세상의 일상은 단순한 일상이 아니라 배움이 구현되는 장이자, 인간다운 인간의 길로 나아가는 곳인 것이다.

조선 중기 이후, 《격몽요결》은 궁중에서부터 지방 향리의 서당에 이르기까지 많은 사람들에 의해 읽히고, 국가적으로 간행될 정도로 보편화되기도 하였다. 이후의 수많은 학자들, 심지어 기존의 성리학적 풍토를 개혁하고자 부단히 노력했던 정약용(丁若鏞)과 같은 실학자들에게까지 수없이 많이 읽히고 영향을 주었으며, 수많은 해설서와 함께 현재까지 이르고 있다. 물론 이 책에서 이이가 말하고

박지원

있는 '공부'가 현대사회를 사는 우리들에게 하나의 걸림도 없이 그대로 받아들여지는 것은 무리일 것이다. 오히려 실생활에 직접적인 영향을 줄 수 없는 가치론만 강조하고 있는 것처럼 보이기도 한다.

실제로 조선 후기에 활동했던 실학자들은 성리학 계통의 이런 공부가 백성들의 현실적인 삶에는 그리 도움이 되지 않는다고 비판한다. 이용후생(利用厚生)을 강조했던 박지원(朴趾源)만 하더라도 당시의 선비들을 이렇게 비판하고 있다.

> 우리나라의 선비들은 이 세상의 한쪽 귀퉁이에서 편벽된 기운을 타고났다. 발은 대륙의 땅을 밟아 보지 못했고 눈은 중원의 사람을 보지 못했으며, 이 세상에 태어나서 늙고 병들고 죽을 때까지 제가 나고 자란 지역을 떠나 본 적이 없다. 그래서 학의 다리가 길고 까마귀의 빛이 검듯이 각기 제가 물려받은 천성대로 살았고, 우물 안의 개

열하일기

> 구리나 밭 속을 뚫고 다니는 두더지마냥 제가 사는 곳이 제일인 양 여기고 살아왔다. 그러면서 예(禮)는 차라리 소박한 것이 낫다고 생각하고 누추한 것을 검소하다고 여겨 왔으며, 이른바 사민(四民 사

> 농공상(士農工商))이라는 것도 겨우 명목만 남아 있고 이용후생(利用厚生)의 도구는 날이 갈수록 빈약해져만 갔다. (《연암집(燕巖集)》,〈북학의(北學議)〉)

오히려 박지원의 눈에는 학문이라는 것이 개인의 수양보다는 생활 속에서 유용한 수단을 발견하는 데에 있고, 그러한 발견이 백성의 실생활에 현실적인 도움을 제공할 수 있다면, 누구에게라도 배워야 한다고 강조한다.

> 오랑캐가 중국을 어지럽힌 것에 분개하여 중화(中華)의 숭상할만한 내용까지 같이 배척하였다는 일은 아직 들어보지 못했다. 그러므로 오늘날 사람들이 진실로 오랑캐를 배척하고자 한다면 중화의 아름다운 문물을 남김없이 배워서 먼저 우리 문화의 유치한 점부터 고치는 것 이상의 방책은 없을 것이다. 밭을 가는 방법이나 양잠과 질그릇 굽기, 대장간 일의 기술에서부터 상공업에 이르기까지 어느 것이고 배워서 남이 열을 하면 우리는 백을 노력하여, 먼저 우리의 백성을 이롭게 하고, 그 후에야 비로소 중국에서 볼만한 것이 없다고 해야 할 것이다. […] 천하를 위해서 일하는 사람이라면 진실로 백성을 이롭게 하고 국가에 도움이 되는 것이라면 비록 그 법이 오랑캐에게서 나온 것이라고 하더라도 이를 취하여 본받아야 할 것이다.
> (《연암집(燕巖集)》,〈열하일기(熱河日記)〉)

당시 조선의 선비들은 만주족이 세운 청나라에 대한 반감이 매우 심하였기 때문에 명에 대한 명분론을 내세워 청의 것이라면 무조건 배척하고자 하는 성향을 강하게 드러내고 있었다. 그러나 당시 동아시아의 대세는 청이 거머쥐고 있었고, 조선 역시도 청의 영향력에 의해 매우 강하게 좌우되고 있던 것이 현실이었다. 이러한 상황에서 도덕적 수양을 학문의 근본적 도리로 내세우는 성리학적 풍토의 공부는 인구의 대부분을 차지하는 일반 백성들에게 실질적인 도움을 주지 못했다. 나라를 이끌어야 할 사대부들은 명분보다는 실리를 우선시하여 백성에게 이롭고 나라에 도움이 되는 것이라면 오랑캐에게서 나온 것이라도 배워야 한다는 학문의 실용성을 강조하고 있는 것이다.

> 선비의 학문은 농업, 공업, 상업의 이치를 실제로 겸하는 것으로, 세 가지의 일들은 모두 선비를 기다린 이후에 이루어지는 것이다. 무릇 이른바 농사의 이치를 밝히고 상업을 일으키며 공업을 장려하는 것으로 말하면 그 이치를 밝히고 장려하는 일은 선비들이 하지 않고 누가 하겠는가? 그러므로 내 생각에, 후세사람들이 농·공·상의 생업을 잃게 된다면 이는 모두 선비들이 이 일에 매진하지 않았기 때문일 것이다. (박지원, 《연암집(燕巖集)》, 〈과농소초(課農小抄)〉)

나라를 운영하는 경제적 책임은 사대부에게 있으며, 따라서 그 사대부들이 직접 앞장서서 실용적인 학문을 배우고 나라의 산업을 일으켜야 한다. 이렇게 본다면 박지원이 생각하는 공부란 이이가 생각하는 바의 공부와는 사뭇 다른 느낌을 준다. 또 이런 생각은 현재를 살아가는 우리들에게도 충분히 공감할만한 이야기인 것 같기도 하다. 오히려 이런 관점에서 본다면 이이의 《격몽요결》은 너무나 구시대적이고 현실성이 떨어진다고 생각되는 부분이 많은 것도 사실이다.

그러나 적어도 세상을 살아나가는데 있어서 우리 인간에게 절대로 변하지 않는 하나의 현실은 우리가 인간이라는 사실이며, 인간은 이 세계 안에서 누군가와 공존해야 한다는 것이다. 제아무리 세상이 발달하고 기술이 좋아진다고 하더라도, 세상을 혼자 살 수 있는 인간은 존재하지 않는다는 말이다. 때문에 인간은 계속해서 '조화로운 공존의 방식'을 모색해왔고, 그 공존의 방식은 '인간이 살아나가야 할 올바른 길'이라는 이름으로 포장되어 왔으며, 적어도 유교에서는 이것을 '도(道)'라고 부른다. 이 도를 추구하고자 하는 끊임없는 노력, 적어도 이이는 그러한 노력의 가장 기초적인 단위를 공부라고 생각했던 것 같다. 즉, 밖으로 드러나는 '겉모습의 스펙'이 아닌 '내면적 인성의 스펙'을 더 우선시하고, 그러한 인성적 스펙을 통해 '경쟁'하는 세상이 아니라 올바른 인간관계를 통하여 '공존'하는 세상을 꿈꾸는 공부. 이이가 생각했던 공부가 바로 이런 것이었다면, 이는 실용과 경쟁이 강조되는 세상 속에서 지속적인 공존의 방법을 모색해야 하는 우리에게도 여전히 큰 의미 있지는 않겠는가 말이다.

토론 주제

- 자신이 생각하는 현대식 공부의 내용 · 목적 · 기대효과 등을 이야기해보고, 이이의 공부론과 비교하여 현대식 공부의 장단점을 지적해보자.
- 이이의 《격몽요결》을 통해 이이가 생각하고 있는 인간관은 무엇인지 추리해보고, 이러한 인간관이 현대를 사는 우리에게도 적용될 수 있는지 생각해 보자.
- 《격몽요결》 2장에서 이야기하는 구태의 8가지를 검토하고, 현대의 공부하는 사람들이 고쳐야 할 구태의 리스트를 만들어 비교해보자.
- 〈지신〉장에서 제시한 '구용'과 '구사'의 내용을 검토한 후 현대의 학생들에게 전수할만한 것을 선별하여 새로운 '구용'과 '구사'의 리스트를 만들어보자. (《격몽요결》에 제시된 것 이외의 항목 추가 가능. 다만 각각의 항목에는 그것이 왜 필요한 것인지에 대한 논리적인 설명이 제시되어야 함)
- 《격몽요결》이 제시하고 있는 공부론을 검토하여 그것의 현실적 적용 가능성 여부를 판단해보고, 현실성이 떨어지는 부분을 보완해보자.
- 《격몽요결》의 5장은 〈사친〉이다. 유교에서 효를 강조하는 이유를 설명해보고, 현대사회에서도 그러한 생각이 유효한지 판단해보자.
- 《격몽요결》의 6장과 7장은 각각 상례와 제례에 관한 설명으로 구성되어 있다. 이이가 상례와 제례를 강조했던 이유를 생각해 보고, 이것이 현대인들에게 어떻게 받아들여지는지 이야기해보자.
- 이용후생의 입장에서 박지원이 제시하고 있는 공부론의 장단점을 지적해보자.
- 이이와 박지원의 생각 중 어떤 것이 실질적인 '공부'라고 생각하는가? 그 타당한 이유를 말해보자.
- 이이의 공부와 박지원의 공부를 상호보완적인 관계로 종합하고자 한다면, 현실적으로는 어떠한 단계와 방법이 필요할까? 두 가지를 함께 추구할 수 있는 교육과정을 친구들과 함께 직접 만들어보자.

더 읽을 거리

- 이이, 《격몽요결》, 이상각 역, 파란자전거, 2015
- 송석구 외, 《율곡의 공부》, 아템포, 2015
- 황의동, 《율곡이이》, 살림출판사, 2007
- 한정주, 《율곡, 사람의 길을 말하다》, 예담, 2008

주

1) 신창호, 《율곡이이의 교육론》, 경인문화사, 2015, p118 참조

2) 윤증, 《명재선생유고(明齋先生遺稿)》 권40 〈답라현도(答羅顯道)〉, 〈擊蒙要訣 最要於學者 人無賢愚老少 皆獲基益 學者最初當讀之書也〉

3) 조선 후기의 정치가이자 사상가

4) 《맹자(孟子)》, 〈고자(告子) 下〉

5) 《맹자(孟子)》, 〈등문공(滕文公) 上〉쪽

6) 《논어(論語)》, 〈안연(顔淵)〉

7) 신창호, 《수기, 유가교육철학의 핵심》, 원미사, 2005, p144

8) 《논어(論語)》, 〈학이(學而)〉

9) 《논어집주(論語集注)》, 〈학이(學而)〉 앞의 인용문에 대한 주희의 주석

10) 구용(九容) – 아홉 가지의 태도 ① 발 모양을 무겁게 한다. (가볍게 행동하지 않는 것. 윗사람(長者) 앞에서 걸을 때에는 여기에 구애받지 않는다.) ② 손 모양을 공손히 한다. (손을 게을리하지 않는 것. 일이 없을 때는 마땅히 단정히 손을 모으고 함부로 움직이지 않는다.) ③ 눈 모양을 단정히 한다. (눈동자를 안정시켜 마땅히 시선을 바르게 할 것이요, 흘겨보거나 훔쳐보아서는 안 된다.) ④ 입 모양을 그친다. (말을 하거나 음식을 먹을 때가 아니면 항상 입을 움직이지 않는다.) ⑤ 소리 모양을 조용히 한다. (마땅히 형기(形氣)를 가다듬어 구역질을 하거나 트림을 하는 따위의 잡소리를 내서는 안 된다.) ⑥ 머리 모양을 곧게 한다. (마땅히 머리를 바르게 하고 몸을 곧게 해야 하며 기울여 돌리거나 한쪽으로 치우치게 해서는 안 된다.) ⑦ 숨쉬는 모양을 엄숙하게 한다. (호흡을 고르게 할 것이요 소리가 나게 해서는 안 된다.) ⑧ 서 있는 모양을 덕스럽게 한다. (가운데 서고 치우치지 않아서 엄연히 덕이 있는 기상이 있어야 한다.) ⑨ 얼굴 모양을 장엄하게 한다. (얼굴빛을 단정히 하여 태만 기색이 없어야 한다.)

11) 구사(九思) – 아홉 가지의 생각 ① 볼 때는 밝게 볼 것을 생각한다. (사물을 볼 때 가린 바가 없으면 밝아서 보지 못하는 것이 없다.) ② 들을 때는 귀밝게 들을 것을 생각한다. (들을 때 막힌 바가 없으면 총명하여 듣지 못하는 것이 없다.) ③ 얼굴빛은 온화하게 할 것을 생각한다. (얼굴빛을 부드럽게 하여 화를 내거나 거친 기색이 없어야 한다.) ④ 용모는 공손할 것을 생각한다. (일신의 태도가 단정하고 씩씩하지 않음이 없게 한다.) ⑤ 말을 성실하게 할 것을 생각한다. (한 마디 말이라도 충실하고 신의 있게 하지 않음이 없게 한다.) ⑥ 일은 공경스럽게 할 것을 생각한다. (한 가지 일이라도 공경하고 조심하지 않음이 없게 한다.) ⑦ 의심스러운 것은 물을 것을 생각한다. (마음속에 의심이 있으면 반드시 선각자에게 나아가 자세히 묻고, 모르는 것을 그대로 두지 않는다.) ⑧ 분기가 있을 때에는 환란을 생각한다. (분이 나면 반드시 스스로를 징계하여 이치로써 스스로 이겨 내야 한다.) ⑨ 얻을 것을 보면 의리를 생각한다. (재물을 대해서는 반드시 의(義)와 리(利)의 구분을 밝혀, 의(義)에 합한 뒤에야 취한다.)

12) 《논어(論語)》, 〈안연(顔淵)〉

13) 《주역(周易)》, 곤괘(坤卦) 六二爻의 효사에 대한 〈문언전(文言傳)〉의 해설

14) 《논어(論語)》, 〈위정(爲政)〉

15) 《예기(禮記)》, 〈곡례(曲禮)〉

4

행복에 이르는 길

아리스토텔레스《니코마코스 윤리학》

ARISTOTELIS DE MORIBVS AD NICOMACHVM LIBRI DECEM.

Graecis Latina e regione respondent, interprete DIONYSIO LAMBINO: cum eiusdem Annotationibus, & THEOD. ZVINGGERI Scholijs.

LIBER PRIMVS.

CAPVT PRIMVM.

[illegible]

[illegible]

[illegible]

행복에 이르는 길

이하준

행복, 인간의 영원한 질문

'당신은 지금 행복하십니까?'라고 묻는다면 당신은 어떤 대답을 할 수 있는가? 인류가 탄생한 이래로 인간 자신이 스스로에게 가장 많이 던졌던 질문이 바로 행복에 대한 질문이다. 이 질문은 과거나 현재나 미래에도 의식을 가진 모든 인간들에 의해 끊임없이 던져질 것이다. 왜 인간은 이 질문으로부터 벗어날 수 없는가? 그 대답은 간단하다. 자신의 존재 의미를 '행복'[1)]에서 찾기 때문이다. 누구나 공감할 수 있듯이 인간 삶의 궁극적 목적은 행복이다. 우리의 수많은 행동단위는 개별적인 목적을 가지고 있지만 최종 목적은 행복이다. 그렇지 않은가?

오늘날 수많은 사람들이 우울증에 시달리고 또 많은 사람들이 불행의식 속에 자살한다. 도시의 큰 사거리마다 심리상담을 하는 기관이나 개인상담소가 들어서 있다. 심리상담은 이제 산업이 되었다. 이러한 현상은 우리의 행복지수가 그만큼 낮다는 것을 의미한다. 알라딘 사이트에서 '행복'이란 키워드를 쳐보면, '행복'이라는 단어가 들어간 책이 '총 16,873개가 검색되었습니다'라고 뜬다. 만약 책 제목으로 행복이라는 단어가 들어가 있지 않은 수많은 에세이 유를 포함한다면, 또 홍수와 같은 자기개발서의 특정 장에 포함된 행복과 관련된 항목들을 포함한다면 수많은 책 중에서 행복 관련 책은 사랑과 관련된 책만큼 많을 것이다. 행복을 주제로 한 책들은 말미에 항상 '행복에 이르는 길'을 제시하며 당신은 곧 행복하게 될 것이라고 약속한다. 어제나 오늘처럼 그리고 내일에도 '행복 프로젝트'를 가동하고 행복에 이르는 길을 코칭하는 책들이 출간될 것이다. 이것이 무엇을 의미하는지 굳이 말할 필요는 없다.

인간학적 측면에서 볼 때 우리 시대에 행복이 인간 삶의 근본 주제가 된 것은 첫째, 인간이 비로소 인간, 즉 개인이 되었다는 것을 의미한다. 근대적 개인이 탄생하기 이전에 행복은 인간 일반의 보편적인 주제가 되지 않았으며 유한계급의 문제에 지나지 않았다는 것은 자명한 사실이다. 누구나 행복추구권의 권리주체가 되었다. 둘째, 문명과 제도의 발전이 삶의 조건을 향상시켰고 행복 추구에 대한 헌법적 권리를 승인받았지만 오늘날 인간은 과연 행복한가에 대한 질문에 회의적이다. 행복을 둘러싼 인간 삶의 근본적 상황에 대한 위와 같은 인식이 대체적으로 공유되고 있으며 이를 타개하기 위한 처방책들이 수없이 제시되고 있다. 과거의 종교나 도덕이 하던 역할을 행복학이 떠맡기 시작했으며 행복에 대한 과학적 접근과 긍정심리학적 처방책들이 난무하고 있다. 최근에는 인문치료의 형식을 띤 행복인문학이 붐을 이루고 있기도 하다.

산업적 측면에서는 앞서 언급한 심리산업을 축으로 한 행복산업이 각광받고 있다. 엔터테인먼트 산업, 반려동물 산업, 레저산업 등이 넓은 의미의 행복산업이라 할 수 있다. 여기에 덧붙여 평생교육산업이 행복이라는 상품을 내세우며 끼어들고 있다. 이와 함께 소위 행복의 정치경제학이 활기를 띠고 있다. 누구나 들어봤을 국민총행복지수Gross National

Happiness나 UN에서 발행하는 <세계 행복 보고서>는 국가정책 목적이 시민의 행복에 있어야 하며 행복 정책이 정치경제학적 마인드에 기초해야 함을 의미한다. 사회계약의 원리나 공리주의의 태동의 사회사적 원인, 사회복지 제도의 발생 역시 위와 같은 관점에 근거를 두고 있다고 볼 수 있다.

행복을 둘러싼 현대의 다양한 학문적, 산업적, 정책적 접근에도 불구하고 수많은 사람들은 행복을 지금의 삶의 만족감과 다른 것이 아니라고 생각한다. 이렇듯이 우리는 행복을 심리적 차원에서 정의하고 측정하는 데 익숙해져 있다. 또한 행복을 하나의 '상태'로 파악한다. 그래서 우리는 나는 지금 행복한가라는 질문에 나의 심리상태, 지금의 나의 주객관적 상황에서 발생한 나의 감정을 바라보며 대답한다. 수천수만의 행복론도 이 인식의 범주를 넘어서지 못한다. 우리는 이 익숙해진 행복을 바라보는 태도에 의문을 던져 볼 필요가 있다. 행복에 관한 한 가장 심각하게 체계적인 생각을 했던 아리스토텔레스Aritstoteles, B.C 384~ B.C 322의 행복론에 대한 탐구가 행복에 대한 새로운 인식을 하는 데 도움이 된다. 그의 행복관, 나와 다른 논자들 그리고 내 주위에 있는 사람들의 행복에 대한 생각들을 들여다보고 나의 삶과 나의 행복에 대해 다시 한 번 생각해보는 것도 내 삶의 궁극목적인 행복에 이르는 데 작은 도움이 될 수 있을 것이다. '한 인간으로서 그의 삶은 행복했을까?'라는 생각을 하며 그의 삶을 간단히 들여다보자.

아리스토텔레스는 행복했노라고 말했을까?

왜, 행복이 인간 삶의 궁극의 목적인가를 정치하게 논한 아리스토텔레스는 어떻게 살았을까? 그는 마케도니아의 스타게이라 출신으로 니코마코스와 파이스테스의 사이에서 태어났다. 부친 니코마코스는 마케도니아 왕 아민타스 2세의 궁정 의사였다. 그는 궁정에서 자랐지만 일찍 부모를 여의고 후견인의 품에서 성장한다. 아리스토텔레스는 17세 때 플라톤의 아카데메이아에서 수학을 시작해 약 20년간 거기에 머물렀다. 그의 철학을 소개할 때 흔히 라파엘로가 그린 <아테네 학당>을 보여주기도 한다. 그림 속의 그와 플라톤의 손가락의 방향이 그들 철학의 차이를 잘 보여준다. 그는 플라톤에게 '아카데미아의 정신'이었지만 동시에 이데아의 세계를 비판하며 경험과 관찰의 철학을 전개했다. 그는 형이상학부터 식물학까지 거의 모든 학문분야를 체계화한 인물이다. 그의 철학의 영향은 중세에서 끝나지 않고 현대의 덕윤리에서 그 흔적을 찾아낼 수 있다. 그의 철학은 죽은 철학이 아니고 여전히 살아 있는 철학임은 이론의 여지가 없다.

아리스토텔레스(by Jusepe de Ribera)

고대철학자들의 생애사를 수집 정리한 2세기 중반 인물 디오게네스 라에티우스Diogenes Laertius는 티모테우스를 인용해 아리스토텔레스를 다리가 가늘고 눈은 작으며 화려한 옷을 입고 반지를 끼고 다니는 인물로 묘사한다. 또 그는 머리를 항상 짧게 깎고 다녔으며 말을 할 때 종종 경련이 일어나기도 했다고 전해진다. 아리스토텔레스의 인생에서 가장 중요한 장면은 그가 플라톤을 만나 수학하고 함께 학문의 연찬한 일이다. 그는 플라톤이 죽기 3년 전까지 아카데미아에 머물렀다. 아리스토텔레스가 아카데미아를 떠나자 "아리스토텔레스가 나를 차버렸다. 마치 망아지가 낳은 어미를 그렇게 하듯이"라고 플라톤이 말하였다고 라에티우스는 적고 있다. 플라톤의 조카 스페우시포스가 아카데미아의 원장이 되고 난 후 그는 아카데미아를 떠난다. 훗날 그는 아테네에 자신의 학교인 리케이온을 세우고 후학을 양성한다. 그는 오전, 오후로 나눠 각각 다른 강의를 했으며 학생들과 산책하며 학문을 논하기도 했다. 당대 사람들은 이들 무리를 페리파토스 학파(소요학파)라고도 지칭했다.

아리스토텔레스를 말하면서 항상 언급되는 것이 알렉산더 대왕과의 인연이다. 알렉산더 대왕의 교사로서 그는 호메로스가 쓴 고전 등을 가르쳤다. 알렉산더 대왕은 아리스토텔레스를 위해 원정길 마다 동식물을 채집해 그에게 선물했다고 알려져 있다. 대제국을 완성한 알렉산더 대왕이 젊은 나이에 죽자 아리스토텔레스가 불경죄 죄목으로 고발당하게 된다. 마케도니아 출신의 아테네 시민권이 없는 외국인의 처지였던 아리스토텔레스는 반마케도니아 정서의 희생양이 되어 아테네를 떠난다. 그의 아테네의 삶에서 반마케도니아 감정을 경험한 것이 두 번이었다. 이는 귀화 지식인의 불가피한 경험인지도 모른다. 나치즘 시대의 유태계 귀화독일 지식인과 같은 강도의 실존적 경험은 아니더라도 말이다.

알렉산더 대왕과 아리스토텔레스

아리스토텔레스가 불경죄로 기소되어 아테네를 떠나 어머니의 고향 칼키스로 떠날 때 그의 변은 "아

아리스토텔레스학파(Gustav Adolph Spangenberg)1883-1888

테네인들이 철학에 두 번 죄를 짓지 않기 위해"라는 것이었다. 이러한 철학자로서의 말 뒤에는 죽음을 피해 새로운 처소를 찾는 한 인간의 실존적 정서가 배어 있다고 봐야 하지 않을까. 이 사건을 경험한 후 그는 이듬해에 숨을 거둔다. 향년 63세였다. 위장병을 앓아가며 죽어가는 그가 나름의 굴곡의 삶을 회상하며 어떤 감회에 젖었을까? 행복한 삶이었다고 말했을까? 죽음 앞에서 그가 가장 행복했다고 떠올리는 시절은 언제였을까? 우리는 그의 내면으로 들어가거나 아니면 관찰자로서 그의 삶과 행복에 대한 여러 질문을 던질 수 있다. 그런데 그와 같은 질문을 그가 어떻게 생각했을까? 그의 행복론에 그 대답이 있다.

행복, 가장 좋고 가장 귀하고 가장 즐거운 것

"우리가 추구하는 것의 마지막인 최고의 목적은 과연 존재하는가? 그리고 존재한다면 그것은 무엇인가?" 아리스토텔레스의 질문이다. 답은 행복이다. 행복이 인생의 궁극적인 목적임은 자명하다. 아리스토텔레스는 이 자명한 사실을 좋음과의 관계에서 설명한다. 그는 "모든 기예와 탐구, 또 마찬가지로 모든 행위와 선택은 어떤 좋음을 목표로 하는 것 같다.

그렇기 때문에 사람들은 좋음을 모든 것이 추구하는 것이라고 옳게 규정해 왔다"1094a1라고 말한다. 내가 책을 읽는 것, 운동을 하는 것, 취업 준비를 하는 것 혹은 삼성 폰을 선택하거나 아이폰을 선택하거나 이 모든 것은 그런 행위나 선택이 좋음을 더 증가시키기 때문이다. 자유롭게 가격에 구애받지 않고 돈을 쓸 때 사람들은 일시적인 행복감을 느낀다. 돈이 좋고 "유용한 것이지만 또 다른 것을 위해서 존재하는 것"이다. 돈이 우리의 최종적인 목적은 아니다. 어떤 좋음을 목표로 하는 것이라고 한다면, 당연히 가장 좋은 것이 있고 각각의 행위와 선택은 가장 궁극적인 목적을 위한 하위 목적이 될 것이다. 돈으로 진정한 사랑이나 행복을 살 수 없는 것처럼 돈은 수단 이상이 될 수 없다.

아리스토텔레스가 말하듯이 "모든 좋음들 중 최상의 것"이 에우다이모니아(행복eudaimonia)이며 행복이야말로 "가장 좋고 가장 고귀하고 가장 즐거운 것"1009a25이다. 동시에 행복은 가장 완전한 것이다.

> 최상의 좋음은 분명 완전한 어떤 것이다. 따라서 만일 어떤 하나만이 완전한 것이라고 한다면, 그것이 우리가 찾고 있는 것이겠다. […] 언제나 그 자체로 선택될 뿐 결코 다른 것 때문에 선택되는 일이 없는 것을 단적으로 완전한 것이라고 말한다. 그런데 무엇보다 행복이 이렇게 완전한 것처럼 보인다. 우리는 행복을 언제나 그 자체 때문에 선택하지 결코 다른 것 때문에 선택하지는 않기 때문이다. (1097b1)

행복은 가장 좋은 것, 가장 완전한 것이면서 동시에 '자족적인 것"이다. 자족적이란 다른 것이 필요 없는 그 자체로 자기 충족적selfsufficient이라는 것을 의미한다. 이러한 아리스토텔레스의 행복에 대한 생각은 행복이 삶의 궁극적 목적이라는 사람들의 통념과도 부합되는 주장이다. 행복을 최고의 좋음이라고 규정하는 이상 우리는 더 낮은 단계의 좋음에 대해서 생각해 볼 수 있다. 아리스토텔레스는 좋음을 외적인 좋음, 육체와 관계된 좋음, 영혼에 관계된 좋음으로 구분한다. 행복은 아래 단계의 좋음과 관계된 것이 아니라 영혼과 관계된 좋음이다.

행복의 본성

행복이 최고 좋음이라고 형식적인 정의를 내렸다고 해서 행복의 내적 성격이 밝혀진 것은 아니다. 아리스토텔레스는 행복의 본성을 밝히기 위해 기능 논증function argument이라고 지칭되는 인간의 에르곤(기능ergon)을 설명한다.

> 눈이나 손, 발 그리고 일반적으로 각각의 부분들이 어떤 기능을 가지고 있듯이 그렇게 인간에게도 이 모든 기능들 외에 어떤 기능이 있다고 상정해야 할까? 산다는 것은 심지어 생물에게까지 공통되는 것으로 보이지만, 우리는 인간에게만 고유한 것을 찾고 있으니 말이다. 그러므로 영향을 섭취하고 성장하는 삶을 갈라내야 할 것이다. 다음으로 감각을 동반하는 삶이 뒤따를 것이지만 이것 또한 분명 말과 소, 모든 동물에게 공통되는 삶이다. 그렇다면 이제 남게 되는 것은 이성logos을 가진 것의 실천적 삶이다. 이성을 가진 것의 한편은 이성에 복종한다는 의미에서, 다른 한편은 그 자체 이성을 가지고 사유한다는 의미에서 이성을 가진 것이다. […] 인간적인 좋음은 탁월성에 따른 영혼의 활동일 것이다. 또 만약 탁월성이 여럿이라면 그 중 최상이며 가장 완전한 탁월성에 따른 영원의 활동일 것이다. 더 나아가 그 좋음은 완전한 삶 안에 있을 것이다. (1097b31-1098a18)

위에서 보듯이 아리스토텔레스에게 행복은 최고선으로서 "완전한 탁월성(덕)[2]에 따른 영혼의 어떤 활동"이다. 행복은 영혼이 없다면 얻을 수 없다. 그래서 아리스토텔레스는 동물에게 행복은 없다고 말한다. 또한 그는 정신적 활동 능력이 없는 어린아이는 행복 자체를 모른다고 말한다. "행복한 어린아이라고 불리는 어린아이들은 단지 우리들의 소망 때문에 단지 그렇게 불릴 뿐이다." 오늘날의 동물학자나 아동심리학자들은 아리스토텔레스의 주장이 틀렸다고 말할 것이다. 반려견을 가진 사람이나 아이를 키워본 사람이라면 아리스토텔레스의 주장에 대해 그저 웃어넘길 것이다. 무지의 소산이라고. 그가 위와 같은 주장을 하는 데는 그가 종우월주의자이거나 교육의 대상으로서 아동에 대한 부정적인 인식에 연유한다고만 볼 수 없다. 그의 주장은 기본적으로 "행복이 짧은 기간에 이루어지는 것"이 아니며 "완전한 덕과 생애 전체를 통하여 성취"될 수 있는 것이라는 인식에 기초한다. 때론 영혼의 활동을 하고 때론 감정이 가는 대로 행동한다면 그는 결코 행복이라는 최고선을 갖지 못한다. 행복을 위한 지속적인 영혼의 활동을 강조하기 위해 그는 올림픽 경기를 그 예로 제시한다.

> 탁월성에 따르는 활동은 반드시 행위 하며, 그것도 잘 행위 한다. 올림픽 경기에서 승리의 월계관을 쓰는 사람은 가장 멋있고 힘이 센 사람이 아니라 경기에 직접 참가한 사람들인 것처럼 (참가자들 중에서 승자가 나오기 때문이다). 올바르게 행위 하는 사람이 삶에서 고귀하고 좋은 것들을 실제로 성취하는 것이다. (1099a3)

최고의 영혼의 기능을 가지고 있다고 해도 인생 전체에서 그 기능을 발휘해야 행복을 얻을 수 있다는 말이다. 여기서 인간의 기능이라는 말은 협의의 기술적 개념이 아니라 이성의 원리에 따른 활동의 방식과 그 내용을 포함하는 의미라고 보면 된다.

행복과 탁월성 그리고 즐거움

행복을 완전한 탁월성에 따른 영원의 어떤 활동이라고 정의할 때, 탁월성은 영혼의 활동 중 이성이 없는 영혼의 부분이 아니라 이성이 있는 영혼의 부분에서의 탁월성을 말한다. 그에 따르면 영혼에서 이성을 가지고 있는 부분은 둘로 나누는데 "그 한 부분은 일차적인 의미에서 이성을, 자체 안에서 가지고 있는 것이며, 다른 한 부분은 아버지의 말을 듣듯 그렇게 이성을 듣고 따르는 어떤 것이다." 아리스토텔레스는 자체 안에 이성을 가지고 있는 부분을 지적 탁월성으로, 이성의 원리에 따라 행위하는 것을 성격적 탁월성으로 구분한다. 지적 탁월성이 학습에 기원을 두고 있다면 성격적 탁월성은 본성적으로 주어지는 것이 아니라 좋은 습관에 의해 완성되는 것을 말한다. 그는 이를 "정의로운 일들을 함으로써 우리는 정의로운 사람이 되며, 절제 있는 일들을 행함으로써 절제 있는 사람이 되고, 용감한 일들을 함으로써 용감한 사람이 된다"고 표현했다. '그 사람은 원래 용감한 사람이라 그런 행동을 했어'라고 말하는 것이 오류라는 생각이다.

행복과 관련해 아리스토텔레스는 이성의 활동(지적 탁월성)만이 아니라 "올바른 이성에 따른 행위"인 성격적 탁월성을 강조한다. 이 성격적 탁월성은 "행위와 감정pathos에 관계"하는 것이며 품성 상태hexis를 말한다. 품성 상태란 "그것에 따라 우리가 감정들에 대해 제대로 태도를 취하거나 나쁘게 태도를 취하게 되는 것"을 말한다. 제대로 된 태도를 취한다는 것은 우리가 많이 들어 본 '중용mesotes의 태도'를 말한다. 중용은 '대세를 따르거나 합리성을 가장한 양비론적 태도'를 취하는 것을 말하지 않는다. 중용은 '좋은 게 좋은 거지'와 같은 애매한 화해를 추구하는 태도를 의미하지 않는다. 중용은 아리스토텔레스가 예를 들듯이 10과 2의 중간으로서 6과 같은 산술적 비례를 의미하는 것도 아니다. 중용은 지나침과 모자람의 중간을 겨냥하는 것을 말한다.

> 지나침과 모자람은 악덕에 속하며, 중용은 탁월성에 속한다. […] 그러므로 탁월성은 합리적 선택과 관련된 품성 상태로, 우리와의 관계에서 성립하는 중용에 의존한다. 이 중용은 이성에 의해 실천적 지혜를 가진 사람이 규정할 그런 방식으로 규정된 것이다. 중용은 두 악덕, 즉 지나침에 따른 악덕과 모자람에 따른 악덕 사이의 중용이다. […] 돈을 주고받는 일과 관련된 중용은 '자유인 다움'(제대로 쓰는 것과 관련된 품성 상태)이며 지나침은 낭비, 모자람은 인색이다. (1107a15-1107b9)

그런데 성격적 탁월성으로서 말 그대로 중용을 지킨다는 것이 어디 쉬운 일인가. 아리스토텔레스도 이를 잘 알고 있다. 그래서 그는 "아마도 개별적인 경우들에서 중간을 맞추는 것이 가장 어려운 것"이며 "어떻게, 또 누구에게, 어떤 종류의 일에서, 얼마 동안이나"를 정하는 것이 결코 쉽지 않다고 말한다. 어려움을 덜기 위해 그는 행복을 위한 성격적 탁월성을 지키는데 먼저 양극단을 피할 것을 주문한다. 다른 식으로 말하면 그는 실천적 지침으로 '악덕들 가운데 가장 작은 것을 취하라'고 차선책을 제시한다.

분명한 것은 성격적 탁월성을 발휘하며 얻는 즐거움을 그 결과로 보지 않는다는 점이다. 그는 "탁월성 그 자체에 즐거움"이 있다고 말한다. 그런데 성격적 탁월성만으로 인간은 행복할 수 없다. 지적 탁월성이 발휘되지 않는다면 행복은 반쪽짜리가 되거나 아예 의미를 갖지 못한다. 행복과 탁월성의 관계를 자세히 들여다보면 성격적 탁월성 이상으로 관조적 활동이 더 중요한 것으로 보인다. 관조는 이성에 따른 중용의 태도 자체를 검토하는 이성의 활동이기 때문이다. 행복한 삶의 열쇠라는 관조의 삶을 들여다보자.

행복과 관조적 삶

행복의 본성이 특정 시점과 상황에서의 '상태'가 아니라 탁월성에 따른 영혼의 활동, 그것도 평생에 걸친 영혼의 활동이라고 생각한 아리스토텔레스는 당대의 아테네 시민의 삶의 태도와 추구 방식을 보면서 그들의 라이프 스타일을 분류하고 새로운 삶의 방식을 통한 행복에의 길을 제시한다. 그는 인간의 삶을 크게 세 가지로 유형화하며 어떤 삶의 유형이 자신이 말하는 행복과 가장 가까운지를 말한다.

> 다중들, 특히 대단히 통속적인 사람들은 좋음과 행복을 즐거움이라고 생각하는 것처럼 보이는데, 이러한 그들의 생각에 일리가 없는 것은 아니다. 그런 까닭에 그들은 향락적인 삶을 좋아하는 것이다. 가장 두드러진 삶의 유형은 세 가지인데 지금 막 이야기한 삶, 향락적인 삶과 정치적인 삶, 그리고 셋째로 관조적인 삶이 그것이다. (1095b15)

향락적인 삶이란 쾌락적인 삶을 추구하는 삶을 말한다. 맛집에 중독된 삶, 명품중독, 성형중독, 섹스중독, 게임중독, 오락프로에 영혼을 저당잡힌 삶이 다 여기에 해당된다. 아리스토텔레스는 이런 삶이야말로 "짐승들의 삶을 선택"한 것이라고 말한다. 짐승은 공리주의자인 밀이 말하는 '행복한 돼지'의 삶과 같은 것으로 즉물적이고 직접적인 쾌감 원리를 추구하는 삶을 말한다. 정치적인 삶이란 직업 정치인으로서의 삶을 의미하는 것이 아니라 명예를 추구하는 삶을 의미한다. 아리스토텔레스는 명예를 추구하는 사람들은 적어도 최소 교양이 있으며 이론적 지성은 부족해도 '실천적 지혜'를 갖고 있다고 보았다. 이들은 적극적인 사회활동을 통해 자신을 실현하며 그로 인한 명성을 획득하고 싶어 한다. 짐승에 만족하지 않고 타자로부터의 인정욕구가 강해 그에 따른 실천력을 발휘하는 사람들이 정치적 삶을 사는 사람들이다. 이들에겐 돈보다는 평판과 명예가 우선이다. 정치적 삶은 그의 《정치학》에서는 "활동적인 삶"으로 표현되기도 한다.

관조적 삶을 보자. 관조[contemplation]는 인간이 가지고 있는 것들 중에서 최고의 것인 지성을 전제로 하며 지성적 활동을 뜻한다. 관조란 사색, 숙고, 성찰적 자기 응시를 의미한다. 자기반성적 성찰능력이 없는 사람은 관조의 삶을 살 수 없다. 여기서 우리가 주목해야 하는 것은 관조는 그 어떤 행위를 하는 활동들보다 '더 활동적'이며 어떤 생산을 목적으로 하지 않고 그 자체를 목적으로 한다는 점이다. 행위는 직접적인 결과를 산출하지만 지성적 숙고 활동으로서 관조는 외형적인 결과물이 없다. 또 관조는 다른 행위의 활동보다 '연속적'이다. 왜 그런가? 어느 순간만 나의 지성을 사용해 숙고하는 것이 아니라 성찰적 지성은 지속적으로 자신의 행위와 생각을 숙고하며 반성하는 활동을 한다는 의미에서 그렇다. 따라서 관조에서 오는 '좋음' 역시 일시적이거나, 불규칙적인 것이 아니라 '지속적'이다. 만약 관조적 활동이 없다면 우리는 돼지와 같은 짐승처럼 살거나 평판이나 명예 등 타인으로부터 인정받기 위한 인정 투쟁에서 헤어나지 못할 것이다. 그야말로 목적에 매몰되어 '하늘을 바라볼 시간' 도 없이 살아가게 될 것이다.

이런 이유로 아리스토텔레스는 관조적 활동을 위해 여가가 필요하며 "행복은 여가 안에 있다"고 말한다. 그가 말하는 여가는 노동으로부터 해방되어 관조 활동을 할 수 있는 시간을 의미하는 것이지 현재적 의미의 레저, 유흥, 오락을 즐기는 시간을 의미하지 않는다. 앞서 보았듯 현대적 의미의 여가는 아리스토텔레스의 관점에서는 향락적 삶의 범주에 속하는 것이다. 아리스토텔레스가 삶의 세 가지 유형과 행복 간의 관계에서 말하고자 하는 바는 한마디로 행복이란 여가 속에서 자신과 삶에 대한 숙고들을 하며 보내는 관조적 활동 자체에서 오는 즐거움이라는 것이다. 나와 나의 행위와 나를 둘러싼 세계에 관해 조용히 들여다보는 활동은 일시적이거나 상황과 조건에 따른 행복이 아니라 지속적인 행복을 우리에게 준다는 것이 그가 하고 싶은 말이다. 쾌락에 빠져 살거나 남의 눈치나 성공에 눈이 멀어 사는 것보다 자기 자신을 의미하고 사색하며 사는 삶이 행복한 삶이며 오래가는 행복이라는 것.

외적 좋음과 행복

인간이 가질 수 있는 가장 좋은 것 곧 최고선으로서 '탁월성(덕)에 따른 영혼의 지속적인 활동' 그것의 현실적인 모습으로서 관조적 삶만으로 행복을 완전히 획득할 수 있는가? 우리는 위와 같은 질문을 아리스토텔레스에게 던질 수 있다. 그는 이 질문에 그렇지만은 않다고 답한다. "외적으로 좋은 것들"ta ektos agatha이 부수적으로 필요하다고 말한다.

> 그럼에도 불구하고 우리가 앞에서 말한 바와 같이 행복은 명백하게 추가적으로 외적인 좋음 또한 필요로 한다. 왜냐하면 일정한 뒷받침이 없으면 고귀한 일을 행한다는 것은 불가능하거나 쉽지가 않기 때문이다. 우선 많은 일들은, 마치 도구를 통해 어떤 일을 수행하는 것처럼 친구들을 통해 또 부와 정치적 힘을 통해 수행되기 때문이다. 또 이를테면 좋은 태생, 훌륭한 자식, 준수한 용모와 같이 그것의

결여가 지극한 복에 흠집을 내는 것들이 있다. 용모가 아주 추하거나 좋지 않은 태생이거나, 자식 없이 혼자 사는 사람은 온전히 행복하다고 하기 어려우며, 더 어렵기는 아마도 아주 나쁜 친구들과 나쁜 자식들만 있는 사람, 혹은 좋은 친구들과 자식들이 있었지만 지금은 죽어서 없는 사람일 것이다. 그래서 행복은 우리가 말한 바와 같이 이런 종류의 순조로운 수급을 추가적으로 요구하는 것 같다. 바로 이런 까닭에 다른 사람들은 덕을 행복과 동일시하지만, 어떤 사람들은 행운을 행복과 동일시하는 것이다. (1099a32-b8)

인용구에서 보듯이 아리스토텔레스는 지식, 좋은 태생, 미모만이 아니라 친구나 재산의 정도가 행복을 위해 필요하다고 보았다. 이러한 생각은 당대 아테네 시민들이나 오늘날 우리들이 행복의 조건을 말할 때 항상 등장하는 요소들이다. 한국적 천민자본주의 사회에서 사는 사람들은 부의 크기와 행복이 크게 다르지 않다고 생각한다. 이를 통해 지식이나 학위와 같은 문화자본을 획득할 수 있으며, 외모나 이미지 관리 혹은 친구나 인적 네트워크를 구성하는 것이 쉽다는 것을 직간접적으로 경험하기 때문이다. 여기에 더해 금수저, 흙수저 논란은 부모의 자본이 자녀의 생의 전반을 결정한다는 생활의 진리를 공적으로 확인시켜준다. 이와 같은 한국적 삶의 진리를 인지하고 믿는 사람들은 "행복은 명백하게 추가적으로 외적인 좋음 또한 필요로 한다"는 아리스토텔레스의 주장에 박수를 보낼 뿐만 아니라 사실은 그것이 본질이라고 강하게 주장한다. 우리가 외적 좋음에 실체적 가치를 부여하는 경우 우리는 흔히 말하는 외모지상주의, 스펙주의, 황금만능주의에 빠지게 된다. 심한 경우 한탕주의로도 나타나기도 한다. '운'과 관련된 그의 주장에 우리는 한 번 더 큰 지지의 박수를 보낼 수 있다. 그는 외통수가 아니라 유연한 철학자처럼 보인다.

> 사실 많은 일들이 우연에 따라 일어나며 그 크고 작음에 따라 차이를 가진다. 행운 중에서 작은 것은 불운 중에서 작은 것과 마찬가지로 분명 삶의 균형을 변화시키지는 않는다. 다른 한편 큰일들이 좋은 쪽으로 많이 일어난다면 삶을 더 복받은 것으로 만들 것이다. (이것들 자체가 원래 삶에 곁들어져 아름다운 꾸밈을 보태주며, 그것들의 사용은 고귀하고 신실하기 때문이다.) 반면에 큰일들이 나쁜 쪽으로 많이 일어나면 지극한 복을 짓누르고 상하게 한다. 그것들은 고통을 가져오고 많은 활동들을 방해하기 때문이다. (1100b22-30)

여기서 보듯이 아리스토텔레스는 운, 행운이 행복을 얻는데 다소간 영향을 미친다고 말한다. 복권 당첨을 생각해 보자, 복권 당첨자가 어떻게 사는가를 다룬 방송물들은 일확천금의 행운이 비극으로 끝을 맺었다는 내용이 주이다. 이와 반대로 복권 당첨으로 인해 새로운 삶을 열어가고 그것으로 행복을 얻는 사람들도 많이 있는 것도 사실이다. 우리 선인들이 말하는 운칠기삼(運七技三)이나 진인사대천명(盡人事待天命)도 성실성의 원칙을 부정하는 것은 아니지만, 인생에서 운이 한 사람의 삶에 얼마만큼 큰 영향을 미치는가에 대한 통념의 표현이다. 생각해보자. 운이 우리의 삶에 중요한 역할을 하지만 그것이 '결정적'이라면 우리 생은 얼마나 허무한가. 결국 운명론, 팔자타령으로 끝을 맺지 않겠는가. 아리스토텔레스도 이를 알기 때문에 "우리는 진정으로 좋고 분별 있는 사람은 모든 운들을 품위 있게 견뎌낼 것이라고, 현존하는 것으로부터 언제나 가장 훌륭한 것들을 행위 할 것"1100b30이라고 말한다. "진정으로 행복한 사람은 운에 따라 다채롭게 변할 수도 있는 사람도 아니며, 쉽게 변할 수 있는 사람도 아니다. 그는 행복으로부터 쉽게 내버려지지 않을 것이고, 그 어떤 흔한 불운들에 의해서도 흔들리지 않을 것이며, 만약 흔들

린다면 수없이 닥치는 큰 불운에 의해서만 그럴 것이기 때문이다."1101a11

운과 행복의 관계에 관한 아리스토텔레스의 입장에서 우리는 앞서 언급한 외적 좋음과 행복의 관계에 대한 그의 관점이 드러나고 있음을 파악할 수 있다. 아리스토텔레스는 외적 좋음과 행복의 관계에 관한 논의에서 외적 좋음을 인정하며 당대 아테네 시민들의 행복에 대한 일반 통념을 이론화했다고 볼 수 있다. 하지만 외적 좋음이 행복의 본질적인 요소라고 보지 않았음은 자명하다. 우리가 그의 행복에 대한 정의, 영혼의 유형론, 관조적 삶에 대한 생각을 들추어보면 이를 금방 간파할 수 있다.

외적 좋음 이외의 행복의 조건들

지금까지 살펴본 아리스토텔레스의 행복론은 주지주의적 색채가 강하지만 외적 좋음을 통해 주지주의적 행복론의 난점을 일부 보충했다고 볼 여지가 있다. 또 앞서 언급된 그의 행복론은 철저하게 개인주의적 관점을 고수하고 있는 것처럼 보인다. 하지만 좀 더 자세히 들여다보면 사회적 관점에서 행복을 논하고 있는 그의 모습을 발견할 수 있다. 다르게 말하면 '탁월성에 따른 영원의 어떤 활동'의 사회적 가능성을 탐구하는 것도 그의 행복론의 한 축이다.

그가 행복을 말할 때 행복은 폴리스적 존재인 인간의 행복이다. 주지하다시피 그는 《정치학》 1권에서 인간은 본성상 "정치적(사회적) 동물zoon politikon, 1253a2-3"임을 강조한다. 그는 인간이 생존을 혼자 완전히 해결할 만큼 자족적이지 못하기 때문에 자연스럽게 폴리스를 형성한다고 보았다. 또한 그는 인간이 꿀벌처럼 군집 성향만 있는 것이 아니라 폴리스에 살면서 비로소 인간이 된다고 보았다. 만약 인간이 폴리스에 살지 않으면 이성을 가진 존재인 인간은 동물보다도 더 악독하게 될 수도 있다고 본 것이다. 따라서 인간이 될 수 있는 가능성은 오직 폴리스 안에서만 존재한다. 인간은 폴리스 밖의 짐승도 아니고 폴리스가 필요 없는 신적 존재가 아니다. 폴리스는 인간의 본성에 부합되는 셈이다. 인간의 좋음, 탁월성, 행복 역시 폴리스적 존재이기 때문에 문제가 되는 것이다. 아리스토텔레스는 행복의 자족성도 폴리스 안에서만 의미가 있다고 말한다.

> 인간은 본성상 정치적 동물이기 때문에 우리가 이야기하는 자족성은 자기 혼자만을 위한 자족성, 고립된 삶을 살아가는 사람을 위한 자족성이 아니다. 부모, 자식, 아내와 일반적으로 친구들과 동료 시민들을 위한 자족성이다. (1097b8-10)

또한 아리스토텔레스는 최고 좋음과 정치학의 관계를 논하면서 "그 좋음을 취하고 보존하는 일이 단 한 사람의 개인에게서도 만족스러운 일이지만 한 종족과 폴리스들에 있어서는 더 귀하고 한층 더 신적인 일이다. 따라서 우리의 탐구는 일종의 정치학적인 것으로서 이런 것을 추구하는 것이다"라고 말한다. 이것은 폴리스적 존재로서 인간의 행복은 윤리적이며 동시에 정치적인 문제이며 두 문제가 분리되어 다루어질 수 없다는 것을 의미한다. 사회적 존재로서 인간이 행복해지기 위해서는 개인과 사회의 문제가 동시에 해결되어야 한다는 관점이다. 이를 위해서 아리스토텔레스는 '올바른 질서'가 있는 폴리스가 필요하다는 것과 교육과 법률의 역할을 강조한다.

> 그런데 좋은 사람이 되는 것과 관련해서 어떤 사람들은 본성적으로 그렇게 되는 것이라고 생각하고 다른 어떤 사람들은 습관에 의해서, 또 다른 어떤 사람들은 가르침에 의해서 그렇게 되는 것이라고 생각한다. 본성에 의해 그렇게 되는 것은 우리의 노력에 달린 것이 아니라 어떤 신적인 원인으로 말미암은 것이며 진정으로 운이 좋

> 은 사람에게만 귀속된다는 것은 분명하다. 다른 한편 말과 가르침은 아마도 모든 경우에 힘을 발휘하는 것이 아니며 듣는 사람들의 영혼이 습관을 통해 고귀하게 기뻐하고 미워하는 것으로 미리 준비되어 있어야만 할 것이다. […] 어린 시절부터 탁월성을 향한 올바른 지도를 받는다는 것은 그러한 올바른 법률에 의해 길러지지 않고서는 어려운 일이다. 절제 있고 강인하게 사는 것은 다중들에게 특히 젊은이들에게 즐거운 일이 아니니까. 그런 까닭에 그들의 교육과 그들이 해야 할 일은 법에 의해 규정되어야만 한다. 일단 익숙해지고 나면 고통스럽지 않을 테니까. 그렇지만 어린 시절에 올바른 교육과 보살핌을 받는 것으로는 아마 충분하지 않을 것이다. 성인이 된 후에도 같은 일을 계속해서 해야 하고 습관을 들여야만 하기에, 이점에 관해서도 우리는 법률을 필요로 하며 따라서 일반적으로 삶 전체에 관한 법률을 필요로 하는 것이다. (1179b20-1180a5)

행복한 삶을 위한 교육과 법률의 역할에 대한 아리스토텔레스적 관점에서 한국의 교육과 법률이 우리의 행복에 얼마만큼 기여했는가를 생각해보자. 중학생부터 시작되는 입시지옥, 학력 카스트, 취업 학원화된 대학교육, 취업 후 무한 경쟁과 상시적 구조조정 하에서 한국인은 행복해질 수 없다. 만약 입시체제하에 탁월성에 따른 영혼의 활동을 하고자 한다면 그는 한국적 교육체계에서 보호받기보다 배척되기 쉽다. 교육이 한국적인 폴리스에서 행복한 삶을 살게 하는 긍정적 원인으로 작용하는 경우는 소수의 대안학교에서나 가능할 것이다. 과장되게 말하면 한국의 교육은 아리스토텔레스적 의미의 행복과 무관하며 그의 행복 개념을 적용한다면 오히려 행복을 침해하는 교육일 것이다. 법률의 경우도 마찬가지이다. '법 앞에 만인은 평등하다'는 법치주의의 기본 원리가 작동되지 않는 사회에서 아리스토텔레스가 요구하는 시민의 행복을 위한 법의 긍정적 역할은 기대하기 어렵다. 시민의 행복을 위한 사회적 조건이 미성숙한 폴리스가 한국 사회이다.

행복한 삶을 위한 교육과 법률의 역할 이외에 아리스토텔레스가 강조하는 여러 중에서 자기애에 기초한 친애의 사회적 성격에 주목할 필요가 있다. 그가 말하는 자기에는 "훌륭한 사람이 자기 자신에 대해 가지는 태도"이며 그 내용은 '고귀하고 가치 있는 것을 사랑하고 추구 하는 것'이다. 친애는 우리가 생각하는 이기주의와 관계없다. 친애는 자기애를 가진 사람이 자기 이득에 기초한 타자와의 관계가 아니라 자기애를 가진 타자와 건전한 관계를 가질 때 생겨난다. 친애는 단순히 사적 관계가 아니라 공적 관계에서 폴리스적 우애를 말한다. 친애는 공직선출, 대외 관계, 경제 정책 등에서 정의를 추구하는 정치적 우애를 포함하는 개념이다. 폴리스 자체가 동등하고 동질적인 사람들의 구성물이라는 의미에서 아리스토텔레스가 말하는 친애는 오늘날 개념으로 '공유와 연대의 가치'를 구현하려는 정신적 태도, 사회연대의 원리라고 번역할 수 있다. 이념 갈등, 동서갈등, 빈부갈등, 모든 영역에서 갑을 관계문화가 팽배한 우리의 문화적 질서에서 아리스토텔레스가 말하는 자기애와 친애를 찾기란 결코 쉽지 않다. 우리 사회에서 개인의 탁월성에 기초한 지속적인 영혼의 활동을 하는 사람도 드물지만, 그와 같은 사람들이 많이 생길 수 있게 하는 사회적 조건도 미완의 상태이다. 행복을 위한 사회적 조건의 성숙은 시민으로서의 공적 행복의 상승만이 아니라 아리스토텔레스적 의미에서 개인의 지적 탁월성과 성격적 탁월성의 발휘에서 오는 행복을 얻는데 기여한다.

아리스토텔레스의 행복론과 나와 우리의 행복

아리스토텔레스가 소개하는 행복론을 살펴보면서 독자들은 여러 생각들이 들 것이다. 행복을 심리적인 문제로, 주관적이고 상대적인 것으로 보지 말라는 그의 말에 공감하면서도 한편으론 반감도 생길 것이다. '나'라는 사람만이 아니라 다른 사람들도 '감정'이 행복의 핵심이라고 생각하는데 그렇지 않다니. '대개 사람들은 감정에 따라 살지 않나'와 같은 생각을 할 것이다. '사람들이 화술을 배우거나 마음을 읽는 법을 배우는 것도 결국 감정을 살피고 배려해 좋은 관계를 유지하려고 하는 것 아닌가'라는 생각을 할 수도 있다. '게다가 아리스토텔레스가 말한 것처럼 산다면 삶이 너무 건조하고 심각해지는 거 아닌가'라고 묻을 수도 있다. 단순히 기분에 살고 기분에 죽는 사람이 아니더라도 위와 같은 질문을 던질 수 있다.

우리들만이 아니라 인간 누구에게도 감정생활은 중요하다. 그가 감정을 "욕망, 분노, 공포, 자신, 질투, 환희, 사랑, 증오, 동경, 경쟁심, 연민 등 일반적으로 쾌락이나 고통이 따르는 것"이라고 정의하는 데서도 알 수 있듯 감정은 고통과 쾌락의 주인이기까지 하다. 그렇다면 가장 중요한 것은 무엇이겠는가? 두말할 것도 없이 감정을 느낄 수 있는 능력이 중요하고 감정에 대해 잘 처신하는 것이다. 무엇을 가지고? 바로 이성의 관조적 활동을 가지고 말이다. 그것이 감정의 롤러코스터를 타지 않으면서 생의 조용한 기쁨을 오래 맛보는 비결이지 않겠는가. 이런 의미에서 '나'의 이성을 탁월성에 기초한 품성의 탁월성으로 만들어 나아가는 것이 중요하다고 아리스토텔레스가 반복적으로 말하는 것이다.

오늘날 '나는 행복해야만 해'라는 행복강박에 시달리는 사람들도 많이 있다. 그것이 그의 행복을 가리는 것인지를 깨닫는 데는 시간과 경험이 필요하다. 행복강박이나 행복 지상주의에 빠져 있는 사람들의 대부분은 아리스토텔레스가 말하는 외적 좋음을 행복의 열쇠로 알고 그것을 획득하려는데 에너지를 낭비하다 한숨을 쉰다. 외적 행복의 요소를 다 갖고 있는 사람들은 어느 시대에서나 소수에 불과했다. 외적 행복의 요소가 영향을 주지만 그것이 행복의 결정적인 열쇠가 아니라는 것을 아리스토텔레스를 통해 우리는 다시 배울 수 있다. 동서양의 위인이나 유명인에서 그 사례를 찾는 일은 쉬운 일이다.

어떤 사람들은 행복으로 가는 길이 성격적 탁월성, 품성 상태라는 아리스토텔레스의 주장에 반기를 들것이다. 그건 DNA의 문제이지 환경이나 습관의 형성으로 한계가 있다고 생각하는 사람들이 있다. 또 그가 말하는습관이라는 것도 유년기에 이미 다 결정된다고 말하는 사람들이 많다. '좋은 습관을 갖는다고 해서 행복을 얻을 수 있는 보장이 있는가'라고 말할 수도 있다. 이들은 유전자환원론자거나 환경결정론자들이며 이성이 갖고 있는 숙고의 힘에 대한 신뢰가 적고 그것이 인간의 성숙에 미치는 힘을 과소평가하는 사람들이다. 과학주의, 사회학주의에 무비판적으로 몸을 담그면, 이성의 성찰적 힘을 잃고 정글 속의 세련된 인간기계가 될 뿐이다.

현대의 대부분의 사람들은 아리스토텔레스가 말하는 정치적 삶을 추구한다. 이 정치적 삶은 사회적 성공과 인정을 목적으로 하는 삶이다. 성공은 영광과 함께 상흔을 남기기도 하며, 나의 성공이 타자의 불행을 야기하기도 한다. 하나를 얻고 하나를 잃는 성공의 법칙이 유독 통하는 사회가 한국 사회이다. 한국적인 무한 과잉 경쟁 체제에서 성공은 가족의 희생이나 건강의 상실이라는 대가를 요구한다. 게다가 성공의 자리가 그리 오래가지 않는다는 사실을 우리는 다 알고 있다. 성공 허무주의를 말하고자 하는 바가 아니다. 그것에 매몰되지 않고 더 나은 행복으로 가는 길도 있음을 아리스토텔레스가 보여주고 있다는 사실을 기억할 필요가 있다.

아리스토텔레스의 행복론에서 우리가 배울 수 있는 또 다른 점은 그가 행복을 단순히 개인의 차원에서만 다루지 않고 개인 행복의 사회적 조건을 말하고 있다는 점이다. 결정적으로 주목해야 하는 것은 행복이

상태가 아니며 생이 끝나갈 때까지 사색과 숙고의 지속적인 활동을 통해 확보될 수 있다는 점을 논증적으로 보여줬다는 데 있다. 오늘 행복, 내일 불행의 이정표 없는 기차를 내 속에 갖지 않기 위해서는 그의 말에 귀 기울여야 한다.

> 한 마리의 제비가 봄을 만드는 것도 아니며 (좋은 날) 하루가 봄을 만드는 것도 아니다. 그렇듯 (행복한) 하루나 짧은 시간이 지극히 복되고 행복한 사람을 만드는 것도 아니다. (1098a19)

토론 주제

- 나는 행복한가, 불행한가? 주관적 판단의 구체적 기준은 무엇인가? 나의 행복을 위해 가장 필요로 한 것이 무엇인지 중요도 순으로 나열하고 '선택과 집중' 혹은 '실현의 방식'에 대해 말해보라.
- 자기 자신과 자신이 가장 좋아하는 인물, 자신이 가장 싫어하는 인물들 각 1인을 선정하고 그들의 삶에서 향락적, 정치적, 관조적 삶의 내용을 비교 분석하고 토론하자.
- 나의 행복을 위해 타인은 얼마만큼 양보나 희생을 해야 하는가? 상황을 설정하고 토론한다. 자식이나 사랑하는 사람을 위한 무조건적 희생은 좋은 것인가?
- 아리스토텔레스가 말하는 외적인 좋음의 요소에서 한국인이 살아가는 데 가장 중요하다고 생각하는 외적 좋음은 무엇이라 생각하는가? 중요도 순으로 나눈다면 근거는 무엇인가?
- 행복을 주제로 한 베스트셀러들이 제안한 행복비법들을 나누어 조사하고 아리스토텔레스적 관점에서 평가해보라.
- 아리스토텔레스가 저서에서 인용한 솔론이나 우리가 아는 프로이트는 '인간은 행복할 수없다'고 말한다. 비판적 관점에서 볼 때 아리스토텔레스가 제안한 행복의 방법론의 문제는 무엇인가?
- 아리스토텔레스의 인간의 기능, 탁월성 논의를 보면 자아실현이 곧 행복이다. 현대의 자아실현론과 아리스토텔레스의 자아실현으로서의 행복 개념의 차이와 같음을 따져보자.
- 사적 행복과 공적 행복이 높은 사회는 어떤 사회들인가? 그 사회 구성원들의 가치지향과 라이프 스타일, 삶의 질을 비교 분석하라.
- 왜 한국인은 남달리 불행 의식을 많이 갖고 산다고 생각하는가? 사회문화적 원인이 무엇인가?
- 국민총행복(GNH)은 9개 영역과 33개 지표가 있다. 이것을 활용해 한국의 국민총행복을 임의로 평가한다면 어떻게 평가할 수 있는가?

더 읽을 거리

- 아리스토텔레스, 《정치학》, 김재홍 역, 길, 2017.
- 아리스토텔레스, 《에우데모스 윤리학》, 송유래 역, 한길사, 2013.
- W. D. 로스, 《아리스토텔레스 그의 저술과 사상에 관한 총설》, 김진성 역, 세창출판사, 2016.
- 크리스토퍼 원, 아리스토텔레스의 《니코마코스 윤리학 입문》, 김요한 역, 서광사, 2011.
- 모티머 J. 애들러, 《모두를 위한 아리스토텔레스》, 김인수 역, 마인드큐브, 2016.

주

* 출처: 아리스토텔레스, 《니코마코스 윤리학》, 강상진 · 김재홍 · 이찬후 역, 길, 2015

1) 영미권에서 에우다이모니아(eudaimonia)는 happiness나 well-being으로 번역한다. 우리말로는 흔히 행복으로 번역해 사용한다. 《니코마코스 윤리학》에서 아리스토텔레스가 eudaimonia를 잘 사는 것(eu zēn), 잘 행위 하는 것(eu prattein)이라고 설명한다. 따라서 에우다이모니아는 잘 사는 것(well-being)으로 이해해야 한다. 여기서는 독자의 편의상 익숙한 개념인 '행복'으로 사용한다.

2) 그리스어 아레테(aretē)는 일반적으로 덕(virtue)으로 번역한다. 아리스토텔레스의 문맥에 충실한 경우 탁월성(excellence)으로 번역해야 한다. 그리스 사회에서 아레테는 인간의 기능만이 아니라 모든 것에서 기능을 잘 발휘할 때 사용되는 개념이다. 아리스토텔레스가 아레테 개념을 사용할 때는 인간적인 탁월성과 관계되며 영원의 탁월성을 의미한다. 이런 의미에서 덕은 인간 영원의 탁월성이다.

5

생명의 기원에 관한 이야기

다윈 《종의 기원》

ON

THE ORIGIN OF SPECIES

BY MEANS OF NATURAL SELECTION,

OR THE

PRESERVATION OF FAVOURED RACES IN THE STRUGGLE FOR LIFE.

BY CHARLES DARWIN, M.A.,

FELLOW OF THE ROYAL, GEOLOGICAL, LINNÆAN, ETC., SOCIETIES;
AUTHOR OF 'JOURNAL OF RESEARCHES DURING H. M. S. BEAGLE'S VOYAGE ROUND THE WORLD.'

LONDON:
JOHN MURRAY, ALBEMARLE STREET.
1859.

생명의 기원에 관한 이야기

이인수

《종의 기원》 배경

지구의 생명체 중에서 아직 발견되지 않은 종Species이 존재하는가? 자연과학을 연구하는 학자와 동식물 탐사에 취미를 가진 사람들은 GPS와 첨단 탐험 기술을 이용하면서 신종New species을 찾으려고 사람의 발길이 닿지 않은 열대우림과 석회 동굴 등 오지를 탐험하고 있다. 지난 20년 동안 1,300여 종의 신종이 발견되었고, 이 중에서 500종이 공식 등재되었다.[1] 한편 무분별한 남획으로 도도새Dodo, Raphus cucullatus와 해양 동물 스텔러바다소Steller's sea cow, Hydrodamalis gigas는 17세기에서 18세기 무렵에 멸종했고,[2] 지구온난화로 호주 산호초가 바닷물에 잠기는 바람에 설치류 브램블 케이 멜로미스Bramble Cay melomy, Melomys rubicola는 2년 전 지구상에서 사라졌다.[3] 19세기 즈음에 과학혁명의 대문이 열려 인류는 지금까지 경험하지 못했던 풍요를 누리는 반면에 우리의 이웃 생명체들은 멸종 위기에 직면하고 있다. 수 세기 동안 오직 과학문명 발전을 목표로 달려온 인류는 오늘날 직면한 기후 변화와 그에 따른 재난까지는 예측하지 못하였을 것이다. 기온 상승으로 극지방 만년빙이 줄어 해수면이 상승하고, 아프리카와 아시아 국가에서는 사막화가 진행되며, 우리나라도 매년 평균 기온이 상승하고 있다. 지구 환경의 급격한 변화는 결국 생물종 멸절을 촉발시킬 것임이 확실시되는데, 아직 우리는 변화가 어떻게 전개될 것인지 알 수 없기에 미래가 불안하지만, 과학의 진보가 해결의 실마리를 제공할 것이라는 기대감으로 편리에 안주하지는 않았는지 고민해보아야 할 것이다.

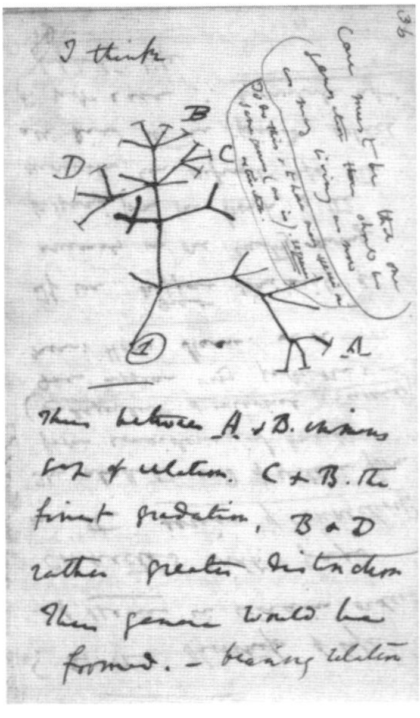

Charles Darwin's 1837 sketch, his first diagram of an evolutionary tree from his First Notebook

15세기 프랜시스 베이컨Francis Bacon의 귀납적 철학 사상은 당대의 과학문을 여는 열쇠가 되었다. 그 이전까지는 자연을 과학적 시각으로 탐구한 아리스토텔레스Aristotle의 자연철학이 '거대한 존재의 사슬'로 굳어져있었다. 존재해야 할 것들은 이미 완벽한 상태로 출현했으므로 변화의 여지가 없다는 관점에서 모든 종들은 발견될 때마다 생명의 의미가 재조명되어야 했다.[4]베이컨 철학은 종교를 본질로 인지하는 사회에서 자연을 객관적으로 관찰하고 반복 실험을 통해 섭리를 이해하려는 귀납적 사고로서 진리를 밝히는 계기가 되었고, 18세기 과학혁명을 촉발하는데 큰 공헌을 하였다. 지성으로 자연을 이해하려는 탐구를 지속한 인류는 진리의 보고를 쌓아 찰스 다윈의 《종의기원》을 탄생시켰다.

자연의 수많은 동식물은 언제부터 그리고 어떻게 우리들 주위에 존재하게 되었을까? 왜 화석기록에서 발견되는 수많은 생명체 흔적들이 현재에는 발견되지 않는 것일까? 들과 산과 물에서 서식하는 다양한 생물종의 생명 기전은 그들의 고유한 형태처럼 다양할까? 과학적 사실이 발견되기 전, 우리는 전통적 또는 종교적 믿음으로 이 모든 상황을 받아들였지만, 생물종에 대한 과학적 탐구와 그 결과가 이론으로 정립되기 시작한 19세기에 인간을 비롯한 여러 생물의 유래에 의문을 갖게 됨으로써 종교와 과학은 충돌하기 시작하였고, 오늘에 이르기까지 생물 기원에 대한 논쟁은 지속되고 있다.

고생물학자Paleontologist 조르주 퀴비에George Cuvier는 '화석에서 발견되는 여러 생물체 흔적이 현존 생물종에서 발견되지 않는 이유는 무엇인가?'에 대하여 대격변설Catastrophism[5]로 해석하였다. 그는 해양성 조개 화석이 산에서 발견되는 사실로부터 과거 지질학적 대변동이 생물종 멸종을 초래하였고, 당시에 생존했던 생물종이 현존하는 종이 되었다고 주장함으로써 생물 창조론을 지지하였지만, 이에 대한 과학적 검증은 이루어지지는 않았다. 장 바티스트 라마르크Jean-baptiste Lamarck는 진화Evolution에 대하여 '생물종의 가계Lineage에서 발생하는 변이'로 생각하여, 자연에서 생존을 위한 지속적 적응으로 획득된 형질은(예: 기린의 긴 목) 다음 세대로 유전된다는 용불용설Lamarckism[6]을 주장하였지만, 증명하지 못한 가설로 남게 되었다. 최근 태동된 후성유전학Epigenetics[7]에서는 생물 또는 무생물로 기인한 스트레스가 유전자 변이(예: DNA 메칠화[8], 자폐증)를 유도하는 것으로 확인되어 라마르크의 학설이 재조명되고 있다. 생물이 변화한다는 개념은 당시 사회에도 큰 반향을 불러일으켰는데, 영국 사회학자 허버트 스펜서Hebert Spencer는 라마르크의 진화적 개념을 사회에 적용하여 강한 사람만이 생존할 수 있다는 적자생존 이론을 주장하여 사회 진화학 기반을 조성하였다. 용불용설은 당시 자연과학 수준에 비추어 볼 때 실로 놀라운 관찰 결과이다.

개체변이와 진화와 같은 매우 진보적 사상에 근거하여 독일 자연지리학자 알렉산더 훔볼트Alexander Humboldt와 프랑스 식물학자 아이메 봉플랑Aimé Bonpland은 스페인령 남미를 5년간1799-1804 탐사하면서 지리적 특성과 동식물의 생물상을 연계한 융합학문 생물지리학의 문을 열었다. 그들의 신학문과 라마르크의 변이학설에 감동한 찰스 다윈Charles Darwin과 그의 동료들은 1831년 12월 비글호H.M.S Beagle를 타고 플리머스Plymouth Sound를 떠나 1845년 갈라파고스 제도에서 토착 생물들을 관찰하였다. 격리된 섬에서 서식하는 생물은 남아메리카 대륙에서 발견되는 생물과 서로 다른 형태로 변화되었고 또한 수집한 화석에 남아있는 멸종한 생물종의 모습이 현존하는 종에서도 찾을 수 있음을 발견하였다. 그는 1836년 10월 모든 탐험을 마치고 영국에 귀환하였고, 탐사 여정에서 관찰된 지질학적 변이, 화석 증거, 생물종 변이 결과를 통해 현존하는 종은 결국 하나의 생명체에서 기원했을 것이라는 이론, 즉 진화에 대한 개념을 정리하여 1859년《종의 기원 The Origin of Species》을 발간하였다.

다윈의 선구자적 연구에 감동한 영국인 알프레드 월리스Alfred Wallace, 1823-1931도 아마존강 유역과 말레이 군도에서 서식하는 곤충 등의 동물과 식물을 채집하고 관찰하여 다윈과 함께 자연선택설[9]을 발표하였다. 영국 철학자 허버트 스펜서Herbert Spencer의 적자생존Survival of the Fittest[10], 토마스 멜더스Thomas Malthus의 《인구론》[11]등의 인문사회학적 개념을 자연 탐구에 적용하여 생물 진화를 이

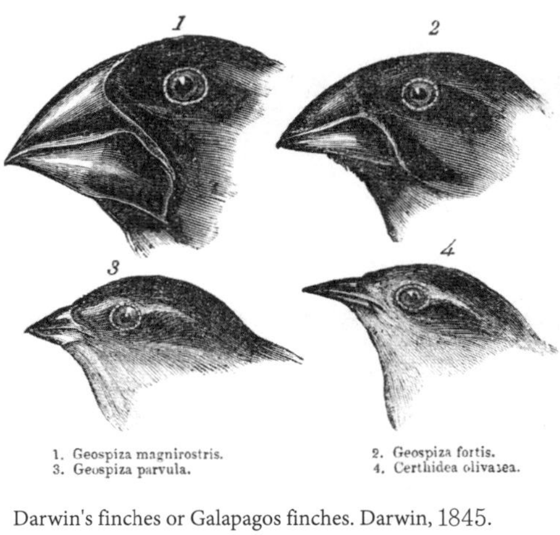

Darwin's finches or Galapagos finches. Darwin, 1845.

해한 다윈과 월리스 모두는 생물종 돌연변이 현상과 종 다양성을 자연선택 이론으로 설명하였다. 단지 다윈은 먹이경쟁이 생물종 유지에 중요한 요인으로 작용한다고 생각한 반면에 월리스는 환경적응이라고 주장하였다.

사실에 근거한 객관적 시각으로 자연을 관찰하고, 반복 실험과 그 결과를 비교 분석함으로써 현상을 이론화하는 귀납적 사고 철학이 진리 발견의 도구로 적용되기 시작한 15세기부터 자연에 대한 이해의 수준과 깊이가 확장되기 시작했다. 19세기에 이르러 생명과학을 비롯한 자연과학 성과는 오늘의 자연과학 발전의 기반이 되었다. 다윈의 진화론은 과학뿐 아니라 사회학에도 진보의 동력을 부여했다. 그러나 생물종 변이와 진화 개념은 기독교 신앙의 천지창조설과는 정반대의 개념이기에 종교와 과학이 충돌하는 원인이 되었으며, 이러한 논쟁은 지금까지도 지속되고 있다.

다윈의 생애

다윈1809-1882은 1809년 2월 12일 영국의 슈루즈베이Shrewsbury에서 의사인 아버지 로버트 다윈Robert Darwin과 어머니 수잔나 다윈Susanna Darwin의 둘째로 태어났다. 고향의 기숙학교에서 학업을 시작하였으나 다윈은 이 시기를 행복했지만 열정이 없었다고 회고하였다. 사냥과 낚시를 좋아했고 조개 수집, 곤충과 새를 관찰하는 것으로 즐겨 했다.

1825년 16세가 되던 해에 아버지의 뜻을 따라 에든버러에서 의학을 공부했으나, 고통을 수반한 외과수술을 야만적이라고 생각하여 해양생물을 다루는 박물학에 관심을 두게 되었고, 이때 라마르크의 생물 변이학설을 접했다. 성직자가 되기 위해, 1827년 학위를 받지 못한 상태로 에딘버러를 떠나 케임브리지 신학대학에 입학하였다. 그는 이곳에서 평범

Reproduction of frontispiece by R. T

한 학생이었지만 3년 동안 식물학자 존 헨슬로우John Henslow 교수, 지질학자 아담 세지윅Adam Sedgwick 교수의 지도로 곤충학과 식물학 및 지질학에 대한 지식과 더불어 과학적 사고법을 배양하였다.

1831년 케임브리지에서 학사학위를 취득하고, 박물학자로서 비글호 탐험에 초청받은 헨슬로우 교수 대신 승선하여 같은 해 12월 남아메리카를 향하여 항해를 시작하였다. 이 사건은 다윈 생애의 큰 전환점이 되었다. 5년 동안 남아메리카 해안가를 탐험하면서 지질 화석을 비롯하여 식물과 동물 표본을 수집하고 분석함으로써 다윈은 탁월한 박물학자로 성장하였다. 항해 기간에 찰스 라이엘Charles Lyell의 《지질학 원론 Principle of Geology》을 탐독하였고, 라이엘의 '동일과정설Theory of Uniformity'[12]로부터 지질학적 역사에 대한 통찰을 얻었다. 또한 1823년 멜서스의 인구론1798으로부터 다윈은 자연선택에 대한 개념을 정리하였다.

1839년 《비글호 항해기 The Voyage of the Beagle》, 1859년 《종의 기원》, 1868년 인위선택에 관한 자료들을 취합하여 《가축과 작물의 변이 The Variation of Animals and Plants under Domestication》, 인간의 진화와 성 선택에 대한 사상을 종합하여 1871년 《사람의 유래 및 성의 선택 The Decent of Man, and Selection in Relation to Sex》등의 대표적인 저서들을 출간하였고, 1882년 72세로 사망하기 전까지 활

발한 저술 활동을 수행하였다. 다윈의 이론들은 당대의 진보성향의 사회학자와 인본주의자들로부터는 지지를 받았으나, 기독교 신자들로부터는 엄청난 비난의 대상이었다. 다윈 스스로도 과학과 신학의 충돌을 원하지 않았음에도 불구하고 그의 이론은 진보학자들의 주장을 뒷받침하는 자연과학 이론으로 정립되었다.

생물종의 변이: 생존경쟁과 자연선택

해충에 저항성을 갖는 유전자 조작 콩과 옥수수에는 바실루스 투링기엔시스 Bacillus thuringiensis 세균 유전자가 있는데, 이것은 곤충 애벌레를 죽이는 독성 단백질 유전자다. 다른 생물의 유전자를 경작 식물에 옮기는 기술은 제임스 왓슨James Watson과 프란시스 크릭Francis Crick이 DNA 이중나선 구조를 밝혀내고 나서 대략 50년이 지나서야 완성되었다. 현재 이종 유전자 도입을 통한 동식물 품종을 개량 작업은 생명공학 회사의 일상 업무로 간주되기도 한다. 인류 역사와 함께 동식물 품종 개량이 이루어졌는데, 암컷 홀스타인Holstein 종은 약 5톤/년 우유를 만들며 몰티즈Maltese는 재롱이 많은 애완견이다. 품종에 따라 그 특성이 극대화되었음을 알 수 있다.

> 자연은 연속적인 변이를 주고, 사람이 그것들을 특정한 방향으로 모아 인간에게 유용하게 만드는 것이다. 이러한 의미에서 본다면 인간이 인간에게 유용한 품종을 만들고 있다고 말할 수도 있을 것 같다.[13)]

품종 개량된 가축들은 환경에 적응된 생물종이 아니고, 특정 목적으로 제작된 생물 종이므로 제한된 환경에서만 생존할 수 있다. 오랫동안 자연 서식지에서 적응하여 보존된 종 특성이 사람의 목적에 부합하면 지속해서 보존시키고, 그렇지 않으면 도태시키는 인위선택Artificial

Selection[14]방법을 품종 개량에 사용하였다. 그렇다면 자연에서 변이 종은 어떻게 출현할 수 있는지에 대하여 다윈은 의문을 갖게 되었으며, 그는 퍼즐의 실마리를 1798년 발간된 토머스 맬서스Thomas Malthus의 《인구론An Essay on the Principle of Population》에서 언급된 '인구는 기하급수적으로 증가하지만 식량은 산술급수적 법칙에 따라 생산된다.'는 이론을 자연에 대입해 보았다.

> 자연에서 우리는 맬서스의 이론을 모든 동식물에 훨씬 강력하게 적용할 수 있다. 왜냐하면 자연에서는 인위적으로 식량을 증가시키는 일도 일어나지 않으며 분별력 있게 결혼을 자제하는 일도 일어나지 않기 때문이다. 일부 종이 그 수에서 현재 어느 정도 빠르게 증가할지라도 세상이 그들 모두를 수용하지 못하니 이러한 증가가 항상 일어날 수는 없을 것이다.[15]

산업혁명 후 인구는 급격히 증가했지만 맬서스가 우려한 식량부족 상황은 전개되지 않았다. 자연에서 서식지 생물종의 개체 수는 환경의 먹이양에 따라 결정된다고 다윈은 생각하였고, 이외에 생물종 개체군 크기를 결정짓는 무수히 많은 요인들이 존재하므로, 기하급수적 인구 증가와 같은 생물종 증가는 발생하지 않는다. 환경에 잘 적응하는 형질을 소유한 생물 종은 그렇지 않은 종보다 생존 가능성이 크며, 이 형질이 자연선택을 이끈다고 다윈은 통찰하였다. 지형학적 특성, 기후, 풍토 등의 물리적 환경이 거의 유사한 갈라파고스 군도의 섬에서 독특한 동식물 분포가 나타나는 원인을 자연과 개체군의 상호 관계에서 나타나는 적응과 개체군 내에서 먹이경쟁으로 설명하였으며, 이와 같은 자연선택이 생물 진화 이론의 배경이 되었다. 다음의 예는 다윈의 자연선택을 잘 설명해주고 있다.

나뭇잎을 먹고사는 곤충이 초록색을 띠고, 나무껍질을 먹고사는 동물이 얼룩무늬 회색을 띠고, 고산지대의 뇌조는 겨울에 흰색을 띤다. 또한 홍뇌조가 분홍색을 띠고 멧닭이 검은 흙색을 띠는 것을 볼 때, 우리는 이들 색조가 새나 곤충의 위험에서 지켜주는 역할을 한다고 믿을 수밖에 없다. 만일 뇌조가 삶의 일정한 시기에 죽지 않는다면 그 수가 엄청나게 늘어날 것이다. 뇌조는 육식 조류에게 사냥당하는 것으로 잘 알려져 있다. 매는 시력을 이용해서 사냥감을 찾는다. 그래서 유럽 대륙에서 사람들은 흰색 비둘기를 키우지 말라고 경고한다. 흰색 비둘기가 훨씬 더 죽을 확률이 높다는 것이다.[16)]

자연에서 생물종을 관찰해보면, 생물에서만 나타나는 공통 특성을 발견할 수 있을 것이며, 또 특정 생물 종에서만 나타나는 고유한 특징도 찾을 수 있을 것이다. 동의보감에 기록된 수많은 한약재 식물이 갖고 있는 약리작용 물질도 특정 종에서 찾을 수 있는 형질이며, 동물도 세는 것이 불가할 정도로 많은 고유의 특성을 갖고 있다. 국제 비영리동물보호협회Conservational International에서 발표한 다리 길이가 30cm에 이르는 새를 포획할 수 있는 골리앗 거미Goliath bird eatibg spider, Theraphosa blond, 고리를 사용하여 서로 뭉쳐 공 모양의 구조를 형성하여 포식자 공격을 제어하는 낚시바늘 개미Fish-hook Ant, 그 외 피노키오 개구리Pinocchio frog 등 20종의 신종으로부터 우리는 상상하지 못한 새로운 형질을 볼 수 있을 것이다.[17)] 오랜 기간에 천천히 진행되어온 유익한 변이의 누적이며, 환경에서 종의 생존을 위한 자연선택의 결과로 해석될 수 있다.

뚜렷한 특징을 띠는 변종들조차도 종의 특성을 웬만큼 보유하고 있으면서도, 그들의 분류에 모호함이 말해주듯이, 아직은 별개의 종으로 분류된 정도의 차이를 보여주지 못한다. 그럼에도 내 견해에

따르면 변종은 만들어지는 과정이며, 나는 초기 종이라는 용어로 이들을 일컫고 있다.[18]

자연 생태계에서 새롭게 출현한 변종이 미래에도 생존하기 위해서는 동일 서식지의 다른 종과 경쟁하여 승리해야 한다. 이때 변종이 속한 개체군이 우점종일[19]경우 변이를 물려받을 후손이 생존할 확률은 그렇지 않은 경우보다 크다고 할 수 있다. 또한 자연선택된 변종은 서식지에서 뚜렷한 수적 증가를 나타낼 수도 있을 것이다. '자연에서 어떻게 여러 종류의 생물종이 출현할 수 있을까?'를 다윈은 생존경쟁과 자연선택 현상으로 해석하였다. 변종은[20]동일 서식지 안에서 다른 생물종 개체끼리 또는 동일 개체군 내에서조차 생존경쟁을 피할 수 없다. 그러므로 생물 및 무생물적 요인들과의 복잡한 상호 관계 속에서 아무리 작은 변이라도 또 그 변이 원인이 무엇이든지 간에 변종 형질은 후손에게 전달될 것이며, 후손은 물려받은 형질 자원으로 더 나은 생존 기회를 얻을 수 있을 것이다. 생물종의 개체군[21]수준에서 자연선택 개념은 다음과 같이 정리할 수 있다. 첫째, 주어진 환경에 서식하면서 특정 형질을 공유하는 생물종 집단 또는 변종 집단은 시간이 경과되면서 그 크기가 증가하는 양태를 보인다. 둘째, 개체군이 수 적으로 팽창할수록 식량과 서식지 공간 자원은 감소한다. 셋째, 자원이 고갈되면 집단에 속한 개체끼리는 서로 경쟁한다. 넷째, 동일 개체군에서 돌연변이 작용으로 생성된 대립형질[22]이 적응적 형질[23]일 경우, 시간이 경과됨에 따라 이 형질은 생물 종의 기준 형질로 자리 잡는다.

생물은 자연에서 물리화학적 요인에 적응하고 생물 집단과의 상호 관계를 개선하는 방향으로 변이를 유도한다는 다윈의 생물 진화 방향성 이론은 대략 160년이 지난 현재에도 수수께끼로 남아있다. 오직 인간의 유익을 위해 개량된 생물 종은 변이의 범위가 제한적이지만, 무한대의 조합으로 조성된 자연의 압박은 개체군을 구성하는 생물 종을 끊임없이 변이하도록 추동하며, 그 결과 지구 생태계는 엄청난 생물 다양성을 갖게 되었다. 이런 관점에서 다윈이 언급한 자연선택 용어는 인위선택과 대비된다고 할 수 있다.

> 인간이 미래에 대한 예측 없이 그저 조직적인 선택의 수단을 이용해 엄청난 결과를 얻고 있는데 자연이 그러지 말라는 법이 있겠는가? 인간은 눈에 보이는 외부 형질에만 관심을 기울이지만, 자연은 외양이 어떠한 방식으로든 유리하게 작용하지 않는 한 외양에는 아무런 관심도 두지 않는다. 자연은 모든 내부 장기, 체질적인 차이 그리고 삶의 모든 장치에 힘을 미칠 수 있다. 인간은 자신의 취향만을 위해 선택을 하지만 자연은 자신이 돌보는 생물의 이득만을 위해 선택을 한다. 모든 선택된 형질은 자연에 의해 충분히 연습이 이루어지기 때문에 그 형질을 갖춘 생물은 더 나은 삶의 조건에 놓이는 것이다.[24)]

인위선택과 달리 자연선택은 서식지의 모든 생물종이 자신의 고유한 유전자를 보존하려는 방향으로 변이하는 경향을 보여주며, 궁극적으로 생존과 보존이 최종 목표라고 할 수 있다. 21세기 유전공학 혁명으로 이종 생물체 간 유전자 전달이 용이하게 되었으며, 이 기술을 사용하여 기업들은 유전자변이 생물Genetic Modified Organism을[25)] 제작하였다. 통제가 용이한 가축과는 달리 식물 집단은 지금까지 접해보지 못한 새로운 경쟁 요인과 관계를 맺어야 한다. 왜냐하면 GMO 식물의 경우 꽃가루가 사방으로 퍼지기 때문이다. 유전자 조작으로 제작된 변이 생물체는 그 자체로서도 위험성을 갖고 있으나, 자연의 수많은 생물종에게 어떤 영향을 주는지 현재로서는 발견할 수 없다는 것이 가장 큰 불안 요인이다. 절대적 경쟁 우위 형질을 소유한 슈퍼 GMO 유전형질이 이종 생물체에 전이될 경우, 미래 지구에 사는 생물은 인위선택의 목적성으로 다양성이 축소되지는 않을까 염려된다.

생물종의 보존과 절멸

서식지 환경에서 개체군 내 또는 주위의 다른 생물종과의 생존 경쟁에서 오랜 시간 동안 점진적으로 진행되는 변이 때문에 생물은 유전, 형태, 생리적으로 변형되며, 이런 변화는 환경과 그 안에 서식하는 모든 생물종에게 유익하다. 개체군에서 주류와 약간이라도 다름을 갖는 변종은 미래에 생성될 큰 차이를 보이는 신종에 대한 초기 종이 되기도 한다. 뚜렷한 형질 변이를 보이지 않는 변종이라 할지라도 세대를 반복하면서 그 부모의 형질과 구별되는 후손이 나타나는 사례를 경주마 품종개량을 통해 간접적으로 이해할 수 있다. 경주마 더러브렛Thoroughbred 종은 17세기경 영국의 재래종 암말과 아랍종 수말과의 교배를 통해 개량된 종이다. 비록 인위선택을 사용한 결과이지만, 지속적인 작은 변이의 누적이 종의 분화와 진화를 이끄는 동력이 될 수 있음을 나타내는 사례이다.

> 자연선택은 또한 형질의 분기를 일으킨다. 왜냐하면 한 지역에서 살아가는 생물의 개체 수가 늘어날수록 그들의 구조, 습성, 체질은 더욱 분기하기 때문이다. 우리는 자연계의 모든 곳에서 이것에 관한 증거들을 찾을 수 있다. 따라서 한 종의 후손에게 변형이 일어나는 과정에서, 또 모든 종이 그들의 개체 수를 늘리고자 투쟁하는 과정에서 후손들이 다양해질수록 생존경쟁에서 성공할 확률은 높아지는 것이다. 그러므로 한 종의 변종들을 구별하는 작은 차이가 꾸

> 준히 증가해 드디어는 한 속의 두 종, 또는 서로 다른 두 속의 종들을 구별하는 차이가 될 것이다.[26)]

환경에서 개체 수가 많은 생물은 그렇지 않은 종에 비하여 유익한 변이가 생성될 확률이 증가하여 오랫동안 종을 보존할 수 있지만, 희귀종은 변이되거나 개선될 기회가 상대적으로 적기 때문에 주위의 다른 종과의 경쟁에서 도태될 가능성이 크다. 생물은 성 선택Sexual Selection을 종 보존의 도구로 사용하였고, 이것 역시 적응의 산물로 간주된다. 성 선택은 개체군 확장에 필수 요건이다.

> 기니아의 직박구리, 극락조 그리고 몇몇 다른 새들은 함께 모여 수컷들이 암컷 앞에서 그들의 아름다운 깃털을 전시하며 기묘한 춤을 춘다. 암컷은 마치 방관자처럼 구경하다가 가장 매력적인 수컷을 파트너로 선택한다.[27)]

수컷의 구애는 성 선택을 위한 행위로서 개체군 증가를 동인하여 다양한 변이를 유도함으로써 종을 멸절로부터 보호하는 대응 전략이라 할 수 있다. 다윈의 자연선택이 생물종과 그 개체군의 생존능력을 유지하고 개선하기 위한 개념이라면, 성 선택은 개체군의 크기를 증가시키는 형질로 간주된다. 그렇다면 변이 형질은 어떻게 다음 세대로 전달되는가? 이 문제에 대하여 다윈은 명확한 해석을 내놓지 못했다. 라마르크의 용불용설도 증명하지 못한 학자들의 고민을 오스트리아 수사 그레고어 멘델Gregor Mendel이 완두를 이용한 실험에서 진리의 빗장을 풀었다. 그는 대립유전자[28)] 변이가 변종을 출현의 원인이라고 작물교배 실험을 통해 증명하였다. 당대의 진화학자들조차도 멘델의 통계적 유전법칙을 이해하는 데에 어려움을 토로했으며, 그가 세상을 등진지 30여 년이 지나고 나서야 위대한 발견이었다는 것을 인지하였다.

다윈은 다양한 생물종에서 형태학적[29] 관점에서 변이와 선택의 이론을 발견한 반면, 멘델은 생식세포에서 대립유전자 변화가 변이를 발생시킨다는 유전적 개념을 정립하였다. 고등한 동식물에서 교배나 수정 등의 생식은 염색체의 대립유전자 쌍을 구성하는 과정이며, 적응적 형질 유전자와 짝을 맺었을 때 환경에서 생존 가능성이 증가하며 또한 절멸하지 않을 가능성이 증가한다.

만일 동시대에 다윈과 멘델이 공동으로 변이와 진화를 연구했더라면 현대 생명공학 수준은 조금 더 발전하지 않았을까 하는 아쉬움도 있으나, 유구한 시간에 점진적으로 진행되는 변이의 여정에서 100년의 세월은 크지 않다고 느껴진다. 현재 진화는 다윈의 자연선택 개념에 유전자의 변이 빈도를 추가하고, 이것을 개체 수준이 아닌 집단유전학적으로[30] 해석하고 있다.

다윈의 유산

갈라파고스 탐사에서 다윈은 생물의 변이 현상을 발견하여 자연선택 이론과 진화론을 정립하였다. 채집된 동식물 표본과 화석 기록, 격리된 자연환경에서 관찰되는 생물의 변이와 다양성을 비교하고 분석함으로써 진화에 대한 종합 이론이 탄생하였다. 왜 19세기에 이르러서야 다윈과 같은 박물학자가 탄생하였을까? 그 배경에는 자연을 귀납적으로 관찰하고 그 결과를 객관화하여 이론으로 정립하는 방법을 제창한 15세기 근세 철학의 개척자 영국인 프랜시스 베이컨Francis Bacon이 존재한다.

자연의 탐구와 그 결과를 종교와 결부시켜 해석하는 스콜라 철학 시대에서 경험과 관찰을 기반으로 문제를 해결하려는 베이컨의 철학이 다윈과 같은 위대한 학자를 탄생시키는 시발점이 되었다. 집단에서 개체의 변이는 생물 종의 멸종을 방지하며 또한 영구적 보존에 필수 요인으로 정의한 다윈의 해석은 인문사회학과 경제경영 영역에도 적용할 수 있다. 제한된 서식지 공간, 생산자와 포식자, 생존경쟁, 변이 등의 개념은 자본주의 사회에서 발생하는 제반 문제점들을 진화학적으로 분석하여 모든 구성체의 상호 적합성을 극대화하는 접근법을 찾을 수도 있을 것이다. 과학자들은 45억 년 지구 역사에서 발생되었던 생물종 대량멸절이 또 다시 시작되었다고 경고한다.

다윈의 업적은 1950년대 DNA 구조의 발견으로 도약한 현대 생명과학을 이끄는 태동이 되었다. 다윈의 지식으로는 성경에 근거하여 신학자들이 주장하는 지구의 역사 6,000년을 반증할 수 없었으며, 또한 DNA와 유전자에 대한 지식 한계성으로 생물종 집단에서 형질의 다양성 발생에 대한 이해가 가능하지 않았을 것이다. 아직 생물 진화에 대한 과학적 기전이 완전히 밝혀졌다고 할 수는 없으나, 현존하는 생물은 과거 지구에 서식했던 개체가 변이된 후손이며, 현재에도 자연에서 진화를 동인하는 형질 변이와 자연선택 변이는 지속되고 있다는 다윈의 해석은 자연과학의 정설로 이해되고 있다.

21세기 생물 복제와 줄기세포 성과가 빈번히 발표되는 시대에 자연선택, 변이, 생존경쟁, 성 선택, 생물 종 절멸 등의 가설로 정립된 다윈의 진화론은 장롱 서랍의 깊숙한 곳에 보자기로 포장된 유아기 배냇저고리 정도로 여겨지나, 오늘날 세포학, 유전학, 면역학, 분류학 등 생물학 전 분야의 발전에 기반을 조성하였다. 19세기 다윈의 업적은 세기를 넘어서는 과학혁명으로 평가된다.

토론 주제

- 19세기 과학혁명 촉발에 영향을 끼친 사회문화적 배경에 대하여 토론해 보자.
- 환경요인과 생물 간 상호작용으로 생물 변이가 동인되는데, 반대로 자연은 변이된 생물로부터 어떤 영향을 받는지 토의해 보자.
- 진화론이 근대 사회문화에 어떤 영향을 주었는지 평가해 보자.
- 적자생존과 자연선택 개념을 사회학과 경제학에 적용해보고, 그 결과를 토의해 보자.
- 다윈의 이론은 당대의 진보성향 사회학자와 인본주의자들로부터는 지지를 받았으나, 기독교 신자로 부터는 비난의 대상이었다. 상반된 두 그룹의 견해가 무엇이었는지 토의해 보자.
- 다윈을 진화생물학자로 이끈 동기와 사건에 대하여 평가해 보자.
- 멜서스의 이론 '인구는 기하급수적 증가이나, 식량은 산술급수적 성장 법칙을 따른다.'를 자연생태계에 적용해 보고, 그 결과에 대하여 토론해 보자.
- 근대 산업혁명을 동인하여 인류 삶의 질을 향상시킨 과학이 기후변화를 예측하고 또 충분히 대비하지 못한 부분이 있다. 미래에 전개될 불확실한 상황을 대비하기 위해 과학발전과 더불어 반드시 수행되어야 할 부분에 대하여 토론해 보자.
- 지구상에서 그 수가 무한히 증가한 종은 존재하지 않았다고 다윈은 역설하였다. 그러나 지구상에 폭발적으로 증가하는 종은 Homo sapiens 인데, 그 이유는 무엇인지 평가해 보자. 그리고 인류의 미래를 진화생물학적 관점에서 토론해 보자.
- 자연에서 출현하는 변이 종과 GMO 조작 생명체가 자연 생태계에 주는 영향성에 대하여 비교 평가해보자.

더 읽을 거리

- 스티브 존스, 《진화하는 진화론》, 김혜원 역, 김영사, 2008
- 장대익, 《다윈의 식탁》, 바다출판사, 2015
- 최종덕, 《찰스 다윈 한국의 학자를 만나다》, 휴머니스트, 2010

주

1) 국제적인 비영리동물보호협회 (Conservational International)의 자연보호 프로그램 Rapid Assessment Program (RAP)은 전 세계 오지에서 생물학적 변종을 발견하고 보존하는 업무를 수행함.
https://www.conservation.org/NewsRoom/pressreleases/Pages/20_Years_of_RAP_Still_Counting.aspx

2) Gerardo Ceballos et al. Science Advance. Vol 1, No. 5. 05 June 2015

3) Gynther, I. et al., Department of Environment and Heritage Protection, Queensland Government, Brisbane. 2016

4) Cecie Star et al., 생명과학, 이길재 역, 라이프사이언스 236쪽

5) 대격변설(Catastrophism): 급격한 지질 변동으로 생물종이 멸종되었다는 학설로서 창조론적 관점을 갖고 있음.

6) 용불용설(Lamarckism): 자주 사용하는 기관은 발달하고, 반대로 사용하지 않는 기관은 퇴화한다는 학설

7) 후성유전학(Epigenetics): 환경요인으로 인한 유전자 발현 및 조절 현상의 변화와 표현형 변이를 연구하는 학문분야

8) DNA 메틸화(DNA methylation): DNA 염기에 메칠기를 결합시키는 작용으로, DNA 구조 안정성과 유전자 발현을 조절한다.

9) 자연선택(Natural selection): 생존에 적합한 형질을 갖는 생물종이 부적합한 형질을 지닌 종에 비해 생존과 번식에서 이익을 본다는 이론

10) 허버트 스펜서의 적자생존(Survival of the fittest): 시장 경제나 인간 사회에서의 관계 변화를 이끄는 적응력. 생물에서 적자생존은 생물의 유전형질이 서식지 환경에 적합하다면 해당 형질은 유전되며 결과적으로 그 생물종은 생존할 가능성이 높다.

11) 인구론(An Essay on the Principle of Population): 인구는 기하급수적으로 증가하는데 식량은 산술급수로 증가된다는 이론

12) 동일과정설(Theory of Uniformity): 오랜 시간 동안 일어난 점진적이고 반복적인 과정을 통해 지구표면이 만들어졌다는 학설. 이와 반대 개념은 대격변설이다.

13) 종의 기원: 찰스 다윈 저, 김관선 옮김. 한길사. 67쪽

14) 인위선택(Artificial selection): 사람에게 유익이 되는 형질을 보존하는 방법

15) 종의 기원: 찰스 다윈 저, 김관선 옮김. 한길사. 101쪽

16) 종의 기원: 찰스 다윈 저, 김관선 옮김. 한길사. 121쪽

17) 20년 동안 발견된 신종에서 20종의 스타 생물의 모습을 다음의 웹사이트를 확인해보자.
https://www.smugmug.com/gallery/n-srkgG/

18) 종의 기원: 찰스 다윈 저, 김관선 옮김. 한길사. 146-147쪽

19) 우점종(Dominant species): 서식지에서 가장 많은 개체 수를 이룬 생물 종을 말한다.

20) 변종(Variety): 종의 소유한 기준 형태와 거의 같지만, 형태의 일부분이나 생리적 성질이나 지리적 분포가 기준 표본을 포함하는 집단과 확실히 구별되는 생물

21) 개체군(Population): 동일한 장소에서 살면서 상호 교배하는 동일한 종의 집단

22) 대립형질(Alle): 하나의 형질 발현에 관여하는 유전자 쌍으로서, 이 유전자로 나타나는 형질이 대립형질이다.

23) 적응적 형질(Adaptive adaptation): 개체의 적응도를 향상시키고 유전되는 형질

24) 종의 기원: 찰스 다윈 저, 김관선 옮김. 한길사. 102쪽

25) 유전자 변이 생물(Genetic Modified Organism): 한 생물의 염색체에 다른 생물의 유전자를 끼워 넣음으로써 기존 생물에 존재하지 않던 새로운 형질을 갖도록 한 생물

26) 종의 기원: 찰스 다윈 저, 김관선 옮김. 한길사. 164쪽

27) 종의 기원: 찰스 다윈 저, 김관선 옮김. 한길사. 125쪽

28) 대립형질(Allelomorph): 한 개체 내에서, 하나의 염색체가 하나의 형질을 나타내는 유전의 최소 단위

29) 형태학(Morphology): 생물의 구조나 외형을 연구하는 생물학의 한 분야

30) 집단유전학(Population genetics): 집단으로서 나타내는 유전형질들의 분포, 유전, 질병 연관성 등을 연구하는 학문

6

생각과 발견의 법칙

베이컨 《신기관》

FRANC. BACONIS
DE VERULAMIO,
Summi Angliæ
CANCELLARII,
Novum Organum
Scientiarum.
Multi pertransibunt & augebitur scientia
LVGD. BAT.
Apud Adrianum Wijngaerde,
et Franciscum Moiardum. 1645.

생각과 발견의 법칙

이인수

17세기 과학혁명의 태동

인류의 역사에서 과학은 어떤 모습으로 비칠까? 지금도 쉼 없이 지속되는 과학 혁명은 인류의 미래를 보장할 수 있는가? 1997년 영국 로슬린 연구소Roslin Institute에서 세계 최초로 복제 양 돌리Dolly가 탄생되고 21년이 지나, 중국 연구진이 세계 최초로 체세포 핵 치환Somatic cel nuclear transfer, SCNT 방법을 사용하여 마카크 원숭이Macaque monkey 복제에 성공했다는 논문이[1]2018년 1월에 발표되었다. 20여 년 전 생물 복제 기법은 미래의 생명 연장 기술로 발전할 것이라는 기대를 불러일으켰지만 영장류에 적용하기는 어려울 것으로 예측하였다. 그러나 탐구와 창의 활동을 즐겨 하는 과학자의 선천적 호기심과 지성은 예측을 가능한 결과로 만들었다. 향후 20년 후 어쩌면 공상과학 영화의 단골 주제인 인간복제가 현실이 될 수도 있을 것이다. 알타미라 동굴벽화에서 우리는 구석기 시대의 과학혁명을 발견할 수 있지 않을까? 구석기인의 창의성으로 완성된 벽화의 혁신 수준이 생물 복제가 현실로 다가온 현대인보다 원시적이라고 말할 수 있는가? 자연을 사실에 입각해서 객관적으로 관찰하고 이해하여 이론화하는 것을 즐기는 행태는 자연과학자뿐만 아니라 모든 사람이 갖고 있는 본성이다. 그렇다면 벽화를 그리고 채색하는 기법으로부터 생물복제 기술을 포함한 다양한 현대 과학기술로 확대되는 지속적 변화를 동인하는 것이 무엇인지 궁금해진다. 자연은 항상 그대로인 것처럼 보이지만 계절, 강우, 다양한 생물 등과의 복합적 상호작용으로 변화되고 있다. 기술발전으로 자연 변화에 상관없이 쾌적한 삶이 가능한 현대인과는 다르게 먼 옛날 자연을 의지하며 삶을 영위했던 인류는 주위의 변화를 자세하게 들여다보지 않고서는 생존할 수 없었을 것이다. 자연을 관찰하고 어제와 다른 현상을 발견하고, 변화가 왜 발생했고 그 원인은 무엇이었는가에 대한 의문은 인간이 소유한 '알고자 하는 욕구'로 그리스 철학자 아리스토텔레스 Aristotle, BC384-BC322는 그의 저서《형이상학》에서 언급하였다.[2)] 반면 아리스토텔레스보다 2세기 전 피타고라스Pythagoras, BC582-BC497 경는 영혼불멸을 주장한 철학자로서 수학을 만물의 근원으로 생각하여 우주와 자연현상을 숫자로 정의하고자 하였다. 그의 사상은 플라톤Plato, BC428-BC427으로 전수되었고, 이데아론Theory of ideas[3)] 구상에 영향을 주었으며, 유럽 근대 천문 수리 학자의 자연관 사상의 뿌리를 제공하였다. 고대 그리스의 플라톤과 아리스토텔레스의 철학은 인류 과학혁명의 주춧돌로 자리매김 한다.

자연의 경이로운 현상에 대해 인간은 오감을 통해 체험하고 차이를 발견하기를 좋아하는 개체이다. 깨달음을 즐겨 하는 인간은 누적된 경험을 토대로 동일 현상을 다른 관점에서 관찰할 수 있으며, 또한 개선된 기술과 도구를 사용함으로써 과학의 진보를 이룬다. 아리스토텔레스는 '기술자를 지혜로운 자이며, 원인과 원리를 탐구하고 이해하여 이론을 정립하는 사람'으로 정의하였다. 또한 '인간에게 학문과 기술은 경험을 매개로 해서 생기는 것이다'라고[4] 하여 자연의 진리와 원리를 탐구하는 영역을 철학으로 간주하였고, 근세에 이르기까지 이와 같은 사조는 유지되었다. 아리스토텔레스는 귀납법과 연역법을 병행하여 사물을 관찰하고 이해하여 이론을 도출해냈다. 즉, 자연의 변화를 개별적 경험(실험)으로 지식을 축적하였고, 그 결과로부터 보편적 원리를 도출하는 귀납적 해석, 그리고 정립된 이론을 자연에 적용해보고 적절한 사례를 찾는 연역적 방법(일종의 검정 작업) 모두 사용함으로써 사물의 본질을 이해하였다. 자연의 변화 원리를 밝혀내기 위한 매우 합리적 전략으로 여겨지나, 이와 같은 훌륭한 고대 과학철학이 16-17세기에 이르기까지 인류의 과학 발전에 크게 이바지 못한 이유는 무엇이었는지 궁금하다.

그리스 아리스토텔레스의 자연주의 철학은 헬레니즘 철학Hellenistic philosophy으로 계승되어 약 AD500년까지 지속된다. 이 시대에 유클리드Euclid는 그의 저서《기하학 원론 Geometry》에서 아리스토텔레스의 논리학을 수학적 관점에서 재해석하여 수학의 공리Axioms 개념, 즉 수학에서 사용하는 증명법을 개발하였고, 아리스타르코스Aristarchos는 개기월식Lunar eclipse 때 삼각법을 이용하여 지구에서 달까지의 거리를 측정하여 지구가 태양을 중심으로 자전한다고 예측하였다. 갈레노스Galenus, 129~199는 의학의 아버지로 불리는 그리스의 히포크라테스Hippocrates 의학을 동물 관찰을 통해 해부학과 생리학 등의 신 영역을 개척하였으며 그의 경험적 이론은 중세의 의학에까지 중대한 영향을 끼쳤다. 중세(5세기부터 15세기까지)로 접어들어 자연현상에 대한 논리적 해석이 영국과 프랑스의 주요 대학에서 주된 관심사로 부각되기도 하였으나, 기독교 교리에 바탕을 둔 종교사상이 정치와 문화를 지배한 시대에서 괄목할만한 과학혁명은 발생하지 않았다. 알베르투스 마그누스Albertus Magnus, 1193-1280와 그의 제자 토마스 아퀴나스Thomas Aquinas, 1224-1274는 아우구스티누스Augustinus, AD354-AD430의 기독교 신학(원죄론, 삼위일체론)과 아리스토텔레스의 사원인[5] 중에서 목적인 '부동의 원동자'를[6] 천지를 창조한 하나님으로 판단하여 진리 탐구와 인식의 문제를 신앙과 연계하는 해석하는 스콜라Schola 철학을 탄생시켰다. 스콜라 학자들을 자연현상 탐구를 비롯한 인식의 문제를 기독교 신앙의 관점으로 해석하였으며, 이와 같은 사조는 15세기까지 지속되었다.

중세의 르네상스Renesance, 14세기-16세기는 17세기 유럽의 과학혁명을 일으키는 계기가 되었다. 특히 카톨릭 교회의 부패와 면죄부 판매의 부당성을 비판한 마틴 루터Martin Luther, 1483-1546는 '그리스도에 대한 오직 믿음과 하나님의 전적인 은혜를 통한 구원'이 기독교 신앙의 본질이기에 잘못된 구습으로부터 변화를 요구하는 종교개혁1517년을 선언했다. 인간의 양심과 지성으로 현실을 재조명하고 오류를 수정하려는 개혁 의지는 종교와 사회뿐 아니라 과학탐구에도 적용되었다. 이 시대에 생물을 포함한 모든 사물과 그 변화는 나름대로 본연의 목적으로 존재한다는 관점으로부터 사물의 변화를 객관적으로 관찰하고 시간과 환경에 따른 차이를 발견하려는 새로운 탐구 방법이 천문 수리 분야로부터 시작되었다.

천문학자 니콜라우스 코페르니쿠스Nicolaus Copernicus, 1473-1543는 실험과 계산으로 천동설Geocentrism의 오류를 수정하여 태양이 우주의 중심이고 지구가 태양의 주위를 돌고 있다는 태양중심설Heliocentrism, 지동설을 발표하였다. 기존 사고의 틀을 바꾸어버린 그의 학설은 당시 자연과학자뿐 아니라 사회 인문학자와 일반인에게도 '내가 믿는 것이 참이 아닐 수도 있다'라는 인식 전환의 계기가 되었으며, 독일의 천문학자이면서 수학자인 요하네스 케플러Johannes Kepler, 1571-1630에 이르러 지동설은 확고한 이론으로 정립되었다. 케플러는 그의 저서 《신천문학》에서 화성 궤도가 타원임을 규명하여 천체가 완전한 구형이며 원형의 궤도를 돈다는 아리스토텔레스의 완전체 개념을 수정하였고, 지금도 그의 행성 운동 법칙은 수학과 물리학 등에서 널리 적용되고 있다.

근대 과학의 창시자로 불리는 갈릴레오 갈릴레이Galileo Galilei, 1564-1642는 자신이 제작한 천체망원경으로 태양계 행성을 관찰하여 케플러의 지동설을 뒷받침하였고, 수학자로 활동하면서 속도와 가속도 개념을 사물에 도입하였는데 이것은 변화를 운동의 관점에서 수리적으로 해석하려는 시도로 이해된다. 케플러와 갈릴레이가 코페르니쿠스의 태양중심설(지동설)을 증명함으로써 아리스토텔레스의 우주관은 관념적 학설로 묻혔다. 케플러와 갈릴레오의 수학 지식은 훗날 영국의 아이작 뉴턴Isaac Newton, 1643-1727의 '만유인력의 법칙' 발견의 기초가 되었다. 르네상스 시대에서 수도원이나 대학에서 진행되었던 자연탐구는 주로 연역적 방법을 사용한 반면, 진보 과학자들은 실험과 경험적 결과로 현상 또는 작동원리를 이해하고자 하였다.

유럽 근대는 스콜라 학풍이 점진적으로 후퇴하는 과도기적 특징을 나타나는 반면에, 인본주의 및 과학철학은 진보하는 행태가 뚜렷이 보이는 시기이다. 그 중심에는 영국의 철학자이면서 경험론을 주장한 프랜시스 베이컨Francis Bacon, 1561-1626과 프랑스의 수학 물리학자이면서 합리론(이성론)을 주장한 르네 데카르트René Descartes, 1596-1650가 있다. 데카르트는 이원론적[7] 관점으로 사물을 인식하여, 진리는 감각이 아닌 이성으로 연역적 방법을 사용하여 이론화한 것으로 정의하여, 인간이 소유한 이성을 지식의 근원으로 간주하였다. 그는 《방법서설》에서 자연학은 사물이 무엇이고 또 어떻게 변화하는가를 수리학적으로 개념화하는 학문이며, 자연의 모든 사물은 기하학적으로 해석되어야 한다는 기계론적 법칙을 주장하였다. 아리스토텔레스와 스콜라 학자는 사물이 그 자체 안에 운동과 정지의 원인을 갖는다고 하였으나, 데카르트는 어떤 물체도 이 원인이 존재하지 않으며 오직 신만이 원인을 부여할 수 있다고 해석하여,[8] 형이상학적 개념으로서 신의 존재를 인식하였다.

근대 과학혁명의 빗장을 젖힌 다른 한 명은 베이컨이다. 데카르트가 이성적 기반의 수리과학 철학을 추구했다면 베이컨은 전적으로 경험주의 철학자로서 현대의 실험과학 및 응용과학의 기반을 조성했다고 할 수 있다. 그는 자연의 탐구 방법에서 아리스토텔레스 기반의 스콜라 학풍의 접근법을 철저히 배제하고, 사물을 본래의 모습으로 사실에 근거하여 관찰하고 이론으로 실체화하는 귀납적 방법이 옳은 것이라고 주장하였다. 1620년 출판한 그의 대표적인 과학 철학서《노붐 오르가눔 Novum Organum, 신기관》은 아리스토텔레스의 철학과 논리학을 정리한 오르가논 Organon의 오류를 비판하고, 과학 발전을 위한 귀납적 접근을 기술한 책이다. 경험적 실험법을 자연 탐구에 적용하여 지금까지 알려지지 않았던 현상을 찾아내고 그 원리의 이해하려는 베이컨의 시도는 자연의 진리 발견과 이해의 폭을 넓히는 계기가 되었다.

프랜시스 베이컨의 생애

프랜시스 베이컨Francis Bacon은 1561년 1월 22일 런던 스트랜드의 요크 하우스York House에서 니콜라스 베이컨 경Sir Nicolaus Bacon과 앤 베이컨Anne Bacon의 다섯째 아들로 태어났다. 12세 때 1573년부터 그의 형 안토니 베이컨Anthony Bacon과 함께 케임브리지 대학의 트리니티 칼리지Trinity College Cambridge에서 훗날 캔터베리 대주교로 임명되는 존 휘트기프트John Whitgift 교수의 지도로 라틴어와 중세의 대학교육을 이수하였고 또한 프랑스 푸아티에 대학University of Poitiers에서도 수학하였다. 1576년에는 형과 함께 그레이 법학원Gray's Inn에서 법학을 시작했지만, 그 해에 영국 대사로 임명된 아미아 폴레 경Sir Amias Paule의 수행원 자격으로 파리로 갔다. 당시 헨리 3세의 통치하에 있던 프랑스의 정치 및 사회를 경험했고, 특히 진보된 기술과 실용학문의 중요성을 인식하게 되었다. 1579년 2월 아버지의 갑작스러운 죽음으로 영국으로 귀국해서, 파리로 떠나기 전에 수학했던 그레이 법학원에서 학업을 다시 시작하였고, 1582년 변호사가 되었다.

1584년부터 그는 하원의원으로 활동하였으며 과학과 문학 분야의 저술을 시작했다. 정치적으로는 크게 성공하지는 못했으나 리버풀Liverpool, 1588년, 미들섹스Middlesex, 1593년, 입스위치Ipswich, 1597년, 1601년, 1604년의 의회 멤버로 활동하면서,[9] 1594년 엘리자베스 여왕의 개인 법률고문으로 활동하였고, 1603년 기사 작위 수여로 버킹험 공작Duke of Buckingham이 되었다. 1617년 그의 부친이

Lord Bacon stamp

역임했던 옥새상서에 오르면서, 일 년 후인 1618년에는 겸직으로 대법관에 취임하였으며, 베룰람 남작Baron Verulam의 작위를 받았다. 그러나 부친의 사망 이후, 경제적 어려움을 겪었던 그는 1620년 뇌물 수수와 관련된 형사 사건과 연관되면서 더 이상 정치적으로 활동하기 어려워지면서, 저술 활동으로 말년을 보냈다. 그의 대표적 저서로서 1596년 《법의 원칙들 Maxims of the Law》, 1605년 《학문의 진보 The Advancement of Learning》, 1609년 《고대인의 지혜 Wisdom of the Ancients》, 1622년 《신기관 Novum organum》 등이 알려져 있다. 그는 음식물의 냉동보존 실험 중 런던 근교의 하이게이트Highgate 소재 아룬 델 Arundel 저택에서 1626년 4월 9일 폐렴으로 사망하였다.[10] 영국의 철학자이며 정치가로 알려진 베이컨은 데카르트와 더불어 근대 과학혁명을 위한 철학을 점화한 대표적 인물로 평가된다.

과학혁명을 이끄는 연구법 혁신

우리는 자연에서 살아야만 하는 한 생물 종이다. 사람을 지구 생태계의 부분으로 간주하는 것이 적절하지 않을지라도, 최소한 생물학적 관점에서는 충분히 이해되는 해석이다. 인간을 포함한 모든 생물은 자연에 종속되어 있기에 우리는 필연으로 자연을 분석하고 관찰하려는 본성을 갖고 있다고 베이컨은 말하였다. 그리고 사색을 통해 자연을 이해할 수 있으며 또 인류의 공익를 위해 그 결과를 사용해야 한다고 이야기 한다.

> 인간의 지성을 좀먹고 있는, 깊게 뿌리내린 우상과 잘못된 개념은 결국 진리를 향해 나아갈 인간 정신의 돌파구를 봉쇄한다. 설사 사람들이 그 돌파구를 찾았을지라도 그들이 애써 만든 우상과 잘못된 개념의 위협에 맞서 스스로를 지켜내지 않는 한 과학을 곤경에 빠뜨리게 된다.[11)]

우리는 어떻게 자연의 진리를 이해할 수 있을까? 관념론적 이론을 자연에 적용하여 여기에 부합하는 사례를 발견하여 명제의 참을 확인하는 연역적 접근은 논리적이지 않다고 베이컨은 비판하였다. 당시의 과학지식과 도구로서는 사물의 이치를 제한적으로 깨달을 수밖에 없었을 것이므로, 사물의 외적 형태와 변화하는 양태를 관찰하고 그 특성을 인식하여 이론화하는 경험적 귀납이 쉽지 않았을 것임에도 불구하고, 고대 그리스에서 시작된 자연철학이 17세기에 이르기까지 괄목할만한 성과를 내지 못한 원인에 대해 베이컨은 '인간의 지성이 진리에 접근하는 것을 방해하는 편견, 즉 4종류의 우상을 언급하였다.

> 우리 인간의 정신을 좀먹는 우상은 네 가지가 있다. 분류의 편의상

이름을 붙이겠다. 첫째는 종족의 우상Idols of the Tribe, 둘째는 동굴의 우상Idols of the Cave, 셋째는 시장의 우상Idols of the Market Place, 마지막으로는 극장의 우상Idols of the Theater이다.[12)]

'종족의 우상'은 인간의 "내재적 본성"을 의미하는 것으로서, 부족이나 종족에 따라서 서로 다른 양태를 나타내며, 지성과 감각 역시 참과 거짓을 구분하는데 오류를 범하여 사물 본래의 모습을 발견하지 못할 수 있다. 지상세계가 흙, 물, 공기, 불로 이루어졌고 완전함이란 구형이고 원운동의 실체라고 인식한 아리스토텔레스의 자연철학은 지극히 감각적이며 또한 주관적 판단이라고 베이컨은 비판한다. 자연계에서 우리는 얼마든지 서로 다른 형태와 성질을 갖고 있는 다양한 구성체들을 발견할 수 있다. 그는 감각은 기만성을 지니고 있으며, 즉각적인 것에 쉽게 반응하므로 유형의 물체 내부에서 조용히 작동하는 정기Sprit의 작용을 간과하는 원인이 될 수 있다고 해석하였다.[13)]사물의 이치를 깨닫는 실험의 결정은 감각의 몫이지만, 오직 실험을 통해서만 자연과 사물 자체를 판단하는 탐구방법을 제안하였다. 인간의 지성은 각 사물의 본질에 의미를 두기보다는 그 이상의 질서와 동등성이 존재한다고 생각하는 경향성으로 이견과 논쟁이 발생한다.[14)] 더욱이 지성은 거짓이 진실이 아니라는 것을 모르거나, 거짓을 참으로 조작하기도 하며, 심지어 거짓이라는 증거를 보여주어도 회피하려는 성향을 나타내는데, 이것은 인간이 소유한 오류 유전자라 할 수 있다. 이에 대하여 베이컨은 어떤 명제를 수립하기 위해서라면 부정적인 사례를 더욱 깊이 천착하는 것이 바람직하다고 주장하였다.

'동굴의 우상'은 '플라톤의 동굴'[15)]을 비유적으로 인용한 용어로서, 동굴 속에 갇힌 죄수(인간)는 자신들이 본 그림자와 들려오는 소리만을 실체(진리)로 확증하는 오류를 범한다는 것이다. 이 우상은 전적으로 개인의 정신과 육체에 담긴 고유한 본성으로부터 성장기 교육이나 습관 또는 우연히 자신의 내면에 자리한다. 이것은 과학이나 연구에 애착을 갖고 몰입해온 전문가에게서 흔히 나타나는 현상으로서, 전문분야에 대한 오랜 경험과 친숙함이 오히려 사물의 변화를 객관화하여 조명하지 못하게 하거나 경험으로 산출되어야 할 이론을 논리학에 종속하여 소모적인 논쟁거리로 전락시키는 과오를 범하기도 한다고 베이컨은 분석하였다. 그는 자연과학자는 중용의 관점으로 사물과 현상을 탐구해야 비로써 진리가 발견된다고 주장하였다. 이와 같은 과학 연구의 방법론은 21세기 과학혁명 특히 생명과학 분야의 발전에 어느 정도 기여했다고 평가될 수 있는 환원주의Reductionism적[16] 사고가 만들어낸 무수히 많은 오류에 대한 정확한 예견이었다. 따라서 자연탐구는 환원주의와 전일주의Holism적[17] 관점 모두가 적용되어야 하며, 미래 4차 산업혁명이 화두로 떠오르는 오늘날 베이컨은 2세기를 앞서는 과학철학을 예견했다고 할 수 있을 것이다.

'시장의 우상'은 언어를 매개로 사람과의 소통에서 발생되는 불통을 의미한다. 언어가 갖는 불완전성으로 우리는 자연현상 그 본질을 완전하게 표현할 수 없다. 이 글에서도 글쓴이가 나타내고자 하는 의지가 그대로 학습자에게 전달된다고 할 수는 없을 것이다. 잘못 사용된 언어로 불필요한 논쟁과 오해를 불러일으키는 경우는 일상에서 흔히 볼 수 있는 광경이며, 특히 사물의 자연 현상을 이해하기 위해 사용된 과학용어는 사물과 결합해서 지성을 혼란하게 하기도 한다. 아리스토텔레스의 자연철학에서 언급된 '부동의 운동자'와 같은 관념적으로 설정한 이론은 사람들을 현혹하는 우상이라고 베이컨은 설명하였다. 진리를 언어로 표현하더라도 그 본래의 뜻을 전하기란 매우 어렵기 때문에 자칫 궤변으로 변화되기도 하며, 불필요한 논쟁을 유발한다. 오히려 숫자와 기호로 기술한 수학적 표현이 혼돈을 불식시킬 수 있다. 세포(Cell 안에 존재하는 미토콘드리아Mitochondria를 우리는 세포내소기관Organelle이라고 부른다. cell과 organelle가 어떤 관계인지 배경지식을 접하지 않고서는 본래의 의미를 파악하기 쉽지 않을 것이다. 베이컨은 언어가 지성에 깊이 침투한 두 종류를 언급하였는데, 그 하나는 이름은 있으되 실체가 없는 경우이며, 다른 하나는 존재하지만 제대로 정의되지 않아 사물을 적절히 나타내지 못하는 경우이다.[18] 과거의 오류를 실험과 경험으로 도출된 결과를 토대로 정립된 이론만이 우상을 몰아내는 유일한 방법이라고 베이컨은 인식하였다.

'극장의 우상'은 잘못된 논증법으로 야기된 오류로 발생한 마음의 우상을 의미한다. 당시의 철학 체계를 경험을 기반으로 하지 않고 작가의 의지로 작성된 시나리오가 연극으로 구현되는 극장으로 비유하였고, 과거로부터 전수된 구태의 악습과 경솔함과 태만이 팽배한 과학적인 명제와 원리가 우상을 생성하였다고 간주하였다. 경험을 기반으로 생성하지 않은 결과를 자연철학에 적용하여 궤변을 출산하는 행태, 반면에 의도적 결과를 도출하기 위한 작위적 실험 환경의 조성 그리고 종교나 미신을 자연철학에 도입함으로써 사변적 논쟁을 불러일으키는 상황 등이 자연과학 발전을 저해하는 요인이다. 자연철학과 미신이 혼재하는 대표적 시대는 고대 그리스로서, 비록 그들의 자연을 관조하는 접근법이 인류 역사에 지대한 영향을 주었다 하더라도 중세 베이컨 시대에 이르기까지 과학적 정신에는 지속적으로 장애를 유발하였다. 베이컨은 과학의 논의에서 종교의 불개입을 주장하였고, 이를 통해 과학의 진보를 도모하고자 하였으며,[19] 그는 종교를 부정하는 것이 아니라, 인간에게 올바른 신앙은 건전하고 지혜로운 행위로 견지하였다.[20] 자연 탐구의 새로운 방법론을 제안한 베이컨은 과학의 진보를 위해 '이미 받아들인 고정 관념은 내려놓으며, 또한 실험으로 도출된 결과는 적당한 시기에 도달할 때까지 성급한 일반화를 하지 않는 일이다'라고 과학자가 갖추어야 할 덕목을 제안하였다. 사물을 관조하는 행태의 변이, 즉 정신활동을 방해하는 구태의 고정관념을 제거한다면 정신의 힘만으로 자연의 법칙을 해석하는 방식을 체득할 수 있을 것이라고 주장하였다.

베이컨이 생존했던 시대로부터 과거 2500년의 세월 가운데 인류 역사에서 과학이 융성했던 기간은 대략 600년 정도이며, 이 기간을 세 번의 과학 혁명적 시기로서 그리스 시대와 로마 시대, 그리고 17세기로 분류할 수 있으며, 과학의 진보가 더딘 이유로서 베이컨은 과학에 우호적인 기간이 짧았고, 지성과 학문이 발달했더라도 자연철학에 대한 사람들의 관심이 부족했으며, 마지막으로 수도원이나 재정이 충분한 귀족 등 연자의 부족이라고 하였다.[21] 식물 성장을 위해 지속적으로 양분이 공급되어야 하듯이 과학발전도 바른 지식의 축적과 계승, 명확한 목적(예를 들면 인류의 삶을 윤택하게 한다), 경험적 과학 탐구방법이 요구된다. 고대의 사상이 명리로 바뀌어 권위와 명예로 계승되는 사회에서 감각의 대상인 사물과 질료에 대한 실험 결과는 사색의 대상으로 평가되기에는 저급하다고 취급되어왔지만,[22] 17세기 발견된 자연법칙과 과학탐구방법은 과학혁명의 틀을 형성하고, 또한 인문사회학과 철학의 진보를 꾀하기에 충분하다.

프란시스 베이컨의 유산

영국의 경험론의 선구자로서 당대의 데카르트와 더불어 근대 철학의 개척자로 알려진 프란시스 베이컨은 17세기 스콜라적 편견으로 점철된 우상을 자연탐구의 최대 장애물로 간주하였다. 자연과학과 기술의 발전을 위해 경험과 감각을 이용한 객관적 탐구를 중요하게 여겼으며, 사물을 대상으로 철저한 실험을 통해 근본원리를 규명하는 귀납법이 유일한 학문의 방법이라고 주장하였다. 자연의 참된 진리는 실험을 통한 경험적 지식으로 이해되는 것이며, 도구와 방법을 개선하면서 지속적으로 시도하면 학문은 저절로 발전한다고 역설하였다.

그의 귀납적 과학 탐구법은 19세기 박물학 수준의 생물학을 거대한 담론의 중심으로 부각된 찰스 다윈의《종의 기원》을 탄생시켰다. 인류의 역사에서 과학문명이 도약 발전할 때마다 인류는 삶이 개선되었고 사회는 진보의 궤적을 남겼다. 아리스토텔레스의 자연철학이 베이컨의 손을 거쳐 훌륭한 도구로 제작되어 21세기 스티브 잡스Steven Jobs, 1955-2011의 스마트폰 기술혁명으로도 구현되어 전 세계 사람들이 고립되지 않으며 서로 소통하면서 공의를 공유하는 세상이 되었다. 미래 과학혁명Scientific revolution은 궤적은 어떤 모습일까? 중용의 마음으로 정직하게 자연을 경험적으로 탐구하는 베이컨의 귀납적 사고는 미래 과학에서도 결실을 맺을 것이다.

베이컨은 후대의 연구자를 위해 '위대한 발견은 가장 탁월한 인간의 행위이다. 발견의 혜택은 인류 전체를 위한 것이며, 새로운 창조와 다름이 없는 신의 사업을 모방하는 작업이다'라고 독려하였으며, '신이 선물로 준, 자연에 대한 인류의 지배력을 회복하고 그 힘을 제대로 행사하기 위해서는 올바른 이성과 진실한 신앙의 인도를 받아야 한다.' 라고 전했다.

토론 주제

- 중세 마틴 루터의 종교개혁이 근대 인문철학 및 과학에 어떤 영향이 주었는지 토의해보자.
- 과학 이론과 신학자의 교리가 충돌할 때, 근대 자연과학자는 어떤 선택을 하였는지 토의해 보고, 자신에게도 적용해 보자.
- 프란시스 베이컨은 왜 '아는 것이 힘이다'라고 말했는지 토의해 보자.
- 과학에서 사용되는 귀납법은 개개의 관찰 결과를 바탕으로 보편적 원리를 도출해내는 방법이며, 연역법은 객관적 원리로부터 개별 사례를 도출해내는 법이다. 이 둘을 예를 들어 토의해보자.
- 근대 철학에 수리학 이론이 도입되면서 나타난 현상에 대해 토의해보자.
- 환원주의적 관점으로 자연을 연구한 결과를 대상으로 오류를 찾아보고, 그 원인을 토의해보자.
- 19세기 과학혁명이 근대사회를 이룩하였듯이 지금도 지속되는 과학기술 개발이 미래사회를 어떻게 전개할지 토의해보자.
- 과학자가 가져야 할 덕목은 어떤 것인지 토의해보자.
- 베이컨과 데카르트는 인공지능(Artificial intelligence)을 어떻게 평가할지 토의해 보자.
- 과학 이론을 타인에게 표현하는 데는 여러 방법(언어, 수학 기호, 영상 등)이 있다. 각각의 장단점을 토의해 보고, 또 어떤 방법이 있는지 생각해 보자.

더 읽을 거리

- 토마스 S. 쿤, 《과학혁명의 구조》, 김명자 역, 까치글방, 2010
- 아리스토텔레스, 《형이상학(Metaphysics)》, 한석환 역, 지식을만드는지식, 2011
- 김성환, 《17세기 자연철학》, 그린비, 2008
- 르네 데카르트, 《방법서설》, 이현복 역, 문예출판사, 2010

주

1) Zhen Liu et al., Cloning of Macaque Monkeys by Somatic Cell Nuclear Transfer. Cell 172: 1-7, February 8, 2018

2) 형이상학(Metaphysics), 아리토텔레스, 한석환 역, 지식을만드는지식 2011, 29쪽

3) 이데이론(Theory of ideas): 이데아는 현상 세계 밖의 세상이며 이데아는 모든 사물의 원인이자 본질을 의미한다.

4) 형이상학(Metaphysics), 아리토텔레스, 한석환 역, 지식을만드는지식 2011, 30쪽

5) 사원인: 아리스토텔레스는 사물이 운동하고 변화하는 것은 4가지 원인 때문이며, 이것은 질료인(재료), 형상인(형태), 작용인(변화), 목적인(존재의 목적)으로 해석하였다. 질료인은 대상이 어떤 재료로 구성되었는가를 나타낸다. 책상의 재료는 나무가 된다. 행동을 나타내는 용어가 아니며, 어떤 특정한 것이 다른 것보다 우위에 위치하는 것 또한 아니다. 책상은 나무로 되어 있기 때문에 책상이 있는 것이다. 형상인은 그 대상의 정의, 형태 또는 특성을 나타낸다. 즉 책상은 책상의 모양을 띄고 있기 때문에 존재한다. 작용인은 변화를 유도하는 원인은 존재하기 때문이다. 즉 질료와 형상으로 변화가 나타난다. 책상은 어떤 목수가 이 책상을 만들었기 때문에 있는 것이다. 목적인은 사물의 존재하는 목적에 관한 것이며, 여기서 말하는 목적은 목적성을 띠거나 그렇지 않은 것 모두를 포함한다.

6) 부동의 원동자: 우주 변화의 4 요인(질료인, 형상인, 작용인, 목적인)중에서 변화를 이끄는 목적인에 해당되며, 변화는 신과 닮아가는 과정이다. '존재하는 것'으로서의 '존재하는 것'을 고찰하는 일, 즉 그것의 '그것 됨'과 그것이 '존재하는 것'인 한에서 '존재하는 것'에 속하는 속성을 고찰하는 일은 모두 그것이 해야 할 일일 터이다. 형이상학(Metaphysics), 아리토텔레스, 한석환 역, 지식을만드는지식 2011, 제일철학 125쪽-129쪽

7) 이원론(Dualism): 정신적인 실체의 본성은 사유하는 것이며 물질적인 실체의 본성은 정신의 연장된 것이다.

8) 17세기 자연 철학, 김성환, 그린비, 2008, 109-110쪽

9) https://en.wikipedia.org/wiki/Francis_Bacon

10) 베이컨 《신기관》, 철학사상 제7권, 제12호, 2006, 1-11쪽

11) 《신기관》 프란시스 베이컨, 김홍표 역, 지식을만드는지식, 2014, 14쪽

12) 《신기관》 프란시스 베이컨, 김홍표 역, 지식을만드는지식, 2014, 14쪽

13) 《신기관》 프란시스 베이컨, 김홍표 역, 지식을만드는지식, 2014, 22쪽

14) 《신기관》 프란시스 베이컨, 김홍표 역, 지식을만드는지식, 2014, 15쪽

15) 동굴에 갇힌 죄인(인간)은 동굴 속에 켜진 촛불로 인해 벽에 비추인 그림자를 실체(진리)로 간주한다는 비유

16) 환원주의(Reductionism): 철학에서 복잡하고 높은 단계의 사상이나 개념을 하위 단계의 요소로 세분화해야 정의할 수 있다고 주장하는 견해로서, 예를 들면 숲을 구성하는 각종 식물들을 연구하는 방법.

17) 전일주의(Holism): 사물과 현상을 구성요소의 합계가 아니라, 하나의 통합된 전체로 이해해야 한다는 관점이며, 예를 들면 숲을 보는 연구법을 의미한다.

18) 《신기관》 프란시스 베이컨, 김홍표 역, 지식을만드는지식, 2014, 27쪽

주

19) 《신기관》 프란시스 베이컨, 김홍표 역, 지식을만드는지식, 2014, 30-31쪽

20) 베이컨 《신기관》, 철학사상 제7권, 제12호, 2006, 60쪽

21) 《신기관》 프란시스 베이컨, 김홍표 역, 지식을만드는지식, 54쪽

22) 《신기관》 프란시스 베이컨, 김홍표 역, 지식을만드는지식, 58-61쪽

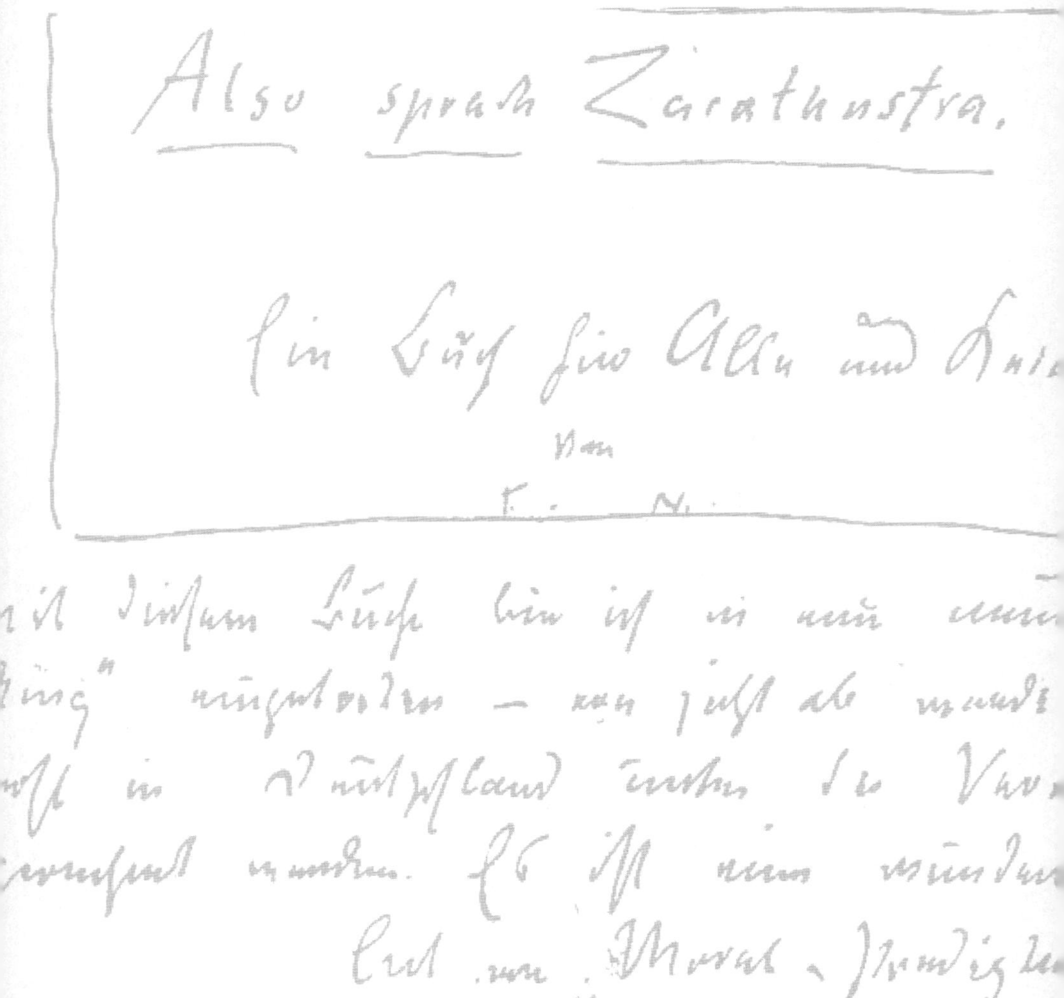

2부

우리들이 사는 세상읽기

1

역사의 의미

E. H. 카 《역사란 무엇인가》

WHAT IS HISTORY?

The George Macaulay Trevelyan Lectures
delivered in the University of Cambridge
January–March 1961

by

EDWARD HALLETT CARR
Fellow of Trinity College

역사의 의미

| 과거와 미래의 대화

성백용

1981년의 부림사건 재판을 다룬 영화로 몇 해 전에 개봉한 <변호인>에는 E. H. 카의《역사란 무엇인가》라는 책을 놓고 불온서적이라고 주장하는 검찰 측과 항변하는 변호인이 법정 공방을 벌이는 장면이 나온다. 이 장면은 당시 이 책이 우리 사회에서 어떻게 읽히고 받아들여졌는지를 잘 보여준다.

E. H. 카는 직업 외교관, 국제정치학 교수, 언론인, 연구원 등으로 활동했지만, 역사학 박사학위를 받거나 사학과 교수로 재직한 적은 없었다. 이런 독특한 경력의 늦깎이 역사학자가 쓴 책이 전 세계적으로 가장 많이 읽히는 역사학 입문서가 되었다는 것이 의외로 여겨질 수도 있겠지만, 어찌 보면 그의 다양한 경력과 특히 격동기의 국제정치 무대에 서 활약한 경험이 역사의식과 철학을 넓고 깊게 해주었을 것이다. 또한 길지는 않았지만 언론인으로 활동한 경험과 재치 있는 화법은 독자 대중의 흥미와 공감을 북돋는 밑거름이 되었을 것이다.

책이 출판된 1961년 무렵의 시대 분위기도 이 책의 성공에 큰 몫을 했다.

1960년대 서구는 진보적인 정치 풍토가 확산되고 대학의 양적 팽창과 아울러 '68년 혁명'으로 분출하게 될 청년·지식인층의 기성 문화에 대한 불만과 사회변혁에 대한 열망이 꿈틀대던 시기였다.[1] 역사의 진보를 확신하며 미래 세대를 위한 현 세대의 헌신을 요청하는 그의 실천적 역사관은 변혁을 꿈꾸는 청년·지식인들에게 열렬한 지지를 받았다. 영화 <변호인>의 피고들과 같은 청년운동가들만이 아니라 대다수 대학생과 지식인에게 이 책이 교양 필독서로 회자된 이유도 역사의 진보에 대한 저자의 확고한 신념 때문이었을 것이다.

영화 <변호인>에서 E. H. 카의《역사란 무엇인가》를 놓고 법정 공방을 벌이는 장면.

하지만 필자가 보기에 이 책이 역사학 입문서로서 오늘날에도 여전히 인기를 끄는 비결은 역사에 관한 아주 오래되고 핵심적인 논쟁들을 두루 다루면서 저자 자신의 견해를 매우 명료하게 제시한 데 있는 것 같다. '역사'라는 말은 과거에 일어난 일(事) 자체를 의미하는 동시에 그에 대한 탐구·기술(史)을 의미한다.[2] 이를테면, 경제/경제학, 정치/정치학, 사회/사회학 등의 구별과 달리 '역사'라는 말은 역사와 역사학을 모두 가리킨다. 이 같은 역사의 이중적 의미로부터 역사의 객관성과 주관성, 문학성과 과학성, 우연과 필연 등 역사학의 가장 근본적인 논쟁들이 비롯되었다고 해도 과언이 아니다. E. H. 카는 이렇듯 복잡하고 까다로운 역사학의 난제들에 대해 능란한 솜씨와 통찰력에 확고한 신념을 더하여 명쾌하게 이야기를 풀어나간다. 바로 이 점이 이 책을 현대의 고전 가운데 하나로 만든 비결일 것이다.

E. H. 카의 생애와 저술

에드워드 할렛 카Edward Hallet Carr는 이른바 '빅토리아 시대'가 저물어가던 1892년 런던의 전형적인 중산층 가정에서 태어나고 자랐다. 케임브리지 트리니티 칼리지를 졸업하고 그가 선택한 진로는 외교관이었다. 제1차 세계대전과 그 이후 국제정세의 격동기에 20년 동안 외교관으로 근무하면서 그는 국제관계 및 정세에 자연히 관심을 갖게 되었고, 특히 라트비아 주재 영국 공사로 활동하면서 관심을 기울인 러시아 문화・역사에 대한 연구와 저술에 열을 올렸다.[3)] 제2차 세계대전 직전인 1936년 외무부를 떠난 카는 웨일즈대학 국제정치학 교수로 있다가 1945년 사직하고 이후 1982년 아흔 살에 작고하기까지 여생을 러시아사 연구와 저술에 바쳤다.[4)]

아마도 자본주의 체제에 대해 비판적 입장이었던 카는 1917년 러시아 혁명을 통해 등장한 소비에트 체제의 실험에서 역사의 진보에 대한 희망의 단서를 보았던 듯하다. 1944년부터 30여 년에 걸쳐 총 14권으로 저술한《소비에트 러시아의 역사》History of Soviet Russia에서 그는 1917년 러시아 혁명을 민중의 자발성과 레닌의 효과적인 리더십이 이뤄낸 아래로부터의 혁명으로 해석했으며, 스탈린 시대의 경이로운 경제개발, 제2차 세계대전에서 나치의 야욕을 저지한 소련의 영웅적 희생 등을 높이 평가했다. 스탈린의 독재와 대숙청으로 표출된 테러 정치에 한때 실망을 표하기도 했지만, 농업 집단화 정책을 비롯하여 스탈린 시대의 성과에 대한 그의 긍정적 평가는 냉전 논리에 휩싸인 시대에 반소비에트 진영의 야유와 비난을 면치 못했으며, 심지어 "스탈린을 교묘하게 표백하는 사기꾼"이라든가 순진한 대중을 현혹하는 "지적 범죄자"라고 매도당하기도 했다. 반면, 폴란드 출신의 망명객으로 소비에트 체제에 대한 공감을 나누며 그와 친밀하게 교우하던 아이작 도이처Issac Deutscher에게서 카는 "소비에트 체제에 대한 최초의 진정한 역사가"라는 찬사를 받았고, 자본주의 사회에 대해 비판적 거리를 두고자 했던 진보적 지식인들 사이에서 편협한 냉전 이데올로기에서 벗어나 소비에트의 실험에 대한 객관적 평가를 시도한 역사가로 호평을 받았다.

하지만 그에게 대중적인 명성을 안겨준 것은 역시 이 글에서 다루는 《역사란 무엇인가》라는 책이었다. 이 책은 본래 1961년 1월부터 3월까지 케임브리지 대학에서 진행한 트리벨리언 강좌의 강연 내용을 펴낸 것이다.[5] 역사(학)의 본질을 진지하게 묻고 성찰하는 이 책에서 카는 역사의 진보에 대한 확고한 신념을 피력하여 불안하고 암울한 현실의 극복을 모색하던 많은 지식인과 젊은이들에게 미래에 대한 희망과 확신을 불어넣었다. 여하튼 이 책은 일반 대중은 물론 역사학자들에게조차 흔히 따분하고 어려운 책으로 여겨지던 역사 이론서로는 보기 드물게 대단한 인기를 끌었다. 《역사란 무엇인가》가 출판되고 40주년이 되는 2002년, 이 책의 성과와 그간 역사학의 변화를 평가하는 책—《오늘날 역사란 무엇인가》What is History Now?, 한글 번역본의 제목은 《굿바이 E. H. 카》—가 출판될 정도였고,[6] 멀리 갈 것도 없이 국내에서만 이 책의 번역본이 이미 10여 종을 넘어섰다.[7] 여하튼 이 책은 오늘날 역사학계는 물론 지식 대중 사이에 가장 널리 읽히고 또 공감을 얻은 입문서이자 현대의 고전 가운데 하나로 자리를 잡았다. 그럼 저자의 시각과 사유를 좇아서 '역사란 무엇인가?'에 관한 이 책의 논의를 곱씹어보기로 하자.

역사란 무엇인가?

역사가와 그의 사실[8]

카의 역사관이 가장 압축적으로 표현된 곳은 바로 제1장 '역사가와 그의 사실'이다. 첫머리에서 카는 언젠가 과거에 대한 '완전한 역사'가 가능할 것이라는 액턴Lord Acton과 이런 기대에 대해 회의를 표명한 조지 클라크George Clark 경의 발언을 예로 들면서, 역사 기술의 객관성에 관한 오래된 두 가지 대립하는 시각을 논의한다. 먼저, 객관적 실증주의로 일컬어지는 상식적인 시각은 역사가의 임무란 단지 '그것이 실제로 어떠했는가'를 보여주는 것, 다시 말해 역사가 자신을 지워버리고 '사실들이 스스로 말하게 하라'는 랑케Leopold von Ranke의 유명한 말로 대변된다. 확실하고 엄밀한 사실들을 밝혀 모아놓으면 언젠가 완벽한 과거의 진상이 드러나리라는 액턴의 기대는 이 같은 신념에서 나온 것이다. 하지만 카는 19세기 실증주의에서 나온 이 같은 역사관을 순진한 사실 숭배로, 더 정확히 말하면 사실의 근거가 되는 문서(사료)에 대한 숭배로 치부한다. 무릇 역사적 사실이란 역사가와 무관하게 스스로 말하는 것이 아니라 역사가가 그것을 불러낼 때 비로소 말을 한다는 것이다. 말하자면 그것은 그 안에 무엇인가를 집어넣어야만 바로 설 수 있는 부대자루 같은 것이다.

역사란 객관적으로 존재하는 과거의 역사적 사실을 발견해내는 것이라고 본 랑케의 정반대 편에는 역사가가 역사를 만들어내는 것이라고 생각하는 학파가 있다. 예컨대, "모든 역사는 현대사"라고 주장한 크로체Benedetto Croce의 말은 현재를 살아가는 역사가의 눈을 통해 과거의 역사가 재구성된다는 뜻이며, "모든 역사는 사상의 역사"라는 콜링우드Robin G. Collingwood의 말은 역사란 곧 역사가의 사유를 통한 주관적 구성물이라는 뜻이다. 카는 주관적 상대주의로 불리는 이러한 시각에서 몇 가지 중요한 교훈을 끌어낸다. 먼저, 사실이 역사가에 의해서 선택되고 해석되는 만큼 사실에 대한 연구에 앞서 역사가를 연구해야 한다는 것이다. 둘째, 역사가는 자신이 다루고 있는 사람들의 마음과 행위의 의도를 상상을 통해 이해할 필요가 있다는 것이다. 그리고 셋째로, 우리는 현재의 눈

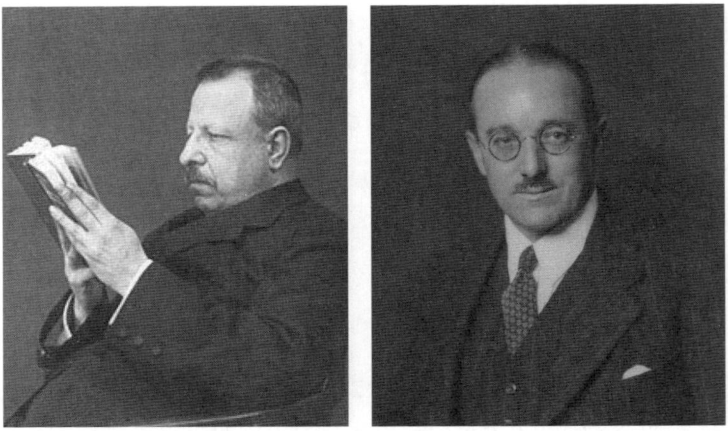

베네데토 크로체(1866-1952)와 로빈 콜링우드(1889-1943). 이들은 랑케 류의 실증주의 역사학을 비판하며 역사가의 주관적 개입을 강조했다.

을 통해서만 과거를 들여다볼 수 있고 이해할 수 있으며, 역사가 또한 그가 속한 시대의 가치관에 영향을 받을 수밖에 없다는 것이다.

하지만 역사가의 해석을 강조하는 이 같은 상대주의적 역사관에 대해 어느 정도 공감을 표하면서도 카는 이에 대해 일정한 거리를 둔다. 그에 따르면, 이러한 입장은 역사란 사실들을 짜깁기하는 데 지나지 않는다는 견해—이른바 '가위와 풀의 역사'—에 반발한 나머지 반대쪽으로 너무 멀리 나아가, 역사를 인간의 두뇌에서 직조한 것으로 보는 위험한 극단으로 다가가게 된다. 이는 결국 "객관적인 역사적 진리란 존재하지 않는다"는 회의주의적 결론에 이르거나 현실의 문제를 해결하는 데 얼마나 유효한가에 따라 역사 해석의 타당성을 평가하는 실용주의적 태도에 빠지게 된다는 것이다.

이렇듯 과거-사실-객관성에 무게중심을 두는 한편의 견해와 현재-해석-주관성에 무게중심을 두는 다른 한편의 견해, 이 두 견해에 모두 거리를 두면서 카는 그 양극단 사이의 가운데 길을 모색한다. 역사란 바로 현재와 과거, 역사가와 그의 사실들 사이의 대화라는 것이 마침내 그가 도달한 절충적 결론이다.

> 역사가는 그의 사실들의 비천한 노예도 아니고 난폭한 지배자도 아니다. 역사가와 그의 사실의 관계는 평등한 관계, 주고받는 관계이다. […] 역사가는 자신의 해석에 맞추어 사실을 빚어내고 또한 자신의 사실에 맞추어 해석을 빚어내는 끊임없는 과정에 종사한다. 둘 중 어느 한쪽을 우위에 두는 것은 불가능하다. […] 역사가와 역사의 사실은 서로에게 필수적이다. 자신의 사실을 갖지 못한 역사가는 뿌리가 없는 쓸모없는 존재이다. 자신의 역사가를 갖지 못한 사실은 죽은 것이며 무의미하다. 따라서 '역사란 무엇인가?'라는 질문에 대한 나의 첫 번째 대답은, 역사란 역사가와 그의 사실들의 지속적인 상호작용 과정, 현재와 과거 사이의 끊임없는 대화라는 것이다.

그런데 역사가와 그의 사실, 현재와 과거 사이의 대화는 고립된 개인들 사이에 이루어지는 것이 결코 아니다. 모든 개인의 의식과 의식에서 나온 행동은 모두 역사와 그가 속한 사회의 산물이다. 이런 관점에서 흔히 말하는 영웅사관은 허황된 것이다. 역사가가 과거의 특정한 개인을 연구할 때, 이는 그 개인 자체에 대한 관심 때문이 아니라 그 개인을 통해서 그가 살았던 시대와 사회, 또는 그가 대표하는 사회 집단이나 세력을 이해하려는 것이다. 역사가 또한 고립된 개인이 아니라 그가 속한 시대와 사회의 자녀이며, 사실의 해석에 바탕이 되는 그의 가치관 자체가 그가 처한 역사적 · 사회적 배경에 뿌리를 두고 있다. 그래서 카는 역사를 연구하기에 앞서 역사가를 연구하라는 앞서의 말에 덧붙여, 역사가를 연구하기에 앞서 그의 역사적 · 사회적 환경을 연구하라고 말한다.

이렇듯 과거의 사실과 현재의 역사가가 모두 그 사회의 산물이므로, 앞서 말한 역사가와 그의 사실 사이의 상호작용, 즉 현재와 과거 사이의 대화는 "추상적이고 고립적인 개인들 사이의 대화가 아니라 오늘의 사회와 어제의 사회 사이의 대화"인 것이다.

역사는 과학이다[9)]

이 책이 다루는 또 한 가지 중요한 주제는 역사라는 학문의 성격에 관한 것이다. 역사학이 문학이냐 과학이냐 하는 것은 아주 오래된 논쟁 가운데 하나이다. 톨스토이의 《전쟁과 평화》는 나폴레옹의 러시아 원정과 그 당시 러시아 귀족 사회의 면면을 그 어떤 역사서보다 더 생생하게 보여준다. 이처럼 역사 지식을 얻는 데 대하소설이나 사극이 역사서보다 더 유익한 경우가 다반사이고, 또 역사서에도 역사가의 상상력이 개입할 수밖에 없는 까닭에, 역사와 문학의 경계가 생각만큼 그리 분명한 것은 아니다. 아닌 게 아니라 픽션과 논픽션의 경계는 점점 더 흐릿해지고 있다.

여하튼 카는 역사는 과학임을 애써 변론하다. 그는 역사는 과학이 아니라는 반론을 다섯 가지로 요약하고, 이에 대해 다시 반론을 편다. 역사의 과학성을 부정하는 다섯 가지 반론이란 (1) 역사는 오로지 특수한 것만을 다루는 반면에 과학은 일반적인 것을 다룬다; (2) 역사는 교훈을 가르치지 않는다; (3) 역사는 미래를 예측할 수 없다; (4) 역사는 사람이 그 자신을 관찰하는 것이므로 주관적일 수밖에 없다; (5) 역사는 과학과는 달리 종교와 도덕의 문제를 포함한다는 것이다.

먼저, 역사가 특수한 것만을 다루며 일반화와 무관하다는 것은 카가 보기에 몰상식에 불과하다. 역사가는 언어를 사용한다는 점 때문에 과학자와 마찬가지로 일반화를 하지 않을 수 없다는 것이다. 이를테면 제1차 세계대전을 '제국주의 전쟁'으로 규정하거나 이 기간에 러시아에서 일어난 정치적 변혁을 '볼셰비키 혁명'으로 규정할 때 그는 이미 일반화하고 있는 것이다. 더 나아가 그는 "역사는 일반화를 먹고 자라는 것"이라고 반박한다. 해석의 주체인 역사가와 해석의 대상인 사실을 분리할 수 없듯이 특수한 것과 일반적인 것 또한 분리할 수 없는 것이며, 역사는 그 둘 사이의 관계를 다룬다는 것이다.

역사가 일반화를 부정하고 특수한 것만을 다룬다면, 당연히 거기에는 어떠한 교훈도 있을 수 없고, 미래를 예측하기도 불가능할 것이다. 역사가 어떠한 교훈도 주지 못한다는 주장은 우리가 어떤 행동이나 선택을 할 때 과거의 경험에 영향을 받기 마련이라는 상식에 비추어 봐도 쉽게 논박할 수 있다. 역사가 미래를 예측할 수 없다는 주장 또한 오해의 산물이다. 이것은 동일한 조건에서 동일한 결과가 나타나는 자연계의 법칙과 수많은 우연과 변수가 끼어들기 마련인 인간 사회의 법칙을 혼동하는 것이나 다름없다. 물리 현상조차도 인위적으로 조작된 실험실에서나 예측대로 나타날 뿐이지, 일기예보가 그렇듯이 실제로는 여러 우연과 변수에 좌우되기 마련이다. 하물며 인간 사회라면 더 말할 나위가 없다. 카도 비슷한 예를 들고 있지만, 만일 이러이러한 조건에서 혁명이 일어날 가능성이 크다고 예측이 된다면, 그러한 조건에 처한 나라의 국민 사이에서는 혁명에 대한 기대가 커질 것이며, 반대로 그 정부는 이런 상황을 피하기 위해 온갖 노력을 기울일 것이다. 과거의 선례는 사람들의 행동이나 선택에 교훈으로 작용하며, 바로 그런 이유로 비슷한 조건에서 반드시 비슷한 결과가 일어나리라고 예측할 수 없는 것이다. 카는 여기에 한 가지 단서를 덧붙인다. "역사에서 배운다는 것은 결코 일방적인 과정이 아니다. 과거에 비추어 현재를 배운다는 것은 또한 현재에 비추어 과거를 배운다는 것을 의미한다. 역사의 기능은 과거와 현재의 상호 관계를 통해서 그 둘 모두에 대한 보다 깊은 이해를 진전시키는 데 있다."

역사의 객관성을 부정하는 네 번째, 다섯 번째 반론에 대해서도 카는 그것이 역사학이나 사회과학 전반의 본성에 대한 몰이해에서 비롯된 것이라고 반박한다. 역사가와 그의 사실, 바꿔 말하면 관찰하는 주체와 관찰되는 객체 사이의 끊임없는 상호작용이야말로 역사와 사회과학의 고유한 특징임에도 불구하고, 주체와 객체의 엄격한 분리를 전제로 하는 편협한 인식론은 인간 사회에 관한 어떠한 지식 이론과도 양립할 수 없다. 역사가 과학과 달리 종교와 도덕의 문제를 포함한다는 주장에 대해서 카는 역사적 해석은 물론 도덕적 가치판단을 포함할 수밖에 없지만, 그것은 역사를 초월하는 절대적이고 추상적인 가치가 아니라 그 자체가 역사의 산물로서 역사적 상황에 따라 그 구체적 내용이 변하는 것이라고 말한다.

이렇듯 인문학과 과학을 엄격히 구별하려는 낡은 편견들에 맞서, 카는 과학자와 역사학자가 모두 인간과 환경에 관해 연구함으로써 환경에 대한 인간의 이해와 지배를 증진하려는 같은 목표를 추구하며, 끊임없이 질문을 던지고 가설을 세우며 그에 대한 설명을 찾아내는 절차 역시 같다는 점에서 역사와 과학이 본질적으로 다르지 않다고 역설한다.

역사의 과학성은 "왜?"라는 질문, 즉 인과관계의 추구에서 잘 나타난다. 카가 보기에 "역사 연구는 원인에 관한 연구이다." 그는 역사의 인과론에 관한 두 가지 극단적 오류, 즉 헤겔이 말한 '이성의 간계(奸計)'처럼 어떤 보이지 않는 손이나 필연성으로 설명하는 결정론과 '클레오파트라의 코'라는 표현처럼 모든 것을 인간의 자유의지나 우연의 산물로 설명하는 반(反)결정론을 모두 거부하면서, "역사가와 그의 원인의 관계는 역사가와 그의 사실의 관계와 똑같이 이중적이고 상호적인 성격을 갖는다"고 말한다. "원인은 역사과정에 대한 역사가의 해석을 결정하며, 거꾸로 그의 해석은 원인의 선택과 배열을 결정한다." 요컨대 "원인들의 상대적인 중요성을 가려내는 것이 역사가의 해석의 본질이다." 이를 설명하기 위해 한 가지 흥미로운 보기가 등장한다.

> 파티에서 평소보다 술을 좀 더 마신 존스는 나중에 브레이크에 결

> 함이 있는 것으로 판명된 차를 몰고 돌아오다 거의 앞을 분간할 수 없는 길모퉁이에서, 마침 그 길모퉁이에 있는 가게에서 담배를 사러 길을 건너던 로빈슨을 치어 죽였다. 혼란이 수습된 후, 우리는 […] 모여서 사고의 원인을 조사하게 된다. 그것은 운전자가 반쯤 취한 상태였기 때문이었는가? 그럴 경우 형사소추가 가능할 것이다. 아니면 결함이 있는 브레이크 때문이었는가? 그럴 경우 일주일 전 그 차를 정밀검사한 정비소에 대해 무언가 책임을 물을 수 있을 것이다. 아니면 컴컴한 길모퉁이 때문이었는가? 그럴 경우 도로를 관리하는 당국이 그 문제에 주의를 기울이도록 요구받을 것이다. 우리가 이런 실제적인 문제들을 논의하고 있는 동안, 두 유명인사가 방으로 불쑥 들어와서는 우리에게, 만일 그 날 밤 담뱃갑에 담배만 있었던들 로빈슨은 그 길을 건너지 않았을 것이며, 따라서 죽지도 않았을 것이다. 그러므로 로빈슨이 담배를 피우고 싶어 한 것이 죽음의 원인이었다[…] 라고 대단히 유창하고 설득력 있게 말하기 시작한다. 자, 우리는 어떻게 해야 할까?

여기서 합리적 원인과 우연적 원인을 가려내는 기준은 우리가 어떤 목적으로 원인을 조사하는가에 달려 있을 것이며, 여기에는 가치판단이 개입하기 마련이다. 역사가의 가치판단과 인과관계에 대한 그의 설명, 그의 해석이 서로 밀접하게 맞물려 있는 것이다. 카가 말하는 역사에서의 객관성 또한 사실의 객관성이 아니라, 역사가가 지향하는 목적과 그가 선별한 원인들 사이의 관계, 바꿔 말해서 사실(과거)과 역사가의 해석(현재) 사이의 관계에서 나타나는 객관성이라고 할 수 있다.

역사는 진보한다[10)]

역사가 진보한다는 거대담론은 근대의 산물이다. 잘 알려져 있다시피, 서양 고대에는 역사가 반복된다는 순환사관이, 중세 기독교 사회에서는 세상이 최후의 심판을 향해 가고 있다는 종말론적 사관이 지배했다. 근대 이전까지 사람들이 동경하는 황금시대의 유토피아는 아주 먼 옛날에 있었다. 말하자면 머리를 뒤로 돌린 채 사람들은 시간에 떠밀려 앞으로 나아가고 있었던 셈이다. 인간이 역사를 끌고 나가는 주체이며 인간의 이성에 의해 역사가 진보한다는 인간 중심의 진보론은 계몽주의 시대 이르러서야 서구의 지배적인 이데올로기가 되었다.

카 또한 이러한 계몽 이데올로기의 자녀임에 틀림없다. 그는 역사에는 아무 의미도 없으며 그저 되는대로 움직인다고 생각하는 허무주의적 태도를 거부하며, 반대로 역사란 본질적으로 변화이고 운동이며 진보임을 확신한다. 하지만 신의 섭리나 헤겔이 말하는 '세계정신'처럼 역사 밖에 존재하는 어떤 초월적인 힘이나 추상적이고 보편적인 법칙에 따라 나아가는 역사, 이른바 '대문자 H로 시작하는 역사History'를 믿지는 않는다. 역사의 진보는 어떤 분명한 출발점에서 종착점으로 가는 것이 아니며, 빗나가거나 퇴보하거나 중단이 없이 일직선으로 또 한결같은 걸음으로 나아가는 것도 아니다.

그럼 무엇을 향해 나아가는 것인가? 그에 따르면, 우리는 미리 주어진 목적들을 향해 나아가는 것이 아니라 우리가 그에 다가감에 따라 비로소 분명히 드러나고 그 타당성이 입증될 수 있는 그런 목표들을 향해 끊임없이 나아갈 뿐이다. 진보에 대한 믿음은 "결코 어떤 자동적이거나 필연적인 과정을 믿는다는 것이 아니라 인간 잠재력의 점진적인 발전을 믿는다는 뜻이다." 그래서 그는 역사란 '과거와 현재의 대화'라는 자신의 정의를 다시 고쳐 말한다.

> 네이미어Lewis Namier는[…] 역사가들은 "과거를 상상하고 미래를 기

억한다"고 말한다. 오직 미래만이 과거를 해석하는 열쇠를 제공할 수 있다. 그리고 오직 이런 의미에서만 우리는 역사에서의 궁극적인 객관성을 말할 수 있다. 과거가 미래에 빛을 비추고 미래가 과거에 빛을 비춘다는 것이야말로 역사를 정당화해주는 동시에 역사를 설명해주는 것이다. […] 그러므로 지난번 강연에서 역사를 과거와 현재의 대화라고 말했지만, 나는 오히려 역사란 과거의 사건들과 우리가 앞으로 나아감에 따라 하나씩 모습을 드러내는 미래의 목적들 사이의 대화라고 말했어야 했다.

진보를 신봉하는 만큼 카는 미래를 낙관한다. 그가 진보의 내용으로 생각한 것, 즉 "인간 자신을, 따라서 인간의 환경을 이해하고 통제하는 인간 능력의 증대"는 그가 살았던 시대의 분명한 현실로 보였다. 예컨대, 자유방임이나 시장 법칙에 내맡겨졌던 경제는 사회의 의식적 개입에 의해 관리·통제될 수 있다고 믿게 되었으며, 인구조차도 스스로 조절 가능한 문제가 되었다는 것이다.

진보의 기록인 역사, 학문으로서의 역사는 또한 '진보하는 과학'이기도 하다. 사실의 변화는 가치의 변화를 이끌어내고, 거꾸로 가치의 변화는 새로운 질문을 던지게 하며 그에 따라 새로운 사실들을 발견하도록 이끌 것이다. 역사의 진보는 이렇듯 사실과 가치의 상호의존과 상호작용을 통해 이루어진다. 카가 예로 든 것처럼, 법적·정치적 권리의 확보가 관건이었던 시대에는 제도사·정치사가 큰 비중을 차지했지만, 이 같은 기본권이 성취되고 경제적·사회적 복지가 관건이 된 시대에는 사회경제사의 시각이 중시되었다는 것이다. 최근 들어 젠더와 소수집단의 역사에 대한 연구라든가 환경·생태의 관점에서 과거 사회를 해석하려는 시도가 활기를 띠는 것 역시 그간 사회의 진보와 그에 따른 가치관의 변화를 반영하는 것이다.

요컨대 카에게 진보는 액턴의 말처럼 "역사를 쓰는 데 근거가 되는 과학적 가설"이다. 객관적인 역사가란 과거의 사실 그리고 자신의 가치판단에 입각한 해석과 미래에 대한 전망 사이에서 균형을 이룰 줄 아는 사람, 자신의 현 상황에 제한된 근시안이 아니라 자신의 전망을 미래로 투사할 수 있는 사람이다. "역사는 과거와 미래 사이에 일관된 관계를 맺어줄 때에만 비로소 의미와 객관성을 얻게 되는 것"이기 때문이다. 과거의 문을 여는 열쇠는 바로 미래에 대한 비전에 달려 있는 것이다.

《역사란 무엇인가》를 넘어서?

카의《역사란 무엇인가》는 가장 인기 있는 역사이론의 교과서가 되었지만, 그런 만큼 또한 가장 많이 비판을 받은 책이기도 했다. 특히 1990년대 들어 소련을 비롯한 동유럽 사회주의 국가들의 붕괴와 더불어 포스트모더니즘의 물결이 역사에 관한 거대담론을 밀어내면서 더욱더 거센 비판에 직면하게 되었다. 이 같은 비판의 논점은 다음과 같이 요약할 수 있다.[11)]

먼저, 역사에 대한 가장 간명하고 유명한 정의가 된 '현재와 과거의 끊임없는 대화'라는 표현이다. 카는 "역사가는 그의 사실들의 비천한 노예도 아니고 난폭한 지배자도 아니다"라는 말로 역사가와 그의 사실의 동등한 관계를 강조했지만, 실제로 이 대화의 주도권은 어디까지나 현재의 역사가에게 있는 것이고, 때문에 카 역시 현재주의의 한계를 벗어나지 못했다는 것이다. 어제의 수많은 사건들 가운데 기자의 눈으로 선별된 극소수의 사건만이 신문지상의 사실이 되듯이, 카에 따르면 과거의 사실은 역사가가 의미를 부여할 때에만 역사적 사실이 된다. 죽은 과거인과의 대화는 불가능하므로 역사가가 사료('과거에 대한 사실')를 자신의 '상상적 이해'를 통해 해석하는 것이 역사라면, 이는 곧 역사를 '역사가의 사유를 통한 주관적 구성물'로 본 콜링우드의 견해와 크게 다를 바가 없다는 것이다. 그래서 카가 말한 현재와 과거의 동등한 '대화'는 실제로는 인식하고 해석하는 주체인 역사가가 그 대상인 과거를 '지배'하는 것, 또는 역사가의 프레임으로 짜인 '복화술'을 그럴듯하게 포장한 수사적 표현에 불과하다는 것이다.

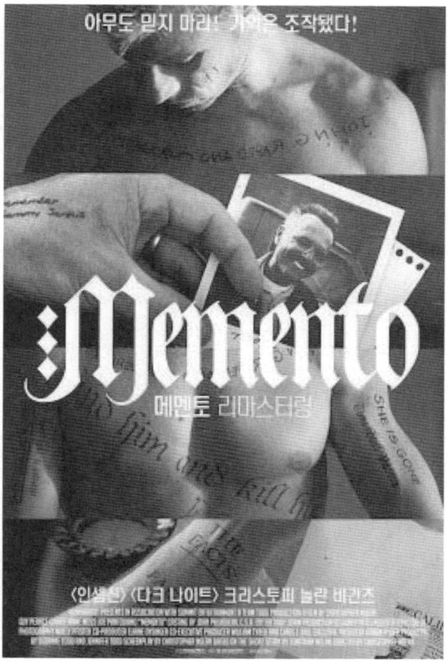

2000년에 개봉된 크리스토퍼 놀란 감독의 초기 작품 〈Memento〉는 '기억하라'는 뜻의 라틴어. 단기기억상실증에 걸린 주인공이 아내의 살인범을 추적하는 과정을 그린 스릴러로 인간의 기억과 기록에 대한 철학적 성찰이 담겨 있다

같은 맥락에서, 역사에 과학의 지위를 부여하기 위해 역사의 객관성을 내세운 카의 주장 또한 비판의 도마에 올랐다. 과학으로서의 역사는 무엇보다도 객관적이어야 한다. 그런데 카가 말하는 객관성은 "사실과 해석 사이의, 과거와 현재와 미래 사이의 관계에서 나타나는 객관성일 수 있을 뿐이다." 이런 이유로 카는 역사의 객관성을 역설하면서도 정작 명확한 객관성의 기준을 제시하지는 못했다고 비판을 받는다. 방금 인용한 구절에서 유추하자면, 그러한 기준은 과거 사실에 대한 역사가의 해석이 그가 지향하는 미래의 목적에 대해 얼마나 타당하고 유용하며 일반적인 교훈을 줄 수 있느냐 하는 것이다. 결국 미래의 목적이 객관성의 실질적인 잣대인 셈인데, 그 목적은 바로 역사가의 가치관 또는 신념에서 나온 것이다.

이 같은 비판은 자연스럽게 카의 진보 사관에 대한 비판으로 이어진다. 그가 보기에 역사는 진보의 기록이었고 앞으로도 그러할 것이다. 미래의 목적들 또한 역사가 진보함에 따라 구체적으로 드러날 것이다. 그렇다면 과거의 사실을 선별하고 해석하는 궁극적인 준거, 또 그러한 해석의 객관성을 판단하는 궁극적인 준거도 결국 진보라는 가치인 셈이다. 이런 이유로 그의 진보 사관은 역사의 배후에 있는 어떤 섭리나 '이성의 간계' 대신 진보를 내세운 새로운 역사신학이 아니냐 하는 비판을 받기도 한다.

카가 말하는 진보의 내용 또한 비판을 면치 못한다. 그에게 진보란 인간 자신과 환경을 이해하고 통제하는 인간의 능력이 증대하는 것이다. 역사가 진보의 기록이라는 확신은 오늘날 점점 더 커가는 진보에 대한 회의의 벽을 넘기가 버거운 것 같다. 역사의 여신은 "전쟁의 시기뿐만 아니라 평화로운 경제발전의 시기에도 시체 더미 위로 승리의 전차를 몰아댄다"(엥겔스)는 카의 인용 구절처럼, 진보는 상당수 인류의 희생과 소외를 대가로 한다. 뿐만 아니라 인간 자신과 환경에 대한 지배 능력의 증대가 오늘날 인류가 직면한 문명사적 위기의 근본적인 이유이기도 한 것이다. 카는 진보는 그에 따른 폐해들과 더불어 필시 그 해결책도 가져다줄 거라고 낙관했지만, 막연한 낙관에 안주하기에는 오늘날의 위기의식이 너무 심각할 뿐 아니라 어찌 보면 그러한 낙관적 태도가 현대 문명의 파국을 막기 위한 근본적인 전환을 모색하는 데 걸림돌이 될 수도 있다.

더 나아가 포스트모던 역사학은 카의 역사관, 아니 역사학 자체의 존립 근거에 대한 근본적인 도전을 제기한다.[12)] 카는 과거의 사실이 역사가와의 대화를 통해 역사적 사실로 가공된다고 본 데 반해, 이 역사학은 과거의 사실이 실재한다는 것조차 부정한다. 실재하는 과거의 사실이 역사가의 기술을 통해 재현되는 것이 아니라, 역사 자체가 역사가의 일관된 플롯에 따라 짜인 하나의 서사narrative라는 것이다. 문화적으로 구성된 담론이나 이미지가 실재하지 하지 않는 '사실'을 형성하는 것이다. 말하자면 프랑스혁명은 실제로 일어난 사건이 아니라 하나의 담론적 구성물이다. 이 같은 논리를 밀고 나가면, 결국 역사와 문학, 논픽션과 픽션, '히스토리history'와 '스토리story'의 경계는 희미해지고, 과거에 관한 과학으로서의 역사학은 설 자리를 잃고 만다.

카의 역사이론이 앞에서 언급한 역사학의 오랜 두 전통, 즉 객관적 실증주의와 주관적 상대주의를 조화롭게 융합하려 했다는 점을 고려할 때, 그의 책을 둘러싼 이 같은 논란은 그리 새삼스러운 일이 아니다. 여기서 우리는 역사란 무엇인가에 대한 역사가들의 사상과 이론 자체가 역사성을 띤다는 것을 상기해야 한다. 카가 책 첫머리에서 예로 든 1896년의 액턴과 1957년의 클라크 경이 피력한 서로 다른 역사관에서 볼 수 있듯이, 역사가는 그가 어떤 시대, 어떤 사회에 속해 있느냐에 따라, 또한 그가 사는 시대와 사회를 어떻게 바라보며 미래에 대해 어떠한 비전을 가지고 있느냐에 따라 다른 역사관을 가질 수 있다. 카의 표현을 빌리면, 역사가는 역사의 일부이며, 역사의 행로에서 어느 지점에 서 있느냐가 과거를 보는 그의 시각을 결정하기 때문이다.

카의 진보 사관 역시 그 당시 영국 사회에 번지고 있던 회의주의에 대한 그의 우려와 변혁에 대한 사회적 열망을 동시에 반영하고 있다. 거대담론으로서의 역사, 진보의 기획으로서의 역사를 해체하려는 포스트모던 역사학도 사회주의권의 몰락에 따른 시대정신을 반영하고 있으며, 또한 카가 말한 '현재와 과거의 대화'의 새로운 방식을 모색하려는 고민에서 나왔음에 틀림이 없다. 역사와 사실에 대한 정의 그리고 과거와의 대화 방식이 시대에 따라 어떻게 변화하든 간에, "역사학의 존재 이유와 사명은 사실을 넘어 픽션으로 향하는 것이 아니라 픽션을 넘어 사실로 향하는 데 있을 것"이다.[13] 또한 역사학이라는 학문이 존속하는 한, 우리의 현실을 설명하고 미래의 가능성들을 보여주며 아울러 과거와의 대화를 통해 인간의 삶을 확장시키는 것이 역사학 본연의 기능이라는 것은 변함이 없을 것이다.

토론 주제

- 카가 말하는 '과거와 현재의 대화'는 실제로 어떻게 이루어질 수 있는가?
- 역사와 문학, 역사와 자연과학의 공통점과 차이점은 각각 무엇인가?
- 객관적인 역사 서술이란 가능한가? 그렇다면 어떻게 가능한 것인가?
- 위대한 영웅이나 천재가 역사를 이끄는 주역이라는 영웅사관에 대해 어떻게 생각하는가?
- 개인 또는 사회의 운명을 결정하는 것은 인간의 자유의지인가 아니면 구조적 조건인가?
- 같은 조건에서 같은 결과가 일어나는 어떤 법칙성이 역사에 존재한다고 생각하는가?
- 로빈슨 씨의 죽음의 원인에 대한 카의 분석을 적용하면 세월호 사건의 원인은 무엇인가?
- '과거를 상상하고 미래를 기억한다'는 네이미어 경의 말에 동의하는가?
- 역사는 정말로 진보하는가? 카가 말하는 역사의 진보는 오늘날에도 여전히 유효한가?
- 역사를 배우는 궁극적인 목적은 무엇이라고 생각하는가?

더 읽을 거리

- 마르크 블로크, 《역사를 위한 변명》, 고봉만 옮김, 한길사, 2007.
- 김기봉, 《'역사란 무엇인가'를 넘어서》, 푸른역사, 2000.
- 데이비드 캐너다인, 《굿바이 E. H. 카》, 문화사학회 공역, 푸른역사, 2002.

주

1) 김인중, 《서평: 데이비드 캐너다인 엮음, 〈굿바이 E. H. 카〉》, 《프랑스사연구》, 제13호(2005. 8.), pp. 161–167.

2) 서양에서 '역사의 아버지'라 일컬어지는 헤로도토스의 《역사》는 "할리카르네소스의 헤로도토스는 그의 탐구 결과를 다음과 같이 밝힌다"라는 문장으로 시작하는데, 여기서 '탐구 결과'는 '히스토리에'(historie)를 번역한 말이다. 바로 이것이 '역사에 대한 연구 · 서술'(즉 역사학)로서의 history라는 말의 최초 용례이다. 한자의 '史' 또한 일어난 일(事)을 기록하는 사람을 의미한다고 알려져 있다.

3) 앞서 말한 영화 〈변호인〉에서 검찰 측 증인은 E. H. 카가 소련에 장기 체류한 공산주의자("소련 빨갱이")라고 진술한다. 카는 소련에 우호적이기는 했지만 공산주의자 거나 마르크스주의자는 아니었다. 만일 그랬다면 그가 영국 외교관으로 소련에 장기간 주재하기는 어려웠을 것이다.

4) 카는 1941년부터 1946년까지 《타임》 지의 부편집인으로 일한 바 있고, 이 같은 저널리스트로서의 경력이 독자 대중에게 성공적으로 다가갈 수 있었던 비결 가운데 하나가 아닐까 싶다. 이후 그는 교수직에서 물러나 모교인 트리니티 칼리지의 수석연구원으로서 연구와 집필에 전념했다. E. H. 카의 생애와 학문에 대해서는 조너선 해슬럼, 《E. H. 카 평전》, 박원용 옮김, 삼천리, 2012; 박원용, 《사회진보를 확신했던 역사가 에드워드 카》, 《역사비평》(2008. 8.) 참조.5)

5) E. H. Carr, *What is History?*, Cambridge University Press, 1961. 트리벨리언(George Macaulay Trevelyan, 1876–1962)은 영국사의 대가로 자유주의 역사가(이른바 '휘그파 역사가')의 대표적 인물이었다. 트리니티 칼리지의 전임 학장이었던 이 역사가를 기리기 위한 강좌에서 카는 트리벨리언이 대표하는 역사학을 한물간 것으로 비판한 셈이다. 카가 진행한 이 강좌는 곧이어 비비시(BBC) 방송의 전파를 타고 일반 청중에게 전달되었다.

6) 데이비드 캐너다인 엮음, 《굿바이 E. H. 카》, 문화사학회 공역, 푸른역사, 2005.

7) 몇 가지만 예를 들면 길현모 옮김, 탐구당, 1964/2014; 박성수 옮김, 민지사, 2005; 이연규 옮김, 단우, 1992; 김택현 옮김, 까치, 1997/2015 등이 있다.

8) 이 절은 제1장('역사가와 그의 사실들')과 제2장('사회와 개인')의 내용에 관한 논의이다. 본문의 인용 구절은 원문과 여러 한글 번역본들을 대조하여 옮겼으므로, 일일이 페이지 번호를 밝히지 않는다.

9) 이 절은 제3장('역사, 과학 그리고 도덕')과 제4장('역사에서의 인과관계')의 내용에 관한 논의이다.

10) 이 절은 제5장('진보로서의 역사') 과 제6장('지평선의 확대') 의 내용에 관한 논의이다.

11) 『역사란 무엇인가》에 대한 비판적 논의에 대해서는 김기봉, 《'역사란 무엇인가'를 넘어서: E. H. 카의 모던 역사학에서 포스트모던 열린 역사로》(푸른역사, 2000), 제1장(역사란 무엇인가: E. H. 카의 역사관을 넘어서기 위한 하나의 시론); 김기봉, 《히스토리아 쿠오바디스: 탈근대, 역사학은 어디로 가는가》(서해문집, 2016), 제1장(우리 시대, 다시 묻는 '역사란 무엇인가?'); 김택현, 《E. H. 카아와 지식/권력으로서의 역사(학)》, 《영국연구》제9호(2003. 6), pp. 223–246; 김현식, 《기억된 미래, 상상된 과거: 카의 역사론》, 《영국 연구》 제13호(2006. 6), pp. 313–330 참조.

12) 포스트모던 역사학에 대해서는 김기봉, 《'역사란 무엇인가'를 넘어서》, 제2–3부를 참조.

13) 김응종, 《서평: 〈'역사란 무엇인가'를 넘어서: E. H. 카의 모던 역사학에서 포스트모던 열린 역사로〉》, 《서양사론》, 제66호(2000. 9.), pp. 147–155.

2

현실정치의 관상학

마키아벨리 《군주론》

IL PRINCIPE
DI NICOLO MACHIAVELLI,
AL MAGNIFICO LORENZO
DI PIERO DE MEDICI.

LA VITA
DI CASTRVCCIO CASTRACANI
DA LVCCA.

IL MODO CHE TENNE
IL DVCA VALENTINO
PER AMMAZZARE VITELLOZZO VITELLI,
OLIVEROTTO DA FERMO, IL SIGNOR PAGOLO,
ET IL DVCA DI GRAVINA.

I RITRATTI
DELLE COSE DELLA FRANCIA
ET DELL' ALAMAGNA.

M. D. L.

현실정치의 관상학

ㅣ이상과 도덕을 넘어 현실정치읽기

마정미

격동의 유럽, 이탈리아 통일의 열망

근대 정치학의 초석으로 꼽히는 마키아벨리의 《군주론》은 1532년도에 출간된 그의 대표 저작이다. 이 책에 담긴 주장은 마키아벨리즘Machiavellism이라고 명명될 정도로 후대 정치사상에 커다란 영향을 미쳤다. 흔히 마키아벨리즘이란 권력을 위해서라면 무슨 짓이든 하는 냉혹한 정치꾼의 권모술수를 가리킬 때 사용되는데, 이는 마키아벨리의 사상을 오해한 데서 비롯된 오명이다.

마키아벨리가 제시한 정치사상을 이해하기 위해서는 먼저 그가 살았던 시대를 이해해야 한다. 15세기에서 16세기에 걸쳐 유럽의 국제 정세는 요동치고 있었다. 당시는 전 유럽에서 절대주의 왕정체제가 만들어져 가고 있었다. 영국과 프랑스 사이의 백년전쟁1340~1453과 영국 내의 장미전쟁1455~1485을 지나 영국, 프랑스, 스페인에서는 강력한 군주권을 바탕으로 한 절대왕정 국가를 형성하고 있었다.

그러나 중세부터 자치도시들이 발달했던 이탈리아는 분열과 혼란에서 벗어나지 못하고 있었다. 세계를 지배했던 로마제국의 영광과 르네상스의 발상지라는 명성은 과거의 일일뿐이었다. 이탈리아 북부는 신성로마제국 황제가 지배권을 주장하다가 13세기 이후 베네치아, 밀라노, 제노아 등 여러 도시들이 할거하는 상황이었다. 중부에서는 로마 교황청의 세력이 앞서는 가운데 피렌체, 시에나 등이 분립했다. 남부는 비잔티움, 노르만, 이슬람 등에게 계속 정복되던 끝에 나폴리 왕국이 지배하고 있었다. 결국 이탈리아는 5개의 국가(피렌체 공화국, 밀라노 공국, 베네치아 공화국, 나폴리 왕국, 교황령)로 갈라져 서로 대립하고 견제하면서 전쟁이 끊이지 않았다. 정치체제도 군주국, 공화국, 신정정치체제 등 다양했다. 이탈리아가 분열과 갈등을 거듭했던 것은 로마 교황청의 영향이 컸다. 교황청은 이탈리아의 정치적 통합과 세력 강화가 자신들의 영향력을 약화시킬 것이라고 염려해서 지속적으로 외국 군대의 지원을 끌어들이고 있었기 때문이다.

북서유럽에서 강력한 국가가 출현한 것과 이탈리아의 정치적 분열 양상은 극명하게 대조되면서 이탈리아에서는 '하나의 정부와 하나의 체제를 갖춘 강력한 통일 이탈리아'를 향한 열망이 일어나고 있었다. 예리한 정치 감각과 탁월한 분석 능력을 갖추고 있던 마키아벨리는 '혼란스러운 이탈리아를 어떻게 통일시켜야 하는가?' '이탈리아를 통일로 이끌기 위해서 무엇을 해야 할 것인가?'라는 두 가지 문제의식에 몰두했다.

그 고민에 대한 마키아벨리의 답은 명쾌했다. 당시의 시대적 혼란상을 극복하기 위해서 강력한 군주가 필요하다는 것이었다. 이탈리아를 통일로 이끌기 위해서는 적대 세력을 억누를 수 있는 권력이 필요했다. 또한 권력을 쟁취하고 유지하기 위해서는 정치적 술책이 필요했다. 권력은 종교와 도덕으로부터 자유로워야만 했다. 마키아벨리에게 국가의 통합이라는 정치적 혁명을 위해서는 어떠한 선험적인 제약도 불필요했고 무가치했다. 오직 결과만이 혁명을 정당화했다. 마키아벨리의 궁극적 관심은 강력한 군주를 넘어서 국가의 안녕을 성취하는 것이었다.

피렌체를 사랑한 마키아벨리

마키아벨리Niccolò Machiavelli,1469.5.3. ~ 1527.6.21.는 피렌체에서 4남매 중 셋째이자 장남으로 태어났다. 그의 집안은 귀족은 아니었지만, 토스카나 귀족 가문의 먼 후손이고 한때는 발 디 페사Val di Pesa의 많은 토지를 소유했을 뿐만 아니라 열세 명이나 피렌체 정부의 요직을 맡았을 정도로 위세를 떨쳤던 가문의 후예였다.[1] 그러나 그가 태어날 무렵, 집안의 가세는 이미 기울어 있었다.

마키아벨리의 아버지 베르나르도Bernardo Machiavelli는 공증인 자격증을 갖고 있었지만 부채가 많아 정상적인 활동을 하지 못했다. 게다가 그의 농장은 규모가 매우 작고 소출도 적었으며 경제적으로 무능했다. 다만 그의 인문학적 열정은 누구에게도 뒤지지 않았다. 좋은 책을 얻거나 사는 데 무척이나 열심이었다. 법률적 논쟁만이 아니라 풍부한 문헌학적 식견도 갖추고 있었다. 그 열정은 아들에게도 이어졌다. 넉넉지 않은 살림

페렌체를 사랑한 마키아벨리

에도 불구하고 당대 최고의 선생들에게 인문학적 교육을 받게 했다.

아버지의 열정 덕분에 마키아벨리는 열두 살 무렵에는 라틴어를 자유롭게 구사할 수 있었다. 문학적으로도 "사람들은 자산의 상실보다 아버지의 죽음을 더 빨리 잊는다."[2)]라는 식의 화려한 수사술을 구사할 수 있었다. 마키아벨리가 대학 교육을 받았는지에 대해서는 논란이 있다. 그가 피렌체 학당lo Studio Fiorentino에 출석은 했지만 정규 대학 교육을 받지는 못했던 것으로 추측된다.

마키아벨리는 1498년 아직 서른 살도 안 된 나이에 피렌체의 제2장관직에 임명된다. 이런 출세의 바탕에는 그의 탄탄한 인문학 실력과 탁월한 문장력이 있었다. 당시 피렌체는 메디치가의 몰락 이후 사보나롤라라는 광신적인 신부에게 지배되고 있었는데, 그가 실각하면서 사보나롤라파 고위공직자들이 대거 숙청되었기 때문에 마키아벨리에게까지 기회가 왔다는 해석도 있다. 이후 마키아벨리는 약 14년 동안 피렌체의 고위공직자로 활동하며 내무, 병무, 외교 등 국가 행정 업무를 두루 경험했다.

체사레 보르자

당시 피렌체 공화국은 나폴리 왕국과 베네치아 공화국, 로마 교황청과 갈등하고 있었다. 프랑스 왕국과 외교적 친밀 관계를 유지하고 있었기 때문이었다. 마키아벨리는 서기관이자 공화국 최고 의결기구인 10인 위원회Dieci di Liberta e Pace의 서기장으로서 이들 주변국과 외교 교섭을 담당했다. 피렌체 공화국의 부흥을 위해 동분서주했지만 무능한 정부 때문에 궁지에 몰리기만 했다. 피사를 획득하기 위한 전쟁에 나섰지만 용병들 때문에 실패했다. 로마냐공국의 체사레 보르자를 만나 피렌체 공화국과 우호관계를 맺었다. 마키아벨리는 당시 뛰어난 정치 감각을 선보였던 체사레 보르자와 만남으로써 군주론을 가다듬고 더욱더 구체화하게 되었다고 한다. 이 밖에 마키아벨리는 교황 율리우스 2세, 신성 로마 황제 막시밀리안 1세, 스페인의 페르난도 2세 등 각국의 지도자들을 두루 만났다. 그들의 인물됨과 행동방식을 그리스-로마 고전에 나오는 인물들과 비교해가며 통치술과 국제정세, 정치에 대한 지식과 지혜를 차곡차곡 다져갔다. 반면 프랑스에서 받은 냉대와 그 나라의 무시할 수 없는 힘은 이탈리아도 빨리 하나의 정부 아래 힘을 합쳐 강대국이 되어야 한다는 생각을 더욱 굳혀주었다.

1512년에 피렌체는 스페인군에게 점령되었다. 교황이 스페인과 동맹을 맺고 프랑스와 대결했는데, 이 과정에서 친프랑스적이었던 피렌체가 패배한 것이었다. 스페인군은 피렌체를 점령했을 뿐만 아니라 자신들에게 망명해 있던 피렌체의 옛 지배자 메디치가를 복귀시켰다. 메디치 가문은 명목상으로는 공화정부였으나 사실상 독재적으로 피렌체를 다스리는 옛 체제를 되살리고, 기존의 공화정부 참여자를 숙청했다. 이 와중에 마키아벨리 역시 해임되었을 뿐 아니라, 이후 메디치가를 노린 음모에 가담했다는 혐의를 받아 투옥된다. 마키아벨리는 여러 차례 고문을 받았고 지하 감방에 감금되었다. 이후 조반니 데 메디치 추기경이 교황으로 선출되자 사면되어 석방되었다. 이후 마키아벨리는 반메디치 세력으로 분류되어 피렌체를 떠나 교외의 머물며 빈곤과 실의 속에서 시간을 보내게 된다.

그는 이제 유능한 장관도 촉망받는 학자도 아니었다. 재산의 대부분을 몰수당한 채 산트 안드레아의 작은 농장에서 칩거하는 신세가 된다. 이후 마키아벨리는 그의 절친한 친구였던 프란체스코 베트리와 편지를 주고받으면서 《군주론Il principe》1514을 집필하게 된다. 서문에 적혀 있듯이 이 책은 메디치의 젊은 공자 로렌초에게 헌정되었다. 마키아벨리는 이를 통해 메디치가의 신임을 얻어 공직에 복직되기를 희망했다. 그러나 로렌초는 전혀 관심을 보이지 않았다. 《군주론》은 같은 시기에 쓰인《로마사 논고Discorsi sopra la prima deca di Tito Livio》와 함께 마키아벨리의 사상이 가장 집약된 저작이다.

이후 마키아벨리는 《전략론Libro dell'arte della guerra》1521을 저술했으며, 뛰어난 문학작품인 희곡 《만드라골라 Mandragola》1518 등을 발표했다. 또한 마키아벨리는 후에 교황 클레멘스 7세Clemens VII가 된 줄리오 데 메디치 추기경의 추천으로 《피렌체사 Istorie Florentine》1525를 집필했다. 클레멘스 7세는 《피렌체사》를 매우 흡족하게 여기고, 1526년 5월 마키아벨리를 피렌체 성벽 증축을 위해 급조된 위원회의 서기장으로 임명했다. 사실 마키아벨리는 성곽 보수를 감시하는 일을 맡았지만 그보다는 외교적 잡무로 동분서주했다. 카를 5세의 군대가 다가오자 교황령과 동맹군의 영토는 소요로 들끓었다. 민병대 육성에 남다른 명성을 가지고 있던 마키아벨리는 외교업무와 함께 군사 방면의 조언도 아끼지 않았다.

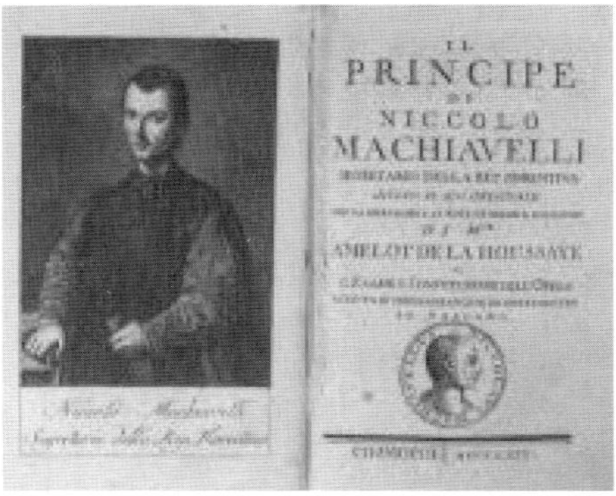

마키아벨리의 군주론

그러나 공무의 시간은 그리 길지 않았다. 1527년에 스페인에 의해

치욕적인 '로마 대(大)함락'il Sacco di Roma이 이루어지고 5월 16일 피렌체에서 공화정이 부활했다. 마키아벨리는 이번에는 '메디치의 하수인'이라는 낙인이 찍혀 축출되었다. 다시 모든 것을 잃은 그는 1527년 6월 21일 갑자기 세상을 떠났다. "나의 조국patria을 내 영혼anima보다 사랑한다."[3]고 말했던 마키아벨리는 끝내 조국의 통일과 영광을 보지 못한 채 눈을 감았다.

근대 정치철학자, 현실정치의 문을 열다

《군주론》은 국가 · 군주 · 군사 등에 관한 역사적 고찰을 담고 있다. 로렌초 데 메디치에게 바치는 헌사(獻辭)와 본문 26장으로 구성되어 있다. 크게 권력을 어떻게 획득하고 유지할 것인가가 이 책의 일관된 문제의식이다. 정치권력을 차지하기 위해서는 수단과 방법을 가리지 말아야 한다는 유명한 명제가 제시되었다. 마키아벨리는 정치가 도덕으로부터 구별된 고유의 영역이라고 주장했다. 더 나아가 프랑스, 영국, 에스파냐 등 주변 강대국과 대항하기 위해 강력한 군주 밑에서 이탈리아가 통일되어야 한다고 호소했다. "이탈리아를 통일시킬 수 있고 희망을 걸만한 대상은 오직 영광스러운 전하의 가문뿐입니다.[4]"라는 것이 마키아벨리가 이 책을 메디치가에 바친 이유이다.

사실 《군주론》의 최초의 라틴어 제목은 '군주정에 대하여De Principatibus' 였고 그 표제는 '원로원의 수장princeps senatus'이라는 말을 연상시킨다. 마키아벨리의 원래 구상은 로마공화정을 재건할 새로운 군주를 열망한 것이었다. 그러나 1532년 출판을 위해 교황 클레멘스 7세의 허가를 받는 과정에서 최초의 라틴어 제목은 지금의 '군주'Il Principe로 바뀌었다. 한국에서는 최초의 일본어 번역본인 1886년 《君論》을 따라 '론'(論)을 붙여 《군주론(君主論)》으로 정착되었다.

정치 사상사에서 마키아벨리의 공은 종교와 도덕에 의해 포장되어 있던 정치를 현실세계의 영역으로 가져왔다는 것이다. 정치도 결국은 책이나 상상 속에서 그려지는 것이 아니라 실제 현실 속에서 이뤄진다는, 지금까지 그 누구도 말하지 못했던 당연한 사실을 이야기하고 있는 것이다. 즉 종래의 정치가 "인간이 어떻게 살아야 하는가?"처럼 종교와 도덕적 가치로 서술되었던 반면에, 《군주론》에서 정치는 "인간이 어떻게 살고 있는가?"로부터 설명되고 있다. 《군주론》의 진정한 가치는 바로 여기서 나온다.

> 인간이 어떻게 살고 있는가? 는 "인간이 어떻게 살아야 하는가"와는 너무나 다르기 때문에 일반적으로 행해지는 것을 행하지 않고, 마땅히 행해야 할 것을 행해야 한다고 고집하는 군주는 권력을 유지하기보다는 잃기가 십상입니다. 어떤 상황에서나 선하게 행동할 것을 고집하는 사람이 선하지 않은 많은 사람들에게 둘러싸여 있다면, 그의 몰락은 불가피합니다. 따라서 권력을 유지하고자 하는 군주는 상황의 필요에 따라서 선하지 않을 수 있는 법을 배워야만 합니다. (15장, pp.105~106)

군주가 권력을 유지하기 위해서 종교에 의한 권위 부여도 도덕에 의한 정당화도 필요치 않다는 그의 주장은 파격적이었다. 그것은 힘과 합리성을 겸비한 한 사람의 군주의 안위만을 필요로 한다. 즉 목적-수단 계열의 냉정한 통찰과 목적을 위해 가장 적합한 수단을 과감하게 취하는 역량에 의해서만 국가는 적절하게 통치될 수 있다는 것이다.

현실주의는 인간의 정치 행위가 두 개의 상충하는 요소로 구성된다는 사실과 관련된다. 하나는 한 사회가 공공선의 추구나 공적 질서의 창출과 같은, 공적 문제를 위한 집합적 결정을 필요로 한다는 점이다. 다른 하나는 권력의 추구와 타자를 지배하고자 하는 욕구, 그로 인한 권력투쟁은 제어하기 어려운 인간의 욕망이라는 점이다.

마키아벨리는 중세의 도덕률이나 종교관에서 벗어나 강력한 군주만이 분열된 이탈리아를 구원할 수 있을 것이라고 역설했다. 정치행위가 종교적 규율이나 전통적인 윤리적 가치로부터 자유로워야 한다고 주장하는 마키아벨리의 정치철학은 당시 지배적 견해에 대한 도전을 내포하고 있다. 우선 그는 당시 로마 가톨릭교회가 설파하던 기독교 역사관을 부정한다. 신의 뜻이 관철되는 계시의 실현으로 역사를 바라보는 것이 아니라 현실 정치로 눈을 돌릴 것을 주장한다. 또한 그는 키케로를 앞세운 인문주의자들의 도덕적 훈육에도 비판적이었다. '절제'나 '조화'처럼 당시 인문주의자들이 정치 지도자에게 요구하던 덕성 대신 '갈등은 불가피할 뿐만 아니라, 그것을 잘 제도화하면 시민의 자유와 강대한 국가를 가져다줄 것'이라는 충고를 서슴지 않는다.

마키아벨리는 인간의 실제 행위에 부합하는 윤리이자 현실의 정치 영역에서 효과를 발휘할 수 있는 윤리를 찾으려 했다. 이를 통해 도덕 영역과 구분되는 정치의 독자성 내지 자율성을 주장한다. 그는 인간의 정치행위에 개입된 다른 여러 요소들은 배제하고, 그것의 어두운 측면을 포함해 권력의지와 권력을 본질로 하는 정치 자체를 가감 없이 사실대로 보고자 했던 가장 정직한 정치 철학자이자 이론가이다. 전제 군주제를 옹호했던 토머스 홉스가 기독교의 가정과 정신세계를 벗어나지 않는 범위 안에서 논의를 전개했다는 점을 감안하면, 마키아벨리는 그보다 더 근대적이고 더 급진적이며 더 혁명적인 사상가였다.

《군주론》은 결과론적인 태도를 견지하고 있다. "미덕으로 생각되는 행동이 파멸을 초래할 수 있는 반면, 악덕으로 간주되는 행동이 군주의 입장을 강화시키고 번영을 가져다주기도 한다." 따라서 '수단의 도덕성은 이를 통해 어떤 결과가 나오는지에 따라 결정된다.'는 입장인 것이다.

이러한 부분이 가장 극명하게 드러나는 부분은 '군주에게 잔인함과 인자함, 사랑받는 것과 두려움이 되는 것 중 어느 것이 더 좋은가'에 대해서 논하고 있는 17장이다. "지나친 자비를 베풀어 무질서를 낳아 살인과 약탈이 자행되도록 하는 군주보다, 소수에게 가혹 행위를 함으로써 기강을 바로잡는 군주가 훨씬 더 자비롭다." 수단이 조금 불합리하고 부도덕적이라 해도 그 수단으로 말미암아 좀 더 나은 결과가 나온다면 그 수단은 얼마든지 도덕적으로 용인될 수 있다고 보는 것이다.

현실정치, 사자의 용맹과 여우의 간교함

일반적으로 정치에 대한 이해는 이상주의와 현실주의로 대별된다. 특정한 목표를 설정하고 그 목표에 도달하기 위한 과정으로 정치를 파악하는 것이 이상주의적 견해이다. 이 입장에 따르면, 정치는 이상 속에서 존재하는 선한 것이고, 정치를 통해 최고의 가치를 추구하며, 모든 구성원들이 그 가치를 평등하게 나누어가질 수 있는 것으로 바라본다. 이는 플라톤의 철인 왕국에 그 기원을 두고 있다. 이후 일반의지를 통해서 정치를 이해하고자 했던 루소, 국가를 이념으로 구성된 하나의 절대정신으로 이해했던 헤겔, 역사 속의 자본주의 생산관계에서 인간의 해방을 추구했던 마르크스 등은 자신들의 이상형을 통해서 정치를 파악하려고 했던 이상주의자들이라고 할 수 있다.

이에 비해서 정치를 있는 그대로 관찰하고 그 속에서 나타나는 권력관계를 정확하게 포착해서 권력의 흐름과 움직임을 이해하고자 하는 견해를 정치적 현실주의라고 한다. 정치를 현실주의 방식으로 파악하는 입장에서 볼 때, 이상주의적 정치관은 현실을 왜곡하고 현실에서 실제 일어나는 현상들에 편향된 가치를 부여함으로써 '있는 그대로의 정치'를 현실에서 구축시켜버릴 수 있다.

마키아벨리는 현실주의의 관점에서 현실과 정치, 권력과 인간들 사이의 관계를 포착하려 한다. 권력은 왜 필요한가? 그 권력의 사용은 누구에게 위임되어야 하는가? 권력의 사용을 위한 기준은 무엇인가? 민족국가의 통일과 완성을 위해서는 무엇이 필요한가? 이것이 《군주론》을 관통하는 마키아벨리의 문제의식이다.

마키아벨리는 특히 정치와 권력의 핵심 주체로서 군주의 존재에 통찰과 분석의 현미경을 들이댔다. 강력한 군주는 도덕으로부터 자유로워야 했다. 군주의 성패는 국가의 통합이라는 결과로만 도덕적으로 평가될 수 있었다. 이러한 군주의 도덕은 일반 백성의 도덕과 달라야 했다. 국가의 통합을 위한 군주의 도덕이 통일이라는 정치적 능력에 의해서 평가받는다면 시민들과 백성들은 국가 내에서 국가가 부여하는 도덕과 법률 질서를 따라야만 했다. 정치적 안정은 통일과 통일 이후에 가장 중요한 문제이기 때문이다. 그가 로마의 공화정을 동경했던 것도 로마가 지닌 내부적인 정치적 안정성 때문이었다.

마키아벨리는 《군주론》에서 국민 군대를 키워야 한다고 강력하게 주장한다. 군대는 자기 가족과 나라를 지킨다는 사명감이 있을 때만 용맹해질 수 있기 때문이다. 당시 피렌체 공화국의 군사력은 모두 용병에 의존했기 때문에 자국을 보호할 힘이 없었다. 마키아벨리는 피사를 되찾기 위한 전투에서 돈 때문에 참전한 용병들이 철수해버리는 바람에 큰 낭패를 겪기도 했다. 그는 공화국 자위력 확보를 위한 징병 정책을 추진했다.

1502년, 마키아벨리는 체사레 보르자를 만난다. 무섭게 세력을 키워가고 있던 20대 후반의 젊은이 보르자는 피렌체에 큰 위협이었다. 그의 세력을 무마하려고 파견된 마키아벨리는 그에게서 약육강식인 현실에 맞는 이상적인 군주의 모습을 발견한다. 보르자는 냉혹한 인간이기도 했다. 화해의 모임을 연다는 핑계로 반란자들을 한자리에 모이게 한 뒤 몰살시켰고, 가장 아끼는 부하에게 누명을 씌워 죽인 다음 광장에 전시해서 국민들의 동요를 가라앉히기도 했다. 체사레 보르자의 잔혹한 행위를 지켜보면서 마키아벨리는 통치자가 최고의 목표를 이루고자 한다면 도덕이 항상 합리적이지 않다는 점을 깨달았다. 군주가 국가를 지키려 한다면 때로는 어쩔 수 없이 진실과 자비, 인간애와 종교에 반해 행동할 필요가 있었다.

> 인간은 두려움을 불러일으키는 자보다 사랑을 베푸는 자를 해칠 때에 덜 주저합니다. 왜냐하면 사랑이란 일종의 감사의 관계에 의해서 유지되는데, 인간은 악하기 때문에 자신의 이익을 취할 기회가 생기면 언제나 그 감사의 상호 관계를 팽개쳐버리기 때문입니다. 그러나 두려움은 항상 효과적인 처벌에 대한 공포로써 유지되며, 실패하는 경우가 결코 없습니다. (17장, p.114)

군주란 사랑과 두려움을 모두 받아야 좋다. 그 가운데 굳이 하나만 선택해야 한다면 사랑보다는 두려움을 택해야 한다. 또한 군주는 약속을 중시하지 않고 오히려 인간을 혼동시키는 데 능숙해야 한다. 징벌은 강하고 짧게 실행하고 시혜는 조금씩 오래 베풀어야 한다. 문제를 해결하기 위해 잔인한 폭력도 적극적으로 활용해야 한다. 《군주론》은 이런 '부도덕한' 충고를 제시한다.

절체절명의 위기 상황에서 모든 일을 이성적인 대화만으로 해결할 수 있다는 생각은 환상일 뿐이다. 분명 폭력은 짐승에게나 어울릴 수단이지만, 군주는 때때로 짐승이 되어야 한다. 곧 사자의 용맹함과 여우의 간교함을 갖추어야 한다. 한 번의 단호한 폭력으로 더 많은 폭력과 혼란을 잠재울 수 있다면 군주는 당연히 짐승의 수단을 택해야 한다. 이와 같은 메타포는 마키아벨리즘의 대표적인 논리이다.

> 그렇다면 군주는 짐승의 방법을 잘 이용할 줄 알아야 하는데, 그중

> 에서도 여우와 사자를 모방해야 합니다. 왜냐하면 사자는 함정에 빠지기 쉽고 여우는 늑대를 물리칠 수 없기 때문입니다. 따라서 함정을 알아차리기 위해서는 여우가 되어야 하고 늑대를 혼내주려면 사자가 되어야 합니다. (18장, p.119)

사실 사자와 여우의 비유는 키케로의 도덕론을 뒤집은 것이다. 키케로는 그의 대표적인 윤리 저서인 《의무론De Officiis》[5]에서 사람이 취하지 말아야 할, 즉 짐승에게만 해당하는 두 가지의 잘못된 행동으로 힘과 기만을 역설한 바 있다.

마키아벨리는 군주의 덕과 기독교의 전통적인 덕목들을 구분한다. 기독교에서는 겸손과 정직, 동정심과 경건함을 강조한다. 모두 옳은 말이긴 하지만, 군주에게는 이보다는 용맹스러움·단호함·기민한 판단력 등이 더 중요하다. 일상생활에서 속임수를 쓰거나 폭력을 휘두르는 것은 나쁜 일이다. 그러나 군주는 국민의 평화와 행복을 위해서는 이런 일도 서슴지 않아야 한다. 숱한 생명이 걸린 군주의 행동에서 중요한 것은 선한 의지가 아니라 좋은 결과이기 때문이다. 단, 군주가 자신을 적들로부터 보호하려면 최대한 도덕적인 인물로 보이게끔 노력해야 한다는 점만 명심하면 된다.

마키아벨리의 사상이 여우의 간교함과 사자의 포악함으로 이해되는 것은 왜일까. 그의 서술이 주로 군주의 책략과 정치적 수완에 집중하고 있기 때문이다. 당시 이탈리아에서는 상업이 번성하고 그에 따라 외교술이 발달했다. 그 무렵 이탈리아에서 나온 책들은 외교관계의 비책과 외교적 수완을 다룬 것이 많았다. 마키아벨리의 저술도 이러한 당시의 시대 상황과 무관하지 않다.

그로부터 200년 뒤, 프리드리히 대제는 《반(反) 마키아벨리론》을 써서 정직과 도덕이 정치의 첫 번째 덕목이라고 주장했다. 프리드리히 대제에 의해 마키아벨리는 기만과 술수를 일삼는 냉혹한 정치가라고 비난받게 되었다. 힘들고 잔인한 현실을 그 자체로 받아들이고 냉철해져야만 상황은 나아질 수 있다는 현실 논리를 주장한 마키아벨리즘이 '목적이 수단을 정당화한다.'라는 누명을 쓴 채로 지난 500여 년 동안 숱한 비난을 받아왔다.

우피치 미술관의 마키아벨리

많은 사람들에게 마키아벨리가 간교함과 포악함을 주장한 사람으로 오해받는 것은 무엇 때문일까? 마키아벨리의 저술이 표면상 드러내놓고 있는 비도덕적인 처방과 권력에 대한 집착, 그리고 그것을 이용한 술책 때문일 것이다. 그러나 현실의 정치 세계에서는 온갖 거짓과 속임수가 난무하는데, 이러한 환경 속에서 성공, 즉 생존하기 위해서 정치인은 필요한 경우 거짓과 속임수의 기술을 터득하지 않으면 안 된다는 것이 그의 주장의 핵심이다.

이러한 점 때문에 그는 위선의 교사로 지목되었고 온갖 악평에 시달려야 했다. 악평의 가능성을 충분히 인지하면서도 마키아벨리는 그저 자신이 할 일은 (정치와 관련된) "사안의 유효한 진실verità effettuale della cosa"을 추적하는 것이라 말하고 있다. 그의 관점에서 볼 때 그러한 진실을 파악하는 것이 정치적 성공의 여부를 결정하는 열쇠이다. 그가 다루는 정치적 성공이란 새로운 국가·정치권력stato을 획득하거나 유지하는 것을 말한다. 기존의 정치 논의는 바람직한 윤리적 공동체로서의 국가res publica와 그것이 달성되는 데 필요한 도덕적인 정치인의 자질이었다. 마키아벨리에 따르면, 이러한 것들은 모두 이상에 불과한 것이다. 정치인이 이러한 문제에 매달려 실제의 문제를 외면하게 되면 국가의 유지가 아닌 파멸을 더 빠르게 배우게 될 것이라고 단언한다.

마키아벨리에 이르러 정치학은 플라톤·아리스토텔레스 이래로 윤리학의 연장 내지 그 일부로서의 위치에서 벗어나 독립된 연구 주제와 학문이 된다. 달리 표현하면 정치학은 윤리적 공동체로서의 국가res publica가 아니라 권력 조직으로서의 국가stato 문제를 다루는 독립된 연구로 바뀌었다. 이러한 마키아벨리의 정치학은 권력 조직을 획득하고 유지하는 방법에 관한 정치 공학적 논의가 된다.[6)]

그의 현실주의적 시각은 사회과학의 창설자인 막스 베버에게도 면면히 이어지고 있다. 베버는 '소명으로서 정치'에서 정치를 '악마의 힘과도 손을 잡는' 일로 묘사하고, 정치인에게는 신념윤리와 책임윤리의 조화가 요구된다고 주장한다. 전자는 선한 동기에 관한 신념이고 후자는 유익한 결과에 관한 책임이다. 양자의 불일치 가능성이 바로 정치의 존재 이유이다.

포르투나, 비르투, 네체시타, 푸르덴차

군주론을 관통하는 주요 개념과 용어는 포르투나fortuna, 비르투virtu, 네체시타necessita, 푸르덴차prudenzia이다. 그중에서도 그의 철학을 이해하는 데 있어서 더 핵심적인 키워드는 운명의 여신인 '포르투나fortuna'와 지도자의 미덕인 '비르투virtu'이다. 1장에서부터 포르투나와 비르투가 등장한다.

> 그러한 [편입된] 영토를 획득하는 방법에는 타인의 무력을 이용하는 경우와 자신의 무력을 사용하는 경우가 있으며, 운명fortuna에 의한 경우와 역량virtú에 의한 경우가 있습니다. (1장, p.14)

앞서 보았듯이 약소국가 이탈리아는 외부적 환경의 변화에 민감하며 그러한 환경의 변화(운명의 여신이 저지른 장난)를 극복하기 위해서는 비르투를 가진 지도자가 필요하다. 이러한 지도자에 대한 동경이 《군주론》의 핵심이다. 비르투를 가지고 혼란한 현실을 극복하기 위해서는 간교한 여우의 지략과 포악한 사자의 용맹이 동시에 요구된다. 그것이 바로 정치의 본질이라고 마키아벨리는 파악했다.

마키아벨리는 찬란한 문화를 자랑하던 조국 피렌체가 침략자들의 말발굽에 짓밟히는 것을 보았고, 체사레 보르자나 사보나롤라 같은 카리스마적 지도자들이 덧없이 몰락하는 것도 경험했다. 마키아벨리 스스로 피할 수 없는 '운명의 장난' 때문에 순식간에 난감한 처지로 전락했다. 그래서 그는 포르투나, 즉 운명의 힘을 절대 무시하면 안 된다고 생각한다. 보르자는 너무 오만해서, 율리우스 2세는 너무 성급해서 포르투나의 일격을 받았다는 것이다.

포르투나의 강력한 힘은 아무리 철저히 대비하고 노력해도 완전히 떨쳐버릴 수 없다. 하지만 마키아벨리는 비관적 운명론자가 아니다. 그는 강력한 군주가 출현해 혼란에 빠진 이탈리아를 통일해주기를 희망했다. 그에 따르면, 유능한 군주는 주어진 포르투나fortuna를 자신의 비르투virtu로 극복해야 한다.

5세기의 피렌체

> 저는 신중한 것보다는 과감한 것이 더 좋다고 생각합니다. […] 왜냐하면 운명은 여성이므로 그녀는 항상 청년들에게 이끌립니다. 왜냐하면 청년들은 덜 신중하고, 보다 공격적이며, 그녀를 더욱 대담하게 다루고 제어하기 때문입니다. (25장, p.167)

'포르투나'란 운명의 여신의 이름이기도 하고 운명 그 자체를 가리키기도 한다. 누구에게나 행운이든 불운이든 주어진 운명이 있다. 오로지 그것만으로 군주가 되기도 한다. 그러나 그것보다 더 중요한 것이 비르투이다. '비르투'란 군주 개인의 역량, 능력, 적극적 자세 등을 가리킨다. 설사 포르투나로 군주가 되더라도 비르투가 뒷받침되지 않으면 권력을 지킬 수 없다. 포르투나는 언제 어떻게 바뀔지 모르기 때문이다.

'강한 남성적 힘vir'은 비르투virtu, 곧 덕(德)의 속성이다. 덕을 잘 길러서 남보다 우수한 비르투를 발휘할 수 있는 사람이 지도자의 재목이며, 개인이든 국가든 더 우수한 비르투를 소유할 때 번영할 수 있다. 그런데 이런 비르투에는 성실함, 공평함, 정직함 등 당시의 기독교 문화에서 장려하는 미덕도 포함되지만, 카이사르나 알렉산드로스 같은 영웅들이 지녔던 용기, 대범함, 솔선수범함 등의 미덕은 잘 발휘될 수 없다. 마키아벨리는 정치와 행정, 외교 등에서 실패하지 않으려면 기독교적인 미덕은 잠시 잊어버리고 고대 영웅들의 비르투를 본받을 필요가 있다고 주장한다. 고대의 영웅들은 때로는 거짓말도 하고, 잔혹한 살육도 저질렀다. "필요할 때는 주저 없이 사악해져라"는 마키아벨리의 메시지는 도덕 따위는 의미가 없다는 뜻이 아니다. 더 큰 도덕을 위해서는 세세한 부분에서 악덕을 행할 필요도 있는 것이 정치의 본질이다.

운명의 신은 우리에게 자유의지를 주었다. 따라서 운명의 여신이 역경과 고난을 가져다주었다 하더라도 인간은 자신의 자유의지와 비르투로써 대응할 수 있다. 운명이 가진 파괴적인 힘은 준비가 허술한 약한 고리를 공격해 자신의 위력을 과시하려 한다는 데 있다. 그렇기에 그와 맞설 준비와 실력을 갖춘 사람을 피한다. 비르투는 시대와 상황이 요청하는 불가피성(네체시타)에 맞게 행사해야 한다.

마키아벨리는 "자신을 지키고자 하는 군주라면 착하지 않을 수 있음을 배울 필요가 있다. 착하지 않을 수 있는 능력을 상황의 '불가피성'에 따라 사용할 수도 있고 사용하지 않을 수도 있어야 한다."고 설파한다. 여기서 '불가피성'이 '네체시타necessita'이다. 유능한 군주는 어떤 결정을 내릴 때 그것이 네체시타인지 충분히 숙고해야 한다. 따라서 군주에게는 이러한 실천적 숙고 능력, 즉 프루덴차prudenzia가 필요하다.

평화 시기에 맞는 방책과 전환기에 필요한 방책은 다르다. 상황이 무엇을 요청하는지, 그에 따라 어떤 방책이 필요한지를 이해하는 실천적 이성(푸르덴차)을 가져야 한다. 그래야 지도자에게 부여된, '하지 않으면 안 되는 과업'을 이해할 수 있다.

요컨대 유능한 군주라면 도덕에 속박되지 말고 다양한 현실적 선택지를 고려해야 한다. 그리고 프루덴차를 발휘해 네체시타를 따져 보고 적절한 방안을 골라 과감하게 실행해야 한다. 이때 목적은 당연히 공익(公益)을 지향해야 한다. 이것이 바로 포르투나에 수동적으로 굴복하는 대신 비르투를 통해 공적인 과업을 완수하는 유능한 군주의 모습이다.

그런 지도자에게는 기회가 주어진다. 기회는 비르투를 갖춘 지도자에게 운명의 여신이 주는 선물이다. 그 기회를 잡아 적극적으로 나설 때, 지도자는 민중으로부터 지지를 얻고 명성을 쌓을 수 있으며 위대함을 실현할 수 있다. 궁극적으로는 국가와 공동체를 행복하게 할 수 있다.

민주적 공화주의의 비전

마키아벨리즘의 창조자라고 불릴 정도로 군주의 중요성을 강론한 마키아벨리는 아이러니컬하게도 루소를 비롯한 후대 학자들 간에는 사실은 공화주의자로 평가되기도 한다. 루소는 《사회계약론》 3권 6장에서 《군주론》의 가치가 '피상적이고 정직하지 못한' 독서 때문에 희생되었다고 말한다. 마키아벨리는 자신이 진정으로 말하고자 하는 바를 《군주론》의 곳곳에 숨겨 놓았다. 그 숨은 의도를 들여다볼 수 있어야만 《군주론》이 왜 '공화주의자의 책'이고 '왕을 위한 것이 아니라 민중을 위해' 쓴 것인지를 이해할 수 있다는 것이다.

알베리코 젠틸리[7]를 비롯한 학자들도 마키아벨리를 귀족주의적 공화주의자로 잘못 해석했다고 비판한다. 동시에 마키아벨리 이론에 내장되어 있는 것은 귀족과 상층 부유층 중심의 공화주의가 아니라, 보통 사람들의 정치 참여가 확대된 민주적 공화주의였다는 점을 부각시켰다.

마키아벨리의 정치사상이 혼란스러운 것은 바로 군주론과 같은 시기에 집필된 《로마사 논고Discorsi sopra la prima deca di Tito Livio》1517 때문이다. 《로마사 논고》가 공화정을 주제로 한 저술이고, 《군주》가 군주정에 대한 책이라는 일반적 기준에 기초해 볼 때, '어떻게 동일한 저자가 상반되는 정치체제에 대해 똑같은 비중을 둔 주장을 전개할 수 있느냐?'는 의문이 든다.

《군주론》과 《로마사 논고》1532[8]은 형식에서는 매우 달랐지만 본질과 정신적인 면에서는 같은 면을 보여주고 있다. 마키아벨리가 이상적인 군주론을 강하게 피력한 이유는 《군주론》을 통해 자신의 능력과 권력을 과신해 오만한 폭군이 되려는 지도자가 아니라, 세상에 겸손하고 자신과 주위를 돌아볼 수 있는 지도자의 상을 제시하고자 했기 때문이다. 국가의 존립과 부흥은 매우 중요한 문제이기 때문에 어떤 수단은 사용되는 목적으로서 정당화된다.

《로마사 논고》는 리비우스의 《도시의 건설로부터》Ab Urbe Condita에 내재된 로마 공화정의 붕괴와 로마 제정의 시작이 교차되는 순간의 시대적 열망을 공유하고, 리비우스가 환기시키려는 로마 공화정의 역사를 어떻게 수용하고 극복할 것인지를 동시에 설명하고 있는 책이다. 이 책에서 저자는 "조국의 안전을 다루는 곳에서는 정의나 부정의, 연민과 잔학성, 존경과 멸시가 고려될 수 없으며, 조국의 자유를 지키고 삶을 보호하는 길만이 있다."고 말했다.

《로마사 논고》, 《정략론》 등을 살펴보면 마키아벨리는 세상 사람들의 편견과 달리 공화주의자에 가깝다. 그는 고대 로마를 이상적인 국가로 본다. 그는 지배자가 존경받고 명예와 영광을 차지하며 민중의 삶은 사랑과 신뢰로 가득 찬 세상을 꿈꿨다. 이런 세상을 위해서는 법의 지배가 필수적이고, 권력의 부패를 막기 위해서라도 시민들 간의 갈등과 균형이 필요하다. 《군주론》에서 엿보이는 잔인한 군주는 위기 상황에 대처하는 국가 수호자의 모습이었을 뿐이다. 그도 법이 지배하는 민주적인 국가를 이상으로 여겼던 것이다.

따라서 두 저술은 헌정의 대상과 논의의 주제가 초래한 차이만큼이나 동일한 정치적 태도를 전달한다. 특히 두 가지 점에 주목할 필요가 있다. 첫째, 공화정에도 '제왕적 권력'potestà regia을 가진 '한 사람'uno solo 또는 왕국에서나 볼 수 있는 정치권력의 행사가 필요할 때가 있다는 점을 부각시켰다. 둘째, 군주정에서도 '다수' 또는 '인민'의 '지배받지 않고자 하는 욕구'를 충족시키는 것, 즉 인민의 자유를 보장해주는 것이 정치체제의 존속에 가장 중요한 조건이라는 점을 강조했다.

> 모든 도시에는 인민과 귀족의 두 계급이 있기 때문입니다. 이러한 상황은 한편으로 인민은 귀족에게 지배당하거나 억압당하는 것을 원하지 않기 때문에, 다른 한편으로 귀족은 인민을 지배하고 억압하고자 하기 때문에 초래됩니다. 도시에 존재하는 상이한 이 두 가지 요인으로부터 세 가지 가능한 결과가 초래되는데, 곧 군주정principato, 공화정libertà, 그리고 무정부licenza가 그것입니다

(9장, pp.68~69)

그에 따르면, 수를 권력 자원으로 하고 다수 인구를 점하는 민중의 정치 참여, 그로 인해 발생하는 귀족과 평민 간의 갈등은 정치적 역동성의 중심적 동력이 된다. 이때 군주는 자신의 권력을 유지하기 위해 귀족보다는 민중과 더 친화적인 관계를 유지할 필요가 있다. 귀족에 비해 민중은 다수이기에, 군주가 민중을 적대적으로 만들 경우 권력을 상실할 위기를 맞게 될 가능성이 높기 때문이다.

《군주론》 20장은 외세에 대응해 민중을 무장시킬 필요가 있는가라는 주제를 다룬다. 왜 군주의 정치적 기반을 민중에 두는 것이 필요한가. "최선의 요새는 민중으로부터 미움을 사지 않는 것이며. [···] 민중이 당신을 미워한다면 어떠한 요새도 당신을 지켜 주지 못한다." 군주와 민중의 관계는 일방적이고 독재적인 관계가 아니라 상호 규정하고 영향을 주고받는 것이라는 점을 이 문장은 일깨우고 있다.

《군주론》과 《로마사 논고》에 나타난 마키아벨리의 사상을 종합해보면, 그는 《군주론》을 통해서는 사분오열된 이탈리아 반도를 통일하고자 하는 민족주의적 열망을, 그리고 《로마사 논고》를 통해서는 공화정을 통해 이탈리아가 고대 로마의 영광을 재현할 수 있는 비전을 제시하고자 했다.

마키아벨리의 《군주론》은 이상에 사로잡혀 무의미한 논의만이 오가던 정치를 처음으로 현실 세계의 시선을 통해 그려냈다는 점에서 정치사적으로 불후의 저작으로 평가받는다. 또한 《군주론》에서 언급하고 있는 여러 권고들, 그리고 이 권고를 무시함으로써 일어난 사건들이 실제 우리 역사 속에서도 나타나고 있다는 점을 생각해본다면, 마키아벨리가 인간과 정치를 얼마나 정확히 꿰뚫어보았는지 실감할 수 있다.

토론 주제

- 군주론은 500년 전 이탈리아 군주정 시대의 권력과 정치, 국무를 다룬 책이다. 오늘날 우리 사회에, 그리고 우리 삶 속에서 《군주론》은 어떤 측면에서 유효한가?
- 비르투(virtu)를 지닌 지도자란 어떤 인물들인가? 정치인들에게 요구되는 덕과 역량이란 무엇일까?
- 당대 유럽에서 이탈리아가 살아남을 수 있는 최선의 선택지는 무엇이었는가?
- 포르투나와 비르투의 대비, 네체시타, 푸르덴차와의 관계에 대해 설명해보라.
- 마키아벨리즘(Machiavellism)이란 흔히 권력을 위해서라면 무슨 짓이든 하는 냉혹한 정치꾼의 권모술수를 가리킬 때 쓰는 말이다. 마키아벨리즘은 오늘날의 현실정치에서도 여전히 유효한가?
- 마키아벨리는 군주의 덕목 가운데 하나로 사자의 용맹함과 여우의 간교함을 주장한다. 이것이 가장 효과를 거두었던 국내외 사례를 들어서 그것의 의미와 가치, 한계를 설명하라.
- 귀족적 공화주의와 민중 친화적인 공화주의에 대해 마키아벨리는 어떻게 생각했는지 논하라.
- 정치는 도덕에 입각해야 한다는 키케로의 입장에 대해 자신의 입장을 설명하라.
- 마키아벨리 이전에 정치는 "인간이 어떻게 살아야 하는가?"하는 종교와 도덕적 가치로 서술되었던 반면에, 《군주론》에서 정치는 "인간이 어떻게 살고 있는가?"로부터 설명되고 있다. 이 두 가지 관점에 대해 자신의 생각을 논하라.
- 마키아벨리의 정치철학은 흔히 '목적이 수단을 정당화한다.'는 결과주의로 잘 알려져 있다. 이에 대해 자신의 생각을 말해보라.

더 읽을 거리

- 곽준혁. 2014. 《마키아벨리 다시 읽기: 비지배를 꿈꾸는 현실주의자》. 파주: 민음사.
- 니콜로 마키아벨리. 2014. 《군주론》. 최장집 서문 · 박상훈 옮김. 서울: 후마니타스.
- 니콜로 마키아벨리. 2004. 《로마사 논고》. 강정인 · 안선재 옮김. 파주: 한길사.
- 니콜로 마키아벨리. 2017. 《군주론/전략론》.황문수 옮김.동서문화사.
- 로베르토 리돌피. 2000. 『마키아벨리 평전》. 곽차섭 옮김. 서울: 아카넷.

주

1) Francesco Bausi, Machiavelli (Roma: Salerno Editrice, 2005), 27. 재인용.

2) Niccolò Machiavelli, Il Principe, 《군주론》, 강정인 · 김경희 옮김, 까치, 2015. 제 17장

3) Niccolò Machiavelli,"Lettere di Machiavelli a Francesco Vettori, 16 Aprile 1527," in Opere di Niccolò Machiavelli Vol.3 edited by Fanco Gaeta (Torino: Unione Tipografico–Editrice Torinese, 2000), 629. 재인용

4) 《군주론》 26장

5) 키케로의 의무론–아들에게 보내는 편지,허승일 역, 서광사, 2006

6) 박삼섭, 마키아벨리의 《군주론》 500년. 知平 메모랜덤, Orbis Sapientiae 17.

7) 박삼섭, 마키아벨리의 《군주론》 500년. 知平 메모랜덤, Orbis Sapientiae 17.

8) 국내에서는 《로마사 논고》라는 일본식 제목을 쓰고 있지만, 이 책의 원래 제목은 "티투스 리비우스의 첫 열권에 대한 강의(Discorsi sopra la prima deca di Tito Livio)"이다.

3

어떻게 권력은 작동하는가?

푸코 《감시와 처벌》

Bibliothèque
des
HISTOIRES

Surveiller et punir

Naissance de la prison

par

MICHEL FOUCAULT

nrf

Éditions Gallimard

어떻게 권력은 작동하는가?

| 보이지 않는 감시와 권력의 미시물리학

마정미

1968혁명의 흔적

가장 독창적인 시각으로 인간의 역사를 재구성한 프랑스의 사상가 미셸 푸코Michel Foucault, 1926.10.15. ~ 1984. 6.25.는 '권력의 미시 물리학자'라고도 불린다. 그에게는 수많은 저작들이 있지만 대표작으로 1975년에 출간된 《감시와 처벌Surveiller et punir》을 꼽을 수 있다.

이 책은 합리적이고 이성적인 근대 권력이 어떻게 발원하고 작동하는지를 감옥이라는 특정 제도의 발전사를 통해 분석한다. 이성의 시대인 근대 계몽주의 시대 이후 권력의 작동은 일방적으로 처벌하고 억압하는 부정적 형태보다는 지식과 담론을 만들어내는 적극적인 방식으로 표상되고 있다고 보는 푸코는 그 생생한 증거를 감옥과 정신병원에서 찾는다.

"감옥은 공장이나 학교, 군대 병영이나 병원과 비슷하다. 이런 모든 기관들이 감옥과 유사한 것은 결코 놀라운 일이 아니다"라는 것이다. 그는 감옥을 사례로 하여 근대적 인간과학 지식에 따라 정상과 비정상이 어떻게 구분되는지, 규율과 훈련에 기반을 둔 일상생활이 어떻게 재조직화되는지, 결국 지배에 순종하는 신체를 가진 근대적 '개인'이 어떻게 탄생하는지를 생동감 있게 분석하고 있다.

권력이란, 베버에 따르면, 타자의 의지에도 불구하고 자기의 의지를 관철시킬 수 있는 힘이다. 푸코는 이러한 권력에 대한 고전적 이론을 넘어서 권력의 미시적 차원을 주목한다. 다시 말해, 권력은 사회 제도와 관련된 전략 및 효과이며, 미시적 차원에서 진행되는 일종의 관계이자 상호작용이라는 것이다.

《감시와 처벌》은 1975년에 출간되었는데, 푸코가 이 책을 저술하던 시대는 1968년 혁명이 사회를 뒤흔들고 무수한 학생들이 현장에서 체포되고 투옥되던 시기였다. 감옥은 권력과 억압을 가장 선명하게 보여주는 공간이었고, 권력의 가장 첨예한 이데올로기적 국가 기구ISA:ideological state apparatus라고 할 수 있다. 감옥의 문제를 다루면서, 푸코는 권력의 정체를 폭로하고, '담론'이 인간의 육체에 어떻게 직접적이고 물리적으로 영향을 미치는지 고찰하였다.

1968혁명의 발단은 베트남 전쟁에 반대하며 아메리칸 익스프레스 지점의 유리창을 깨뜨린 과격파 학생들이 체포되면서 시작된다. 이 사건을 규탄하고자 했던 낭테르 대학 학생들의 시위가 소르본느 대학의 학생들에게까지 확산되었는데, 정부는 학생들의 시위를 저지하기 위해서 경찰의 공권력을 동원하게 되고, 경찰과 학생들 간의 무력충돌을 지켜본 일반 학생과 노동자들이 동참하면서 프랑스 68년 5월 혁명의 도화선에 불이 붙는다.

1960년대 프랑스의 드골 공화국은 패전의 상처를 딛고 산업 근대화를 이뤄야 하는 목표를 달성해야 했다. 하지만 프랑스 학생과 노동자들에게 1960년대는 정치적, 사회적, 문화적으로 혼재와 혼란, 그리고 억압의 시대였다. 트로츠키주의자, 마오주의자, 무정부주의자, 극우파 등 다양한 이데올로기에 대한 선택과, 노동문제, 인종 문제, 베트남 전쟁에 대한 이해관계가 서로 복잡하게 얽히고설켜 있었다. 1960년대는 전체 인구에서 젊은 층19~29세이 차지하는 비율이 가장 높았던 시기였다. 선진 산업국에서 노동 시장에 대거 진입한 젊은 층들은 곧 자본주의의 병폐인 '실업'이라는 사회 문제에 직면하게 된다. 또, '저항'과 '일탈'의 대명사가 되고 있는 언더그라운드 문화를 향유하는 이 젊은 세대는 '프라하의 봄'에 대한 소련의 무자비한 탄압이나 억압, 베트남 전쟁을 비난했고 프랑스 교육의 민주화 역시 일종의 속임수 내지 환상이라고 비판했다. 왜냐하면, 교육의 대중화에도 불구하고, 여전히 선발 체제는 엘리트주의 지향적이었기 때문이다. 그리하여 1965~1970년대에 20대였던 이 거대한 젊은 집단 층은 그들의 반란을 '정치화'시켰고, 기득권층이 옹호하는 위대한 원리나 사회 공약들이 실상은 대개 허위이며 위선임을 주장했다.

1968혁명 또는 5월 혁명은 교육 체계와 사회문화라는 측면에서 '구시대'의 가치와 질서에 저항한 사건이라고 할 수 있다. 또한 68혁명은 프랑스에만 국한된 것이 아니라 미국, 일본, 서독 등 수많은 자본주의 국가에 확산되었기 때문에 버클리나 베를린, 파리 같은 선진국의 유수 대학들은 '보다 나은 사회'의 건설을 꿈꾸는 젊은이들 의식과 정치 활동의 장이 되었다. 물론, 프랑스의 경우 우파가 다시 정권을 장악하고 학생들은 그들의 일상으로 돌아갔지만, 1968년 5월 혁명은 사회적으로 엄청나게 큰 영향을 미쳤다. 프랑스에서는 종교, 애국주의, 권위에 대한 복종 등의 보수적인 가치들을 대체하는 평등, 성해방, 인권, 공동체주의, 생태주의 등의 진보적인 가치들이 사회의 주된 가치로 자리매김하였으며, 이러한 가치의 이동이 현재의 프랑스를 이끄는 동력이 되고 있다.

《감시와 처벌》은 이런 배경 가운데 나왔다. 이전의 저작에 이어 푸코는 치밀한 사료 분석을 통해 감옥의 역사를 분석하고 드러냈다. 그가 감옥을 분석한 의도는 점점 치밀해지고 강해지는 권력의 미시적 작동을 생생하게 드러내는 데 있었다.

미셸 푸코는 누구인가?

미셸 푸코는 프랑스 푸와티에Poitiers에서 유복한 부르주아 가문에서 태어났다. 중산층 가톨릭 집안에서 외과 의사이자 해부학 교수의 아들로 태어난 푸코는 프랑스를 대표하는 명문 고등사범학교ENS를 졸업했는데, 이 학교는 당대의 수많은 프랑스 지성들이 다닌 곳이기도 하다. 구조주의적 마르크스주의자 알튀세르는 고등사범학교의 스승이자 동료였으며 해체론의 대가 데리다는 그의 후배였다.

고등사범학교에서 푸코는 철학, 심리학, 정신병리학 등을 공부했으며, 니체, 하이데거, 바따이유, 바슐라르, 깡길렘, 알튀세르 등의 영향을 받았다. 젊어서는 열렬한 공산당원이었으나, 동성연애자라는 이유로 탈당하게 되었다. 대학시절부터 헤겔과 마르크스에 빠졌으나, 당대의 레비스트로스, 알튀세 등 구조주의 철학의 영향을 받고 27세 이후 니체 읽기를 시작하면서 자기만의 독창적 철학 체계를 구축하기 시작했다. 고등사범 졸업 후 푸코는 유럽 여러 나라의 프랑스 문화원장 직을 거쳐 심리학과 정신병학으로 박사 학위를 받았다.

관점의 차이는 있으나 미셸 푸코는 사회 구조나 언어 구조 등의 '구조'가 우리 사회의 모든 것을 결정한다고 주장했다는 점에서 구조주의 혹은 포스트모더니즘의 대표적 철학자로 평가받고 있다. 여기서 구조란 '짜인 어떤 틀'을 말하는 것으로, 인간의 자아나 관념 역시 이 틀 안에서 탄생하고 전개, 소멸한다고 보았다. 그리고 그의 모든 논의의 중심에는 인간의 신체가 있었다. 그는 신체야말로 권력의 시발점임과 동시에 저항의 시발점이라고 말한다.

푸코의 학문은 철학, 사회학, 역사학 등 어느 하나에만 귀속되지 않는다. 그는 포스트 구조주의를 대표하는 철학자인 동시에 지식의 역사를 다룬 역사가이자, 사회 현상의 감춰진 이면(裏面)을 탐구한 사회학자이기도 하다. 푸코의 사회학은 한 마디로 '타자'의 사회학이다. 여기서 타자란 남자와 여자, 어른과 아이, 정상인과 비정상인, 서구인과 비서구인 등 이제까지 철학적으로, 사회적으로, 정치적으로 배제돼 온 후자의 그룹을 지칭하며, 타자의 사회학이란 바로 이들과 이들을 다루는 지식들을 비판적으로 해부하는 학문적 시도를 의미한다. 푸코는 나아가 이러한 경계를 만들고 유지시키는 '지식-권력savoir-pouvoir'의 존재를 추적하고 그것이 미치는 효과에 대해 분석하였다. 그리고 그는 지식과 권력이 어떻게 연결되고 작용되는지를 밝히는 데 몰두하였다.

대학에서 철학을 전공한 후 정신의학에 흥미를 가지고 그 이론과 임상(臨床)을 연구하는 한편, 정신의학의 역사를 연구, 《광기(狂氣)와 비이성(非理性)—고전시대에서의 광기의 역사》1961와 《임상의학의 탄생》1963 등을 저작하였다. 그의 박사논문인 《광기의 역사》는 근대 서구사회에 있어서 나병의 쇠퇴와 나병의 폐쇄에 따른 광인을 감금하는 장소가 개설된 사실에서 이론적 비판을 전개한 논문이다. '광기'의 개념이 형성되고 유포된 과정을 고고학적 방법으로 추적하여, 이성주의의 '차별과 배제의 논리'를 역으로 드러낸다. 서양문명의 핵심인 합리적 이성에 대한 독단적 논리성을 비판하고 억압적인 권력의 구조를 예리한 통찰력으로 파헤쳤으며 정신병의 원인을 사회적 관계 속에서 밝혀내려 하였다. 이 저술로 푸코는 세계적으로 주목받는 철학자 반열에 올랐다.

이후 의학적 시선과 인간의 신체를 향한 권력을 다룬 《임상의학의 탄생》(1963)을 저술하였으며 1966년에는 역사를 통해 지식의 발달과정을 분석하고 3개의 에피스테메를 설명한 《말과 사물》을 저술하였다. 1969년 《지식의 고고학(考古學)》에서는 전통적인 사상사를 비판하였고, 1975년에 푸코는 부르주아 권력과 형벌제도에 대한 분석의 결과물인《감시와 처벌-감옥의 역사》을 저술하였다. 푸코는 이성의 이름 아래 자명하고 보편적인 진리로 여겨졌던 기존의 모든 지식체계를 회의하면서, 근대 철학자들의 관심 밖에 있던 '광기'와 '성'의 문제를 '권력'의 문제와 연관 지어 근대사의 '비밀'을 풀어 헤쳐 나갔다.

그는 1968년 파리를 휩쓴 학생혁명 이후 계속된 사회 변혁 운동에 교수이자 실천적 지식인으로서 적극 참여했으며 파리대학 반센 분교 철학교수를 거쳐 1970년 당대 프랑스 지식인의 최고봉으로 여겨지는 교육기관 콜레주 드 프랑스의 '사상체계의 역사' 담당 교수로 부임하였다. 68혁명으로 상징되는 자유와 개혁의 물결이 강하게 일고 있던 시절, 그는 사르트르와 더불어 가장 진보적이며 활동적인 지식인으로 꼽혔다. 푸코는 평생 어떤 정치적 이념도 내세우지 않았지만, 정치적 반대자, 노동자, 죄수, 이민자, 동성애자 등 항상 핍박받는 이들 편에 섰다.

miche lfoucault

푸코 사상의 핵심 개념이 '권력'이라는 데 대해서는 이론의 여지가 없을 것이다. 푸코가 권력의 문제에 대해서 예민하였던 것은 자신을 항상 권력의 희생물로 보았기 때문이다. 의사 집안의 아들로 태어나 유복한 환경에서 자라났으며, 그 자신도 대학교수로서 명성을 누렸다는 약력을 보자면 이 말은 납득되지 않을 수도 있다. 그러나 푸코는 동성애자였기 때문에 항상 편견과 따돌림 그리고 무시를 당해야만 했고 심지어 정신병자나 끔찍한 환자로 취급당하기도 하였다. 이러한 무시와 배제, 따돌림은 그에게 권력 행사로 느껴졌다.

권력이란 어떤 분명한 실체가 있다기보다는 느껴지는 것이다. 사람들이 권력이라는 말을 떠올릴 때면 흔히 무력이나 재력, 정치적 권한, 힘 등을 생각한다. 하지만 이러한 것들은 권력의 작동에 의해서 나타나는 현상에 불과하다. 눈에 확연하게 드러나는 권력의 현상은 실은 눈에 보이지 않는 권력, 즉 권력관계가 겉으로 드러난 것에 불과하다. 좀 더 정확하게 표현하자면 권력은 권력자와 피권력자가 맺고 있는 '관계'인 것이다.

푸코의 저작들은 인간의 알고자 하는 의지와 이를 억압하는 권력과의 관계를 주요 주제로 삼았다. 푸코는 지식은 권력과의 관계를 맺고 있으며 모든 지식은 정치적이라고 주장하였다. 이렇듯 기존의 기득권 질서와 가치체계에 대한 끊임없는 '바깥으로부터의 사유와 위반의 실천'으로 점철된 그의 인생은 안타깝게도 학문적 명성의 정점에 서 있던 50대 후반에 멈추고 말았다. 1984년 6월 25일 프랑스 파리의 살페트리에르 병원에서 에이즈에 의한 합병증으로 사망한 것이다.

감옥의 탄생

푸코에 의하면 근대사회는 그 자체가 거대한 감옥이다. 이 거대한 감시와 처벌의 체계는 권력과 지식의 결탁에 의해 운용된다. 푸코의 관심사는 노골적인 독재권력이 아니라 훨씬 '근대화'되고 '이성적'인 권력들이 일상의 문화와 언어에 침투해 행사하는 은밀한 지배방식에 집중되었다.

푸코가 정신병원을 감옥과 대등한 수준에서 다룬 것도 그 같은 통찰이 있었기 때문이다. 성의 문제도 마찬가지이다. 어떤 사회가 '정상'이라고 이름 붙인 성관념을 벗어나는 것은 모두 '비정상'으로 매도돼 곧바로 정신병자로 분류될 위험에 처하게 된다. 이처럼 푸코에게 있어서 권력, 광기, 성은 상호 복합적 관계를 형성하며 뒤얽혀 있다. 권력과 지식은 떼

레야 뗄 수 없는 복합체가 되어 당대의 '지식의 기준'을 설정하고, 정상과 비정상을 구분 짓는 '경계선'을 설정하며, 여기에서 벗어나는 사상이나 행동들을 억압하고 있다는 것이 그의 통찰이다.

《감시와 처벌》에서 푸코는 정신병원은 환자를 치료하기 위한 인간적 장치가 아니라 이성 중심적 사회가 배타적이고 독선적인 가치기준으로 광인을 추방하고 감금해온 장소로서 인간에 대한 권력의 지배를 강화하기 위한 억압적 수단의 필연적 산물이라고 분석한다. 또한 감옥은 범죄자들의 단순한 수용소가 아니라 권력의 사회통제를 위한 전략의 소산이며 그 범죄자들은 경제적, 정신적으로 유용한 존재들이기 때문에 그들을 존속시키기 위해서 필요한 기관이 되고 있다는 것이다.

처벌 방식의 권력과 규율 사회에서 살아가는 근대적 개인의 상관관계를 치밀하게 분석한 이 책은 근대적 개인의 정신 혹은 영혼과 새로운 사법 권력의 상관적 역사를 밝히기 위하여, 과학적이고 사법적인 복합 실체의 계보학을 보여준다. 근대적 감옥이나 감옥과 병행하여 확립된 권력의 규율 기술이 상세히 등장한다. 신체에 대한 권력의 규율화는 신체의 각 부분을 통제가 익숙하도록 훈련시키고, 따라서 신체를 기계처럼 만들어버리면서 유용한 신체일수록 복종적으로 또는 복종할수록 효율적이 되는 메커니즘을 완성한다. 규율 권력은 끊임없는 개인 기록과 통제에 의한 규범화 전략과 아울러 각종 보상과 처벌의 제도로 한 사회를 규율화된 사회로 정착시킨다.

계보학적으로 책의 내용을 따라가자면 우선 제1부 '신체형'에서는 수형자의 신체와 신체형의 스펙터클을 설명한다. 푸코는 1757년 대역죄인 '다미엥'의 처형 판결 기록으로 이 책을 시작한다. 1757년 2월 3일, 국왕 살해 미수범 다미엥에 대해 다음과 같은 유죄판결이 내려졌다.

"손에 2파운드 무게의 뜨거운 밀랍으로 만든 횃불을 들고, 속옷 차

림으로 파리의 노트르담 대성당의 정문 앞에 사형수 호송차로 실려 와, 공개적으로 사죄를 할 것." 다음으로 "앞의 호송차로 그레브 광장에 옮겨간 다음, 그곳에 설치될 처형대 위에서 가슴, 넓적다리, 장딴지를 뜨겁게 달군 쇠 집게로 고문을 가하고, 그 오른손은 국왕을 살해하려 했을 때의 단도를 잡게 한 채, 유황불로 태워야 한다. 계속해서 쇠 집게로 지진 곳에 불로 녹인 납, 펄펄 끓는 기름, 지글지글 끓는 송진, 밀랍과 유황의 용해물을 붓고, 몸은 네 마리의 말이 잡아 끌어 사지를 절단하게 한 뒤, 손발과 몸은 불태워 없애고 그 재는 바람에 날려버린다." (p.23)

투팍 아마루 2세의 거열

중세의 고문과 극단적이며 잔인한 처형 방법은 권력의 의식이자 정치적 의식이다. 공개된 고문 혹은 처형의 목적은 백성들의 공포심을 유발하는데 있다. 갈기갈기 찢겨 고통을 당하는 죄인의 신체를 통해 백성들이 군주의 권력을 간접적으로 보게 한다.

그러나 고통스럽고 잔인한 신체의 형벌 제도가 18세기 중후반부터 19세기 초까지 서서히 소멸되기 시작한다. 처벌 대상이 신체에서 정신으로 옮겨가는 것이다. 왕권 시대의 권력이 신체에 대한 잔인한 폭력이나 고문과 같은 공포의 행위로 권력의 존재를 과시하는 것이었다면, 근대의 권력은 감옥의 제도를 통해 자신의 모습을 감추면서 신체를 부드럽게 통제하고 지배하는 기술을 발전시켰다.

이러한 처벌 방식의 변화는 계몽주의 시대인 18세기 말에 개혁자들이 죄수에게 가혹한 형벌을 부과하는 것보다 감금이라는 제도를 통해서 죄수를 처벌하고 교화시키는 방법을 제안했기 때문이다. 푸코는 처벌의 이러한 개선이 '죄수에 대한 인간적 처우를 개선해야겠다'는 인식의 변화가 나타났기 때문이 아니라 권력의 기술이 근대화되었기 때문이라고 본다.

푸코는 1838년 프랑스의 레옹 포쉐가 작성한 '파리 소년 감화원을 위한 규칙'[1)]을 통해 근대 이후 파리 감옥의 세밀한 수감자 일과표-기상부터 수면까지의-를 제시한다. 권력의 처벌- 달리 말해 권력의 작동 기제가 근대 이전의 공개적이고 폭력적인 방식에서 근대 이후 은밀한 통제의 방식으로 이루어지기 시작했다는 것이다. 푸코는 이를 '규율의 과학'이라고 부른다. 그리고 이 과학은 감옥에서만 작동하는 것은 아니다. "개인을 개조하는 새로운 과학-정말로 인간공학-이 군대, 학교, 병원, 정신병 요양소, 구빈원 그리고 공장들에서 개발되었다." 공간의 배치, 시간표를 이용한 행동의 통제, 반복 훈련, 정상-비정상을 가르는 평가 등이 그것이다.

제2부 '처벌'에서는 스펙터클에서 복수가 아닌 처벌로 이행되는 과정과 매우 유순해진 형벌을 설명하고, 사형과 벌금형 중간에 '구금형'이 나타난 사실을 강조한다. 비로소 처벌은 유사 범죄 방지와 악을 멀리하기 위한 예방책으로 작동한다.

제3부 '규율' 편에서는 신체 활동을 통제하고 복종시키며 순종과 효용성의 관계를 나타내면서, 효과적이고 다양한 훈육 방법들이 소개된다. 위계질서적인 감시, 규범화된 제재, 시험을 통한 결합 등이 상당히 효율적으로 시행되면서 결국, 판옵티콘의 감시체제가 대안으로 등장한다. 원형 건물 중앙에 감시 탑이 있고 각 독방에 한 사람씩 들어가 있어, 탑에

서는 모든 이를 관찰할 수 있지만 수감자는 감시자를 전혀 볼 수가 없다. 가시적이고 확인될 수 없는 권력이 24시간 감시하면서, 분리와 고정 및 분할 통치라는 모든 권력의 속성을 유감없이 드러낸다. 비대칭과 불균형만이 존재하는 판옵티콘 시스템은 감옥뿐만 아니라 병원, 학교, 작업장 등으로 확산되면서 권력에게 물적, 인적, 시간적 경제성을 선사한다.

제4부에서는 '감옥'을 집중적으로 살핀다. 감옥은 형법의 체계적 활용 전부터 이미 존재하고 있었지만, 바야흐로 '문명화한 사회의 형벌'이라는 상징성을 지닌다. 야만적 스펙터클의 시대를 지나면서 감옥은 개인의 교정을 위한 합법적 감금 시스템이지만, 무익하고 반자연적인 그 안에서의 생활 때문에 오히려 범죄자를 양성하는 시설이 되어버린다. 석방 후에 전과자로서 여러 악조건을 견뎌야 하고 가족을 빈곤 상태로 만들어 또 다른 범죄를 생각할 수밖에 없는 환경인 까닭이다. 감옥은 또한 계급 상의 불균형을 나타내어 대다수 하급층에게는 매우 불리하게 작용하여 위법행위를 조장하는 측면도 있다. 지배 계급의 불법적 이익과 권력 순환에 적절하게 이용되는 것이다.

《감시와처벌》은 감옥의 역사적 서술이 아니라 "근대정신과 새로운 재판 권력과의 상관적인 역사"를 서술하기 위한 목적으로 쓰인 글이다. 감옥, 죄수복, 쇠사슬, 처형장 등의 물질적인 형태뿐 아니라 범죄, 형벌, 재판, 법률 등의 비물질적이고 추상적인 문제들을 다루면서, 푸코는 감옥의 역사를 서술한 것이 아니라 감옥과 감시체제를 통한 권력의 정체와 전략을 파헤친 것이다.

그런 의미에서 이 책은 인간을 처벌하고 감금하는 권력에 대한 서술이자 근대적 도덕과 영혼의 계보학이며, 권력의 역사이자 권력에 대한 철학적 이론이기도 하다. 이 두 가지 의도를 충족시킬 수 있는 가능성은 바로 인간의 신체에 대한 정치, 경제의 직접적인 영향이나 연결 관계를 규명함으로써, 즉 '권력의 미시 물리학'이나 '신체의 정치경제학'이라는

독특한 탐구로 이루어진 것이다.[2)]

지식의 고고학, 권력의 계보학

타자의 사회학을 수행하기 위해 푸코가 활용한 방법론이 '지식의 고고학'과 '권력의 계보학'이다. 고고학이 특정한 시대에서의 특정한 담론의 형성과 시대적 변형에 따른 그 담론의 변환을 다루는 방법을 뜻한다면, 계보학은 이러한 형성 및 전환의 조건 가운데 담론(지식)과 권력의 관계를 탐구하는 방법을 의미한다.

푸코는 니체Friedrich Wilhelm Nietzsche의 《도덕의 계보학》에서 큰 시사를 받았음을 언급하면서 자신의 방법을 계보학genealogique이라고 명명하였다. 계보학이란 무엇일까? 그것은 전통적인 역사 서술 방법과는 구별되는 것으로서 역사에 있어 고정된 본질이나 심층적 법칙, 형이상학적 결말 혹은 도달할 수 없는 진리의 의미가 있다는 논리를 부정한다. 그것은 의미, 진리, 가치, 도덕, 선 등의 개념들을 그대로 받아들이지 않고, 그것들 속에 감추어진 권력의 전략, 지배와 복종, 억압과 전투의 관계를 파헤친다. 그것은 지식의 담화, 추상적인 언술 행위 속에 이루어진 권력의 개입과 작용을 파악한다.[3)]

니체의 계보학은 "도덕의 합리적 기초라고 불렀던 것들이, 정밀하게 살펴보면 단순히 시중에서 통용되는 도덕에 대한 평범한 믿음을 학문적으로 변형한 것에 불과하다"는 그의 진술에 잘 표현돼 있다. 계보학은 미셸 푸코에 이르러 확장된다. 푸코는 계보학의 목표는 "사물은 어떠한 본질도 갖고 있지 않다"는 것, 아니 좀 더 정확히 말하면 "사물의 본질은 이질적인 형식들로부터 조각조각 끌어모으는 방식으로 날조된다"는 것을 입증하는 일이라고 주장했다. 푸코의 계보학은 기원이 아닌 출발점을 찾았다.

푸코의 계보학은 역사적 시각을 갖되, 역사학과는 구별되는 것이며, 개별적인 사건들의 뿌리를 추적하되, 그것들이 과거와 현재의 연속적인 시간의 흐름에서 원인과 결과를 이룬다는 시각을 거부한다. 그것은 궁극적 진리나 절대적 앎을 전제로 한 헤겔적 이성의 계보학이 아니라 해석의 가능성이 끊임없이 열릴 수 있는 니체적인 계보학이다.

다시 말해 감옥과 처벌의 문제를 보자면 감옥이라는 권력의 처벌 수단이 어떻게 변모해왔는지를 아는 것이 중요한 것이 아니라 감옥을 통해서 인간-신체에 관한 정치적 기술론이 어떻게 전개되었는지를 아는 것이 중요하게 된다.

현대의 권력은 눈에 띄지 않을 정도로 섬세하게 개개인의 행동을 통제하고 규제한다. 그 방법은 바로 '규율과 지도'이다. 예를 들어, 우리는 학교에서 세세한 규율에 따라 수업 시간의 예절, 복장, 태도 등을 지도 받는다. 그리고 각각의 내용은 기록되고 관리된다. 모든 행동은 세밀하게 규정된 규칙에 따라 나뉘며, 그러면서 우리는 자신도 모르는 사이에 권력에 복종하도록 길들여진다. 즉, 권력은 저항을 불러일으키지 않을 정도의 강도로 개인을 서서히 통제해 나간다.

처벌의 표면적 유연화는 처벌 효과를 증가시키는 응용방법의 변화로 이해되어야 한다고 푸코는 주장한다. 개혁의 목표는 불법 행위를 처벌하고 억제하는 것을 사회의 정규 기능으로 확립하기 위한 것이었으며, 그런 만큼 "덜 처벌하는데 주안점이 있지 않았고 오히려 보다 더 효과적으로" 처벌하기 위한 것이었다. 인간의 몸을 구타하는 물리적 가혹성은 줄었을지 모르지만 법과 규율을 어기면 반드시 처벌하고야 만다는 보편성과 필연성을 증가시켰으며 사회 제도 안에 처벌하는 권력을 보다 깊숙이 확산시키는 결과를 낳았다. "처벌하는 권력의 새로운 경제학"이 인도주의적 개혁과 함께 동반 성장한 것이다.

푸코에 의하면, 인도주의적 개혁의 결과 사법적 감금이 19세기 초부터 처벌의 주요 형태가 된다. "공개 고문, 인도주의적 개혁, 사법적 감금"이라는 처벌 권력의 세 가지 역사적 존재 형태의 순차적 변화가 이제 완결 단계에 이른 것이다. 사법적 감금은 범죄자에 대한 일련의 평가, 규정, 처방, 판단들이 제도적으로 치밀하게 이루어지고 정교화 된다는 사실을 의미한다. 범죄자를 통제하는 가장 효과적인 수단은 그에 대한 지식과 정보를 축적하는 것이고 이러한 지식 기제가 범죄자를 교화하는 데 사용된다. 인도주의적 개혁과 사법적 감금은 사회 전체가 범죄에 대한 예방적, 교정적, 공리주의적 처벌의 권한을 갖게끔 유도한다.

길들여진 몸, 근대 규율권력

앞서 다룬 다미엥과 파리청소년감화소 사례는 너무나도 대조적인 기록이지만 프랑스에서 각기 1757년과 1838년에 일어났던 역사적 사실의 기록이다. 두 기록의 두드러진 차이점은 신체형의 소멸이다. 이러한 육체적 고통, 신체형의 소멸은 무엇을 의미하는 것일까? 그것은 범죄자를 사악한 선천적 악마가 아닌, 부조리한 사회적 모순구조의 희생자로 보는 것일까? 그것은 범죄자를 더 이상 처벌하는 것이 아니라, 교화하려는 인도주의적 행동일까? 푸코의 대답은 그렇지 않다는 것이다 그것은 덜 처벌하는 것이 아니라, 보다 효과적으로 잘 처벌하기 위한 것이다.

육체적 고통을 주는 방식은 이제 효용성도 떨어지지만, 사회가 변했기 때문에 더 이상 효과적인 방식이 아니었다는 것이다. 18세기에 접어들어 범죄는 세련돼졌다. 부르주아, 즉 자본가의 등장으로 국가는 자본주의 사회로 변모하게 되고 사유재산과 소유권이 등장하게 된 것이다. 개개인의 재산 소유권이 법적으로 인정되고 보호를 받게 되자 부익부 빈익빈 현상이 나타나고 범죄는 특정 집단에게 쏠리게 되었다. 결국 범죄의 주범은 하층민이 되었으며, 단순 절도와 살인에서 사기와 횡령과 같은 기술적인 경제사범들로 발전한다. 이에 따라 처벌은 범죄의 소멸이 아니라 재발 방지와 사전 방지가 주목적으로 바뀌게 되며, 처벌권은 새로운 경제성을 갖게 된다.

국가는 장시간에 걸쳐 죄인의 자유를 박탈해 시간을 형벌로 쓰는 행형제도가 보급화했으며, 이와 함께 국가의 노예인 '노동형'도 등장한다. 죄인은 죄를 지은 대가로 격리되어 노동을 하게 된다. 권력을 직접적으로 보여주는 중세의 신체형 고문에서 벗어나 도로 작업이나 운하 공사에 투입되어 국가와 권력을 위해 강제 노동을 한다. 신체는 생산력이자 노동력으로 강제적 복종에 편입되는 것이다. 또한 주로 시민들의 일상에서 강제 노동하는 죄인들의 모습을 볼 수 있었는데, 이는 형벌제도를 세뇌시켜 시민들의 저항의식을 저하시키려는 도덕적 측면의 역할도 한다.

따라서 이제 처벌의 대상은 더 이상 육체가 아니라, 당신의 정신, 영혼이며, 그 수단은 도덕, 양심이자, 철학과 종교, 윤리이다. 이러한 영혼과 정신의 통제 관리를 통한 통제에 집중하는 권력을 푸코는 규율 권력이라 부른다.

근대 규율 권력은 영혼과 정신을 철학적, 도덕적, 윤리적, 종교적으로 통제, 관리한다. 푸코가 말하는 규율 권력은 외적 강제의 내면화를 통해 정신과 영혼에 직접 작용한다. 이 외적 강제의 내면화란 이른바 양심의 가책이란 이름 아래 작동하는 죄책감, 자책감이다. 이는 저 유명한 니체의 주장으로, 니체는 인간은 자신의 분노를 외부의 정당한 대상에게 건강한 방식으로 해소할 수 없을 때, 이 부정적 에너지, 분노의 투사 방향을 안쪽으로 돌려 자기 자신을 탓하고 괴롭힌다고 말한다.[4] 이는 일단 개인의 내면에 죄책감이 심어지면, 나머지는 '자동적으로 알아서 돌아간다'는 의미이다.

그 결과 모든 사회에서 사람의 몸은, 통제하고 금지하며 조절하고 권면하는 권력 앞에 노출된다. 감옥은 다만 그 선명한 축소판일 뿐이다.

감옥뿐만 아니라 군대, 학교, 병원, 공장, 회사 등의 모든 장소에서 몸을 효과적으로 통제하기 위해 일련의 기법을 총동원하는 현상을 보라. 권력 행사에 있어 이성의 시대인 18세기가 새로운 까닭은 '길들여진 몸'을 만들기 위해, 즉 몸의 유순함과 유용성을 증가시키기 위해 전 사회적 차원에서 아주 새로운 기법들이 전면적으로 도입되었다는 데 있다. 이 시기에 전체적인 몸뿐만 아니라 그 미세한 운동이나 자세까지도 권력의 대상이 되었고, 그 목적은 몸이 갖는 효율성을 최대한 제고시키는 데 있었다.

길들여진 몸을 만드는 여러 기법들과 전술을 통틀어서 푸코는 '규율'이라고 명명한다. 규율적 권력이 동원하는 세 가지 주요 기법을 그는 '위계질서적인 감시', '규범화된 제재', '시험'으로 명명하고 그 실례들을 예증한다.

> 감옥 안에서 정부는 인신의 자유와 수감자의 시간을 마음대로 처분할 수 있는데, 그렇기 때문에 그곳에서 교육의 힘은 엄청난 것이다. 하루뿐만 아니라 연속적인 나날과 심지어는 여러 해에 걸쳐 사람에 대해 일어나고 잠자는 시간, 활동과 휴식의 시간, 식사의 횟수와 소요시간, 음식의 질과 배급량, 노동의 성격과 생산물, 기도의 시간, 이야기하는 방법, 그리고 말하자면 사유의 방식까지 규제할 수 있는 교육, 식당에서 작업장으로나, 작업장에서 감방으로의 단순하고 짧은 도정에서 육체의 움직임을 규제하고 휴식시간조차 시간의 사용 방법을 결정하는 교육, 한 마디로 사람이 지닌 모든 육체적·정신적 능력과, 사람이 본래의 모습으로 놓여있는 시간을 지배하여 사람을 완전히 장악할 수 있는 교육의 힘은 대단한 것이다. (p.340)

개인이 항상 관찰되고 있다는 사실은 그 사람의 복속을 유지케 만드는 요체다. 정보화 사회의 현실이 이것을 실감 나게 한다.[5)] 거리나 건물 곳곳에서 우리를 내려다보고 있는 감시 카메라의 존재는 단적인 예에 불과하다. 일찍이 조지 오웰은, 모든 인간의 일거수일투족이 송두리째 감시되고 사람들의 꿈과 무의식조차 '빅 브라더Big Brother'의 전방위적 감시체계에 의해 조작되는 초(超) 전체주의 체제를 소설의 형태로 고발한 바 있다.

푸코적 규율 권력의 두 번째 기법인 규범적 판단은 사회의 모든 곳을 관통하면서 개체를 부단히 비교, 분리, 계층화, 동질화시키는 데 목표를 둔다. 여기서 우리는 가정, 학교, 공장, 군대, 회사 등의 모든 장소에서 전 방위적으로 동원되는 다양한 규범적 판단들의 실례를 떠올릴 수 있다. 우리는 일상생활의 모든 곳에서 항상적으로 규범적 판단과 만난다. 가정에서의 "일찍 자고 일찍 일어나라", "손발을 깨끗이 씻어라", "남자는 울어서는 안된다", 학교에서의 "떠들지마라" "공부 열심히 해라", "우측으로 통행하라", "용모와 복장을 단정히 하라"같은 일상속의 규범은 우리의 몸을 주류적 가치관과 생활형태에 맞게 길들이기 위한 규범적 판단의 연속인 것이다.

시험은 규율 권력의 두 기법인 관찰과 규범적 판단을 결합시킨 것이다. 시험은 개개의 대상을 분류하고 객관화시킴으로써 모든 존재를 특정한 방식으로 규격화시킨다. 나아가 시험은 개인과 집단에 대한 분석을 가능하게 하는 자료 축적과 등록 체계를 수반한다. 시험이 효과적으로 이루어짐으로써 개인은 기술되고 분석될 수 있는 대상으로 정착된다. 그 결과 개인은 제재되고 조정될 수 있는 가시성의 대상이 된다. 정신병원에서의 광인이라는 범주의 탄생, 감옥에서의 범죄자의 정립은 그 단적인 예지만 푸코의 분석은 당연히 특정 규율 권력의 기제를 넘어서는 전체 사회적인 지평을 가리킨다.

끊임없는 판단과 검사를 통해 인간 행동의 객관화와 자료화가 달성되며 이것이 근대 인간과학의 탄생에 결정적으로 기여했다고까지 푸코는 주장하면서 《감시와 처벌》을 마무리한다. "개인은 특별한 규율적 권력 기법이 생산한 실재"라는 것이다. 이 명제는 근현대를 추동한 서양적 합리주의의 동역학에 대한 푸코적인 바깥으로부터의 사유가 도달한 새로운 관점이다.

거대한 판옵티콘

《감시와 처벌》은 감옥의 권력이 감옥이 아닌 다른 조직들에서도 비슷한 규율을 통해 사람들을 통제하고 있음을 보여준다. 이미 근대 이전부터 규율을 통해 사람들을 통제하는 수도원을 시작으로 군대, 학교, 병원 등은 꽉 짜인 일과를 통해 인간의 정신을 훈육하는 수단으로 이용되는 것이다. 이러한 집단의 규율체계 속에서 주목할 만한 것은 시간과 공간의 분할이다. 시공간의 분할과 규율의 폐쇄성으로 인해 사람들은 점차 개인화된다. 그러나 그 개인화는 각자의 개성이나 다양성을 보장해주지 못하는 획일적 개인화이기도 했다.

푸코에 따르면 18세기부터 위생학의 태동과 더불어 전염병에 대처하기 위해서 도시를 격자 모양 혹은 바둑판 모양으로 구획하였다. 푸코는 이러한 격자 모양의 구획된 도시 공간을 '페스트 모델'[6)]이라고 칭했는데, 이러한 위생학의 탄생을 권력pouvoir과 관련지어 사고한다.

주지하다시피 14세기에 발생한 페스트는 유럽에서만 1300만 명이 넘는 대규모의 사상자를 내고 중세 전체를 공포로 몰아넣었던 역사적 사건이었다. 페스트를 다스리기 위한 도시구조는 각 단위마다 군대와 경찰 병력을 배치하였으며, 이는 위생학적인 명분과 기능을 가지고 있지만 동시에 권력이 작동하는 권력의 그물망이기도 하다. 전염병 환자에 대한 감시는 곧 전염병 환자가 될 수도 있는 사람들에 대한 감시로까지 확장된다. 이는 모든 사람들에게 잠재된 전염병의 발병 요소를 근원적으로 통제해야 한다는 의식으로까지 이어지는 것이다.

푸코에 의하면 권력의 통제는 점점 더 효율적이 되어 간다. 푸코는 벤담이 제안한 감옥 설계 방법인 '일망 감시 체제'에 주목했다. 예전의 감옥은 죄수들은 한데 모여 있고 간수는 따로 떨어져 있는 형태였다. 이러한 감옥에서는 죄수들이 공모하여 폭동을 일으킬 가능성이 높았다. 하지만 일망 감시 체제에서는, 간수는 가운데 있는 홀에 있다. 그리고 벽에 붙은 방 하나마다 따로따로 갇혀 있는 죄수들을 한눈에 감시한다. 이는 형벌이 분석적이며 기록적이고 개인화됐다는 것을 암시한다. 감옥은 건축학의 기본인 공간, 벽, 선, 막으로 개인을 세분화해 감시한다. 영국의 공리주의 철학자 제레미 벤담은 1791년에 죄수를 교화할 수 있는 시설로 '판옵티콘(Pan모두 + opticon본다)'을 제안한다.

> 벤담Bentham의 '일망(一望) 감시시설'(판옵티콘panopticon)은 이러한 조합의 건축적 형태이다. 그 원리는 잘 알려져 있다. 주위는 원형의 건물이 에워싸여 있고, 그 중심에는 탑이 하나 있다. 탑에는 원형 건물의 안쪽으로 향해 있는 여러 개의 큰 창문들이 뚫려 있다. 주위의 건물은 독방들로 나누어져 있고, 독방 하나하나는 건물의 앞면에서부터 뒷면까지 내부의 공간을 모두 차지한다. 독방에는 두 개의 창문이 있는데, 하나는 안쪽을 향하여 탑의 창문에 대응하는 위치에 나 있고, 다른 하나는 바깥쪽에 면해 있어서 이를 통하여 빛이 독방을 구석구석 스며들어 갈 수 있다. 따라서 중앙의 탑 속에는 감시인을 한 명 배치하고, 각 독방 안에는 광인이나 병자, 죄수, 노동자, 학생 등 누구든지 한 사람씩 감금할 수 있게 되어 있다. 역광선의 효과를 이용하여 주위 건물의 독방 안에 감금된 사람의 윤곽이 정확하게 빛 속에 떠오르는 모습을 탑에서 파악할 수 있는 것이다. 그것은 바로 완전히

개체화되고, 항상 밖의 시선에 노출되어 있는 한 사람의 배우가 연기 하고 있는 수많은 작은 무대들이자 수많은 감방이다. (p. 295)

Panopticon

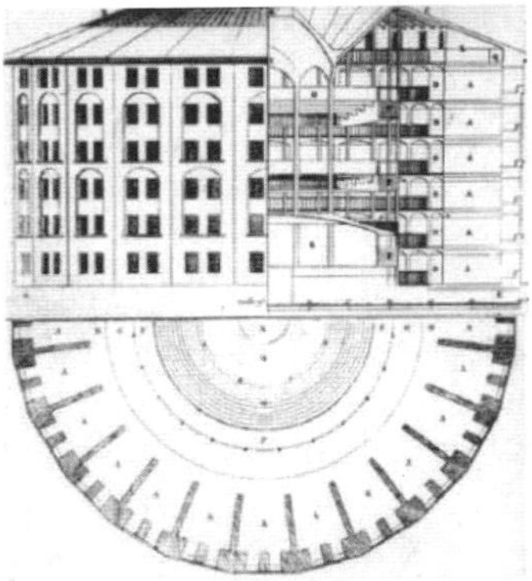
설계도

일명 일망감시체제라 하는 이 구조는 원형 시설의 감옥이다. 간수는 죄수의 일거수일투족을 감시할 수 있지만, 죄수는 간수를 보지 못한다. 죄수는 항상 자신을 감시하고 있을 간수의 시선을 통해 감옥의 '규율'을 벗어나는 행동을 하지 못하며 오히려 규율을 받아들이고 내면화하여 스스로 통제하고 감시하게 될 것이라는 이론이다. 이처럼 규율은 통제 수단이자 하나의 지배 방법으로 재탄생 되었다. 이제 권력은 신체가 아닌 정신에 작용하기 시작한 것이다.

'일망 감시장치'는 '봄-보임'의 결합을 분리시키는 장치이다. 즉, 주위를 둘러싼 원형의 건물 안에서는 아무것도 보지 못한 채 완전히 보이기만 하고, 중앙부의 탑 속에서는 모든 것을 볼 수 있지만 결코 보이지는 않는다. (p.298)

일망 감시시설이 지니는 특성인 불가시성이 질서를 보장해 준다는 점을 상기한다면 명확하게 이해할 수 있을 것이다. 그 질서는 곧 감시의 목적이 훌륭하게 수행되는 사태에 대한 다른 이름이다. 따라서 감시당하는 자들은 지속적으로 자신의 행위를 일방적 시선에 노출시킴으로써 감시 집단의 규율 권력을 내면화한 채 '질서 정연한 개인들'로 탄생되는 것이다. 푸코는 권력의 이러한 작용을 생체 권력이라는 이름으로 정의했다. 권력은 소유되는 것이 아니라 행사되는 것이라는 푸코의 말은 이런 측면에서 이해될 수 있다.

그런데 푸코는 판옵티콘을 단순한 감옥의 구조로부터 확장시켜 사회에 존재하는 구조 속에 판옵티콘의 형태가 존재하고 있다고 주장한다. 푸코는 이러한 구조의 대표적인 예로 학교와 병원을 들었다. 생활기록부, 진료기록부 등을 통해 개인 정보들이 수집된다. 특히 한국의 경우 주민등록번호, 신용카드, 휴대폰 번호 등을 통해 국민에 대한 전방위적 통제가 이루어진다. 권력은 이런 정보 수집의 과정을 통해 힘을 지니고 사람들을 통제하며, 사람들은 이에 종속될 수밖에 없다. 조명 속에서 사실은 감시자가 존재하지 않더라도, 이를 의심하지 못하고 규율에 복종하게 되는 것이다.

사회의 모든 영역이 전산화, 네트워크화되면서 더욱 심각해지는 것은 전자 판옵티콘이다. 각종 전자감시 기술은 프라이버시에 근본적인 위협으로 대두되고 있다. '감시'는 거대한 성장산업으로 비약적인 발전을

Echelon (전 세계의 통신을 감청하는 신호정보 수집 및 분석 네트워크)

거듭하고 있다. 그 누구도 이런 감시망으로부터 자유롭지 않다. 현대는 24시간 감시되는 거대한 감옥인 셈이다. 푸코는 모든 사람을 길들이는 전방위적 '관찰'의 무서운 위력에 주목함으로써 현대사회를 판옵티콘Panopticon에 비유하고 있다.

근대 이후의 국가나 사회는 감옥의 감시 체계가 확장된 형태로 정의될 수 있다. 그 속에서 구성원들은 감시하는 권력을 내면화함으로써 주체적 자율성을 박탈당한 개인이 된다. 근대인이 어떻게 태어나는가라는 질문에서부터 푸코는 권력 이야기를 시작한다고 말한다. 그에 대한 답으로 푸코는 규율 지키기와 몸 길들이기를 통해서 근대를 살아가는 '주체'가 만들어진 것이라고 말한다. 즉 권력이 근대 주체를 만들어낸 장본인이라는 것이다. 푸코는 개인의 몸에 작용하는 일정한 관계망 속에서 권력의 작용을 살필 수 있다고 말한다. 푸코에게 있어 권력은 작용할 대상을 일정하게 형성하고 그 대상이 스스로 권력을 수행하게 된다고 말한다.

우리는 인간관계 내부로 침투하는 국가 권력을 경계하고 자율적 개인들의 연대를 도모할 필요가 있다. 영화 매트릭스의 대사처럼 "무언가 잘못되어 있다는 것(there's something wrong with the world)"을 인지하는 것, 즉 미시적 권력의 작동을 인지하는 것이 인간의 존엄성 회복의 첫 단계이기 때문이다.

토론 주제

- 근대적 주체란 어떻게 정의 내려야 하는지 혹은 어떻게 형성되는지에 관해 논하라.
- 정상과 비정상, 이성과 비이성, 동일자와 타자를 가르는 경계에 대해 논하라.
- 어째서 이성은 비이성을 질병으로 치부했을까? 어째서 감금하고 억압하고 마침내 침묵 속에 가두었을까?
- 지식의 고고학과 권력의 계보학에 대해 설명하라.
- 미시적 차원에서 작동되는 권력의 기제를 예를 들어 설명해보라.
- 길들여진 몸은 어떻게 작동되는가?
- 훈육과 규범은 권력을 어떻게 내재화하는가?
- 현대인은 하루 평균 30회 이상 감시 카메라에 노출된다는 보고가 있다. 이동하고 활동할 때마다 자신의 행동이 누군가에게 보이고 있다는 얘기다. 보는 자는 누구이며 봐야 하는 이유는 무엇일까?
- 전자 판옵티콘은 현대사회에 어떻게 작동하는가? 감청, 사찰 혹은 댓글이나 챗봇과 같은 사이버 공격과 관련지어 논해보라.
- 푸코의 권력론이 우리 사회를 좀 더 성찰하고 우리 사회가 가지고 있는 제반 문제들에 대한 인식에 어떻게 기여할 수 있는가?

더 읽을 거리

- 《광기의 역사》, 미셸 푸코 지음, 이규현 옮김, 나남.
- 《임상의학의 탄생》, 미셸 푸코 지음, 홍성민 옮김, 인간사랑.
- 《말과 사물》, 미셸 푸코 지음, 이규현 옮김, 민음사.
- 《성의 역사1 :앎의 의지》, 미셸 푸코 지음, 이규현 옮김, 나남.
- 《권력과 지식》, 미셸 푸코 지음,(콜린 고든 엮음), 홍성민 옮김, 나남.
- 《미셸 푸코: 구조주의와 해석학을 넘어서》, 후버트 드레피스 · 폴 라비노우 지음, 서우석 옮김, 나남.
- 《들뢰즈의 푸코》,질 들뢰즈 지음, 권영숙 · 조형근 옮김, 새길.

주

1) "제17조. 재소자의 일과는 겨울에는 오전 6시, 여름에는 오전 5시에 시작된다. 노동시간은 계절에 관계없이 하루 9시간으로 한다. 하루 중 2시간은 교육에 충당한다. 노동과 일과는 겨울에는 오후 9시, 여름에는 오후 8시에 끝내도록 한다. 제18조. 기상. 첫 번째 북소리가 울리면 재소자는 조용히 기상하여 옷을 입고 간수는 독방의 문을 연다. 두 번째 북소리가 울리면 재소자는 침상에서 내려와 침구를 정돈한다. 세 번째 북소리가 울리면 아침기도를 하는 성당에 가도록 정렬한다. 각 신호는 5분 간격으로 한다. 제19조. 아침기도는 감화원 소속 신부가 주재하고, 기도 후에 도덕이나 종교에 관한 독송을 한다. 이 일은 30분 이내에 마치도록 한다. 제20조. 노동. 여름에는 5시 45분, 겨울에는 6시 45분에 재소자는 마당으로 나와 손과 얼굴을 씻고 제1회의 빵을 배급받는다. 뒤이어 즉시 작업장별로 정렬하여 일을 하러 나가야 하는데, 여름에는 6시, 겨울에는 7시에 시작해야 한다. 제21조. 식사. 10시에 재소자는 노동을 중단하고 마당에서 손을 씻고 반별로 정렬하여 식당으로 간다. 점심 식사 후 10시 40분까지를 휴식시간으로 한다. 제22조. 학습. 10시 40분에 북소리가 울리면 정렬하여 반별로 교실로 들어간다. 읽기, 쓰기, 그림 그리기, 계산하기의 순서대로 한다. 제23조. 12시 40분에 재소자는 반별로 교실에서 나와 마당에서 휴식을 취한다. 12시 55분에 북소리가 울리면 작업장별로 다시 정렬한다. 제24조. 1시에 재소자는 작업장에 도착해 있어야 한다. 노동은 4시까지 계속한다. 제25조. 4시에 작업장을 나와 안마당으로 가서, 손을 씻고 식당에 가기 위해 반별로 정렬한다. 제26조. 저녁 식사 및 휴식시간은 5시까지로 하고, 재소자는 다시 작업장에 들어가야 한다. 제27조. 여름에는 7시, 겨울에는 8시에 작업을 종료하고, 작업장에서 하루의 마지막 빵을 배급받는다. 교훈적인 뜻이나 감화적인 내용을 담은 15분간의 독송을 재소자 1인 혹은 감시자 1인이 하고, 이어서 저녁기도에 들어간다. 제28조. 여름에는 7시 반, 겨울에는 8시 반에 재소자는 마당에서 손을 씻고 복장 검사를 받은 뒤 독방에 도착해 있어야 한다. 첫 번째 북소리가 울리면 옷을 벗고, 두 번째 북소리가 울릴 때 침상에 들어가야 한다. 각 방의 문을 잠근 후 간수들은 질서와 침묵을 확인하기 위해 복도를 순회한다."

2) 오생근, 《감시와 처벌》, 역자 서문. p.8

3) 오생근, 《감시와 처벌》, 역자 서문. p.8

4) 《도덕의 계보》(1888) 니체.

5) 규율 권력으로서의 관찰의 함의는 세계적 차원에서 미국의 위성통신 감청망인 에셜론의 존재에 의해 다시 한 번 입증된다. 첩보위성과 초고성능 컴퓨터 기술을 이용해 전 세계를 오가는 E메일, 팩스, 유무선 전화를 무차별적으로 도-감청하고 있는 에셜론은 심지어 통신망을 사용하지 않는 사람의 육성조차 마이크로웨이브 기술을 사용해 디지털적으로 데이터베이스화해 녹취함으로써 판옵티콘적 고도 감시체계를 지구적 차원에서 현실화시키면서 미국의 세계 지배의 첨병 노릇을 하고 있다.

6) 격자 형태의 반듯한 도시는 단순한 시공간의 압축뿐 아니라 위생학적 차원과 관련이 있다. 반듯한 격자 모양의 공간은 어떤 곳에서든 예측이 가능하며 음습한 틈새가 없다. 가령 구불구불하고 울퉁불퉁한 좁은 골목길은 세균을 퍼뜨리는 쥐들이 이리저리 몸을 피해 다니는 음습하고 후미진 공간이라는 이미지를 지닌다. 이에 반해서 반듯한 길은 멀리서도 눈에 띄기 때문에 범죄가 발생하기 어려우며 유해한 세균을 퍼뜨리는 동물이나 벌레도 쉽게 눈에 띌 수밖에 없다. 따라서 구불구불하고 좁은 골목길을 추방한 도시 공간은 위생학의 등장을 의미한다.

4

가치와 자본주의의 만남

베버 《프로테스탄티즘의 윤리와 자본주의 정신》

MAX WEBER

DIE PROTESTANTISCHE ETHIK UND DER GEIST DES KAPITALISMUS

가치와 자본주의의 만남

| 종교적 가치와 자본주의가 만나는 방식

성백용

서구의 근대성modernity을 구현하는 대표적인 제도 또는 체제를 꼽으라면 필자로서는 서슴지 않고 근대 국가와 자본주의라고 답할 것이다. 근대 이후 오늘날에 이르기까지 대다수 인류의 삶을 지배한 것도 바로 이 두 가지라고 할 수 있다. 오늘날 우리에게 그것들은 너무도 익숙한 환경이 되어버린 나머지 마치 원래부터 그렇게 존재해온 것처럼 착각하기 십상이다. 하지만 이것들은 특정한 시기에 출현하여 진화하고 언젠가 소멸할 '역사적' 제도 또는 체제임에 틀림이 없다. 오늘날 우리의 삶을 규정하는 근대적 합리성의 산물로서 근대 국가와 자본주의는 바로 막스 베버Max Weber, 1864-1920의 가장 중요한 관심사이기도 했다.

사회학자, 법학자, 정치학자, 경제학자, 역사학자, 철학자[…] 거의 모든 학문의 시조로 통하는 아리스토텔레스에 비견할 만큼 막스 베버는 인간 삶의 거의 모든 영역에 다학문적으로 접근한 백과사전적 지식인이요 통섭의 대가였다. 또한 마르크스, 프로이트와 더불어 근대 서구 정신사에 가장 큰 영향을 미친 인문·사회과학자였다. 합리화, 탈주술화, 자본주의 정신, 지배의 유형(카리스마적 지배, 전통적 지배, 합법적 지배), 관료제, 폭력의 독점, 생활 기회life chances, 이념형 등 베버가 창안하고 규정한 많은 개념들은 현대 사회과학의 필수불가결한 키워드가 되었다. 이렇듯 막스 베버는 인간과 세계를 보는 우리의 시야를 넓고 깊게 틔워준 위대한 길잡이 사상가였다.

생애와 학문

막스 베버는 1864년 독일 중부 튀링겐 지방의 에르푸르트Erfurt에서 비교적 유복한 부르주아 가정의 8남매 중 장남으로 태어났다.[1] 김나지움을 졸업한 뒤로는 하이델베르크, 베를린, 괴팅겐 등 여러 대학에서 법학과 아울러 경제학, 역사학, 철학을 공부했다. 1889년 법학박사학위를 취득하고 1892년 교수 자격을 취득한 이후 그는 베를린대학 시강사·부교수를 거쳐 불과 서른의 나이에 프라이부르크대학의 경제학 및 재정학 정교수로 초빙되었다. 그의 학위논문은 중세 이탈리아 도시의 회사 제도에 관한 연구였고, 교수 자격 논문은 고대 로마 농업사에 관한 연구였는데, 이들 연구 주제는 법과 경제 그리고 역사에 대한 베버의 폭넓은 관심을 반영한 것이었다.[2]

학문 공화국이라 할 만한 대학도시 하이델베르크의 풍경과 베버 부부가 함께 묻힌 묘지: 하이델베르크 남쪽 언덕의 공동묘지에 있는 묘지의 묘석에는 "그만큼 큰 그릇을 다시는 볼 수 없을 것이다"라고 새겨져 있다.

하지만 그의 주된 학문적 업적들은 1897년 하이델베르크대학으로 자리를 옮긴 이후에 나왔다. 이 대학에서 6년 만에 신경쇠약 등 건강 악화로 사직했지만, 오히려 명예교수로 일선에서 물러나 있던 시기에 그는 더욱더 연구에 몰두할 수 있었다. 1904년부터는 베르너 좀바르트Werner Sombart와 함께 편집을 맡았던 《사회과학 및 사회정책 학보》의 지면에 여러 논문들을 발표했다. 《프로테스탄티즘의 윤리와 자본주의 정신》은 1904년 11월(제20권)과 1905년 6월(제21권) 이 학보에 두 차례에 걸쳐 게재되었다.[3] 또한 1909년에는 독일 사회학회의 창립에 관여했고, 자유주의자로서 입헌 민주주의를 옹호하여 잠시 정치에 개입하기도 했다. 1914년 제1차 세계대전이 발발하자 쉰의 나이에 베버는 1년여 동안 예비군 장교로 하이델베르크 지구 병원의 재편성을 담당했다. 이 전쟁을 겪으면서 그는 독일 황제 빌헬름 2세와 그 측근 관료들의 무모한 대외 정책을 노골적으로 규탄하고 군주제에 등을 돌렸다. 그리고 종전과 더불어 15년 만에 독일 역사학파 경제학의 대가였던 루요 브렌타노Lujo Brentano의 후임으로 뮌헨대학에 초빙되어 대학 강단에 다시 섰지만, 2년도 채 못 되어 건강 악화로 1920년 6월 56세를 일기로 하이델베르크에서 눈을 감았다. 베버가 서거한 이후 그의 아내인 마리안네 베버는 남편의 동학, 제자들과 함께 유고를 정리하여 저작집을 펴냈을 뿐 아니라 1926년 《막스 베버의 생애》라는 제목의 전기를 출판했다.[4]

베버의 학문적 업적은 간략히 요약하기조차 버거울 정도이다. 먼저 그의 독창적인 연구 방법론을 빼놓을 수 없다. 독일 역사주의 전통의 영향 아래서 지적으로 성장한 베버는 오귀스트 콩트Auguste Comte의 실증주의 및 사적 유물론의 경제적 결정론과 거리를 두고, 행위 주체의 입장에서 행위의 주관적 의도와 문화적 의미를 파악하려는 해석적 이해의 방법을 중시했다. 또한 역사적 현상들의 비교 연구 및 일반화를 위한 이론적 준거틀로서 이념형ideal type의 방법을 창안했다. 무엇보다도 그는 개인의 주관적 행위와 그것의 조건이 되는 구조적 환경을 아우르는 총체로서의 문화, 그리고 정치, 경제, 법률, 종교, 예술, 과학 등 인간 삶의 모든 영역을 포괄하는 문화를 인식 대상으로 하는 통섭적 학문으로서의 문화과학Kulturwissenschaft을 추구했다.

사후에 편찬된 논총인 《경제와 사회》를 비롯하여 40여 권에 이르는 그의 방대한 저술은 이 같은 방법론과 학문적 목표의 산물이다.[5] 이 글에서 다루는 《프로테스탄티즘의 윤리와 자본주의 정신》은 후속작인 《중국의 종교: 유교와 도교》, 《인도의 종교: 힌두교와 불교의 사회학》, 《고대 유대교》와 더불어 《종교사회학논총》에 포함되어 있다.[6] 이 저술은 종교 관념과 경제활동 및 사회구조의 연관성이라는 문제에 초점을 맞추어 세계의 주요 종교들을 비교 연구한 것이다. 이러한 비교 연구를 통하여 베버가 풀고자 했던 학문적 화두는 동서양 문화가 서로 다른 양상으로 발전한 이유, 특히 서양 문명의 특징적 요소인 합리성이 유독 근대 서구사회에서 발달한 이유는 무엇인가 하는 것이었다. 베버의 가장 유명한 저서인 《프로테스탄티즘의 윤리와 자본주의 정신》은 바로 이 질문에 대한 대답이다.[7]

《프로테스탄티즘의 윤리와 자본주의 정신》

자본주의, 자본주의 '정신'

자본주의란 무엇인가? 오늘날 대다수 인류에게는 공연한 질문으로 여겨지겠지만, 사실 이 문제는 자본주의의 역사만큼이나 오랜 논쟁거리였다. 베버는 부와 영리에 대한 추구, 무제한한 소유욕은 자본주의와 아무 상관이 없으며, 오히려 그런 비합리적 충동을 억제하거나 조절하는 것이 자본주의에 가깝다고 말한다. 수단과 방법을 가리지 않고 부와 영리를 추구하는 것은 천민자본주의에 지나지 않는다. 전쟁이나 약탈, 모험, 투기가 아니라 평화로운 교환 기회를 이용한 영리 추구 활동을 자본주의적 경제행위로 정의할 경우, 이런 의미의 자본주의는 고대 이집트, 중국, 인도, 지중해와 중세 유럽 등 도처에 존재했다. 그러나 근대 서구에서는 이에 더하여 전혀 다른 종류의 자본주의, 즉 "(형식적) '자유노동'의 합리적·자본주의적 조직"이 발달했다는 것이다.[8)]

왜 근대 서구만이 이 같은 특유한 합리화의 길로 나아갔는가? 이는 베버가 평생에 걸쳐 탐구한 가장 중요한 화두 가운데 하나였다. 마르크스가 그것을 구조적인 경제적 조건에서 찾았다면, 베버는 마르크스와 마찬가지로 역사 해석에서 경제적 요인의 필요 불가피성을 인정하면서도 그와 연관된 문화적 토양, 즉 그 이전의 어떠한 자본주의에서도 찾아볼 수 없는 서구만의 독특한 경제적 에토스에서 찾고자 했다. 베버가 보기에 유독 근대 서구에서 발달한-그 결과 나머지 세계에 대해 우위를 점하게 해준-이 독특한 경제적 에토스는 바로 금욕적 프로테스탄티즘과 긴밀한 관련이 있을 것이라는 가정이 이 연구의 출발점이다.

베버는 가톨릭 지역과 프로테스탄트(개신교도) 지역의 직업 통계와 경제 발전 정도, 특히 자본주의 기업 및 상공업의 발달 정도를 비교할 때 나타나는 차이에서 그 경험적 단서를 찾는다. 그리고 이러한 관점에서 중세 가톨릭교회가 지배한 전통사회와 근대 자본주의 사회에서의 종교적-경제적 태도를 비교하여 일반화한다.

먼저, 전통사회에서는 사람들의 일상생활에 대한 종교의 지배가 형식적이고 외면적이다. 선행은 개인의 생활 체계와 필연적 관련이 없는 개별적 행위에 그치고, 죄의 유혹에도 쉽게 넘어가기 마련이다. 신자들은 선행의 공적으로 충분히 상쇄할 수 없는 죄과 때문에 고백성사와 같은 일련의 성사(聖事)-믿는 자에게는 사제의 기적이지만, 믿지 않는 자에게는 주술적 의례에 불과한-에 의존하여 죄 사함을 받는다. 그래서 선행을 하고, 그러다 죄를 짓고 회개하고 속죄하고 다시 선행을 하고 죄를 짓고 하는 악순환을 평생 동안 반복하며, 말하자면 일종의 은행계좌처럼 공적(입금)과 죄과(출금)의 결산이 죽을 때까지 되풀이된다.

부와 영리에 관하여 중세 가톨릭교회는 도덕경제moral economy에 가까운 경제윤리를 설파했다. 필요 이상의 물질적 이익을 추구하는 것은 은총이 부족함의 증거였고, 이자는 도둑질과 같았으며, 축적된 부는 베풂으로써 정당화될 수 있었다. 거지는 나름대로 사회적 구실을 하는 하나의 신분으로 취급되었고, 수도사들은 가난의 이상(이른바 '청빈')을 추구하는 자발적인 거지와 다를 바 없었다. 요컨대 부와 영리의 추구가 인정되기는 했지만, 거기에는 일말의 치욕과 불명예, 양심의 가책이 따라다녔고, 그래서 천국의 좁은 문을 지나기가 여간 어렵지 않다고 하는 부자들이 죽음을 앞두고 모은 재산을 교회에 기부하고 빈자들에게 베푸는 일도 종종 있었다.

근대 프로테스탄트 사회의 경제적 태도는 이와 사뭇 다르다. 먼저, 이들에게는 영혼의 구원이 인생과 모든 활동의 중심이 될 만큼 종교가 개인의 생활을 내면적으로 그리고 전면적으로 지배한다. 그래서 중세 수도원 안에서 추구된 금욕의 계율은 수도원 담장을 넘어 세속 사회의 일상적 삶 속으로 파고든다. 속세를 등진 수도사들의 금욕이 현세와 재물에 대한 무관심과 단념을 의미했다면, 세속에서의 금욕은 현세를 지향하여 모든 기독교인이 일상생활 속에서 수도사처럼 자신에게 주어진 과업, 즉 현세적 의무인 직업을 충실히 수행하는 것을 의미한다. 바꿔 말하면, 그것은 "엄혹한 인생의 학교에서 성장하여 신중하면서도 과감하게, 그리고 무엇보다도 냉정하고 부단하게, 면밀하고 철저하게 자신의 본분에 몰두하는"(p. 52) 것이다.

부와 영리에 대한 태도 역시 매우 적극적이다. 프로테스탄트들은 부를 쌓는 데 집착하는 것은 비난받아 마땅한 죄로 보았지만, 금욕적 직업노동의 열매로 얻은 부는 신의 축복으로 보았다. 주인이 맡긴 돈(달란트)을 장사하여 불린 종은 상을 받고 땅에 묻은 종은 꾸지람을 받는다는 복음서의 우화는 이런 태도를 정당화한다.[9] 그래서 "단념하라"는 권고 대신 "돈을 벌라"는 권고가 설득력을 얻고, 가난과 구걸은 게으름의 징후로 여겨지기 십상이다. "시간이 돈"임을 역설한 벤자민 프랭클린 Benjamin Franklin의 가르침은 자본주의 정신의 신앙고백이나 다름이 없다.

> 시간이 돈임을 명심하라. 매일 노동을 해서 10실링을 벌 수 있는 사람이 반나절을 산책하거나 자기 방에서 빈둥거리며 지낸다면, 그가 이런 쾌락을 즐기는 동안 6펜스밖에 지출하지 않았다 해도 [⋯] 그는 거기에다 5실링을 더 지출한 셈이다. 아니 내다 버린 셈이다. 신용이 돈임을 명심하라. [⋯] 돈이 그 본성상 번식력과 생산력이 있다는 것을 명심하라. 돈은 돈을 낳을 수 있고, 그 새끼는 더욱 많은 돈을 낳을 수 있으며, 이런 과정은 지속된다. [⋯] 속담에 이르듯이 돈을 잘 갚는 사람은 모든 돈주머니의 주인임을 명심하라. [⋯] 네가 가진 모든 것이 네 재산이라 생각하고 그에 따라 살려고 하지 말라. [⋯] 날마다 10펜스를 낭비하는 사람은 1년에 100파운드를 사용할 가능성을 잃어버리는 것이나 마찬가지다. [⋯] (pp. 34-36)

근면 절약으로 부를 추구하는 목적은 소비와 향락을 위해서도 아니고, 자선을 위해서도 아니며, 자랑하고 과시하기 위해서도 아니다. 부를 축적하는 이유는 그것이 제공해줄 물질적 보상이나 사회적 존경을 원해서가 아니라 그 자체를 위해 끊임없이 부를 축적하는 것이다. 이렇게 축적된 재화가 소비되거나 사장되는 대신 자본으로서 재생산에 투자되어 생산력의 확대를 가져왔음은 당연한 일이다.

베버는 프로테스탄트들의 이 같은 경제적 태도를 마르틴 루터 Martin

Luther, 1483-1546의 직업 개념과 결부시킨다. 독일어의 'Beruf', 영어의 'calling'은 모두 부름, 소명, 천직을 뜻하는 라틴어 'vocatio'(영어의 vocation)과 동의어이다. 루터는 현세에서의 직업을 단순한 생계수단job을 넘어 바로 이 같은 종교적 의미에서 신의 부름, 즉 소명(召命)으로 해석했다. 그가 보기에 신을 기쁘게 하는 유일한 삶의 방식은 수도사들처럼 속세를 등지는 것이 아니라 속세에서 수도사처럼 자신의 사회적 지위에 따라 주어지는 현세적 의무인 직업을 이행하는 것이며, 따라서 허용된 모든 직업은 신 앞에서 절대적으로 같은 가치를 가진다는 것이다.

하지만 베버가 보기에 루터의 직업관은 자본주의 정신과 내적인 친화성이 없다. 영리 추구와 이자 등에 대한 태도도 그러려니와 그의 직업 개념 또한 전통주의의 굴레를 벗지 못했다는 것이다. 그에게 직업은 신의 섭리에 따라 주어진, 따라서 무조건 순종해야 하는 운명 같은 것이었다. 루터파 교회의 신앙 역시 전통 가톨릭과 완전히 결별하지는 못했다. 그 신앙이 추구한 신과의 '신비한 합일unio mystica'이라는 신비주의적 욕구는 합리적 실천이 아니라 종교적 황홀경의 체험 같은 수동적이고 감정적인 신앙 행태로 기울었고, 이는 은총이 상실될 수도 회복될 수도 있다는 교리와 결합하여 일상적인 회개와 고해를, 더 나아가 도덕적 무능을 조장했다는 것이다.

예정론과 세계의 '탈주술화'

루터가 미처 내딛지 못한 결정적인 한 걸음을 내디딘 것은 장 칼뱅Jean Calvin, 1509-1564의 개혁신학이었다. 베버는 칼뱅주의의 교리에서 자본주의 정신과의 연결고리를 찾는다. 특히 그는 개인의 영원한 삶(구원)과 죽음(영벌)이 그의 자질이나 행위·공적과 무관하게 신에 의해 태초에 예정되어 있다는 교리, 다시 말해 개인의 운명이 그의 의지와 노력이 아니라 오로지 신의 선택에 달려 있다는 예정predestination의 교리에 주목한다.

논리적으로 전지전능한 신의 "가공할 결정decretum horribile"은 번복될 수 없는 것이기에, 또 그 누구도-신부나 목사도, 교회도, 심지어 신조차도-자신의 구원을 위해 도와줄 수 없기에, 돌이킬 수 없는 운명의 길을 홀로 걸어갈 수밖에 없는 모든 개인은 "전대미문의 내적 고독감"에 휩싸이게 되었다.(pp. 79-80) 머나먼 섬에 고립된 로빈슨 크루소처럼.

베버는 이 예정의 교리야말로 인간의 의도와 행위로써 신의 결정에 개입할 수 있다는 주술적 사고방식과 결별하는 과정, 이른바 세계의 '탈(脫)주술화disenchantment' 과정의 완결이라고 본다. 이를테면 어떤 개인이 선하게/악하게 살아가므로 그가 천국/지옥에 갈 것이라는 통속적인 생각이 바로 주술적인 사고방식인 것이다. 운명이 이미 예정되어 있다면, 그럼 선행은 무슨 소용인가? 사실 "선행은 구원을 얻는 수단으로서는 절대적으로 부적절하지만, 그럼에도 불구하고 선택의 표지로서는 불가결한 것이다. 선행은 구원을 얻는 기술적 수단이 아니라 구원에의 불안을 떨쳐버리는 기술적 수단"인 것이다.(p. 90) 예정론에서 추론된 탈주술화의 논리를 따르자면, 선하게 살기 때문에 구원을 받는 것이 아니라, 이미 구

16세기 중엽 제네바를 종교개혁의 중심지로 만든 장 칼뱅과 17세기 영국의 대표적인 청교도 설교사 리처드 박스터

원으로 예정되어 있기 때문에 선하게 살 수밖에 없는 것이다.[10)]

더 나아가 이 교리는 "신이 인간을 위해 있는 것이 아니라 인간이 신을 위해 있는 것이며, 따라서 모든 피조물은 오직 신의 위엄과 영광을 드높인다는 목적을 위한 수단으로서만 의미를 가질 수 있다"(p. 79)는 각성을 낳았다. 신만이 자유롭고 전능하므로 인간의 잣대로 신의 섭리를 재단하는 것은 무의미할뿐더러 신성을 모독하는 짓이다. 신의 선택에 대해 안다고 생각하는 것 역시 주제넘은 짓이다. 그러므로 절대주권을 가진 신, 그 신의 불가해한 선택 앞에서 불안과 공포에 휩싸인 개인은 스스로 끊임없이 질문을 던질 수밖에 없다. "나는 선택되었는가? 그리고 나는 내가 선택되었음을 어떻게 확신할 수 있는가?" 참을 수 없는 불안과 공포를 떨치고 심리적 위안에 이르는 유일한 길은 자신이 신의 선민임을 확신하고 스스로에게 증명하는 것이다.

> 첫째는 자신이 선택되었다고 여기고 일체의 의심을 악마의 유혹으로서 물리치는 것이 절대적인 의무가 된다. 왜냐하면 자기 확신의 결여는 실로 불충분한 신앙의 결과이며, 궁극에는 은총의 작용이 불충분한 결과이기 때문이다. 그러므로 자신이 부르심 받았음을 '확실히 하라'는 사도의 권고가 여기서는 나날의 투쟁에서 자신의 선택됨과 칭의(稱義: 신에게 의롭다고 인정받음)에 대한 주관적 확신을 쟁취하는 의무로 해석된다. 그리하여 루터가 만약 참회하는 신앙 속에서 신에게 의탁하면 은총이 있으리라고 약속한 저 겸양한 죄인들 대신에, 자본주의의 영웅적 시대의 강철같이 굳건한 청교도 상인에게서 볼 수 있고, 오늘날에도 개별적인 사례에서 재발견할 수 있는 저 자신감 넘치는 '성도'가 배양되었던 것이다. 그리고 둘째로 그러한 자기 확신에 '도달하기' 위해서는 부단한 '직업 노동'이야말로 가장 탁월한 수단이라고 철저히 가르쳐 각인시켰다. 직업

> 노동이 그리고 오직 직업 노동만이 종교적 회의를 씻어버리고 은총 상태의 확실성을 제공한다는 것이다. (p. 87)

요컨대 자신이 선택받았음을 증명하는 길은 우선 스스로 선택받았다는 믿음을 확고히 하는 것이다. 그러한 믿음이 약할수록 그 사람은 선택받지 못했을 가능성이 크기 때문이다. 이 같은 주관적 확신에 더하여, 구원에 대한 불안을 떨치는 가장 탁월하고 확실한 수단은 직업 노동에 헌신하는 것이다. 노동 의욕이 약할수록 그 사람은 선택받지 못했을 가능성이 크다. 반면, 스스로 선택받았음을 확신하는 프로테스탄트는 그러한 확신을 능동적 실천으로 증명해야 한다는, 그래서 신의 시선 아래서 자신의 의무를 이행해야 한다는 도덕적 충동을 느낀다. 이들에게 자신의 구원을 확증하는 유일한 수단은 바로 소명으로서의 직업 노동을 성실히 수행하는 것이다.

아니 성실히 수행하는 것만으로는 부족하다. 자신의 직업 노동이 창조주의 영광을 더하기 위한 것일진대, 또 직업 노동이 신으로부터 부여받은 자기 삶의 목적일진대, 그것은 최대한의 결실을 맺도록 성공적으로 수행되어야만 하며, 그러자면 직업 노동 자체가 아니라 합리적 직업 노동이 바로 신의 뜻에 부합하는 것이다. 직업의 분화, 즉 분업이 세상을 창조한 신의 뜻이라면 자신이 수행하는 직업 노동의 열매를 최선으로 이뤄내 신이 창조한 세상을 더 좋은 세상으로 만드는 데 일조하는 것이야말로 창조주의 영광을 드높이는 일이다. 이렇게 해서 직업은 곧 악마와 나날이 싸우면서 신의 영광을 드러내는 '신앙의 싸움터'가 된다. 구원은 루터에게서처럼 '직업 안에서in vocatione'가 아니라 '직업을 통하여per vocationem' 얻는 것이다. 그것은 "죽음과 더불어 끝날 기나긴 전투로 선택받은 자들을 불러들이는 소집 나팔"인 것이다.[11]

청교도 윤리와 자본주의

이와 같이 예정론에 따른 심리적 방어기제로서 자신의 구원을 확증해야 할 필요성은 합리적 금욕주의에 대한 심리적 동기를 제공했다. 교파마다 다소 차이는 있겠지만, 모든 프로테스탄트 교파들의 공통점은 구원의 확증을 어떤 주술적 수단 또는 성사와 속죄, 선행의 공적 등에서 추구하는 것이 아니라 예사로운 생활방식과는 구별되는 어떤 특별한 생활방식, 즉 합리적 금욕주의에 입각한 생활방식에서 추구한다는 것이다.

특히 칼뱅주의를 철저히 받아들인 영국의 청교도Puritans는 이 같은 엄격한 생활방식을 통해서 구원의 확증을 스스로 '창조'하고자 했다. "신은 스스로 돕는 자를 돕는다"는 것이다. 모든 일상에서 신의 눈길과 손길을 느끼며, 돈이든 시간이든 감정이든 추호의 낭비도 없게끔 자신의 생활 전체를 합리적으로 조직하는 것이 청교도 생활윤리의 요체였다. 저마다 신에게서 받은 시간과 정력을 낭비하는 것은 신의 영광을 해치는 일이다.

모든 재산 역시 신이 허락한 것이기에 그 자신은 자기 재산의 관리자일 뿐이며, 따라서 그 위탁된 재산은 쾌락이 아니라 신의 영광을 위해 운용되어야 한다. 게다가 복음서에 나오는 종의 우화가 깨우치듯이, 신의 종들은 부단한 노동을 통해 자신에게 맡겨진 신의 선물을 잘 보존할 뿐 아니라 더욱 증대시켜야 할 책임이 있다. 이렇게 해서 이윤 추구에 관한 심리적 장벽이 제거되고, 중세 가톨릭교회에서 조건부로 허용된 것이 이제 적극적인 도덕적 선으로 고양되었다.(p. 261) 이런 과업을 성공적으로 수행한 성도, 다시 말해 신의 섭리에 따라 이윤 창출에 성공한 사업가, 자수성가한 부르주아는 사회적 존경의 대상이 되었다. "신이 그의 사업을 축복하신다"(p. 130) 것이다. 17세기의 유명한 청교도 설교사 리처드 박스터Richard Baxter, 1615-1691는 베버가 자주 인용하는 가장 유력한 근거이다.

> 만약 신이 네게 네 영혼이나 타인의 영혼에 해를 끼치지 않고도 다른 방법보다 더 많은 이윤을 획득할 수 있는 합법적인 방법을 제시하는데도 네가 이를 마다하고 더 적은 이윤을 창출하는 방법을 따른다, 너는 네가 받은 소명의 목적 가운데 하나를 방해하는 것이고, 신의 청지기가 되기를 거부하는 것이며, 또한 신의 선물을 받아 신이 요구할 때 신을 위해 그것을 사용할 수 있는 기회를 거부하는 것이다. 물론 육욕과 죄를 위한 것이라면 안 되겠지만, 진정 신을 위한 것이라면 너는 부자가 되기 위해 노동해도 좋다. (p. 129)

청교도의 철저한 금욕주의는 신 앞에서 모든 피조물은 무가치한 존재이며 신을 떠나서는 존재 이유가 없다는 관념을 바탕에 깔고 있었다. 그리고 이런 관념은 인간의 감정적·감각적 요소에 대한 부정적 태도의 근거가 되었다. 자신은 물론이고 어떤 대상에 대한 감정적 집착, 감각적 쾌락, 사치와 치장 등에 대한 탐닉은 피조물을 신격화하는 일종의 우상숭배로 간주되었다.[12] 오락조차 육체 활동을 위한 원기 회복이라는 합리적 목적에 한해서 허용되었다. 박스터 목사에 따르면, "이성이 허락하는 정도 이상으로 누군가를 사랑하는 것은 비합리적인 행위이며, 합리적인 피조물에게는 어울리지 않는 것이다."(p. 202) '이웃사랑' 역시 인격적·감정적 관계가 아닌 비인격적 관계의 사랑이어야 하며, 애초에 사회를 형성시킨 신의 의도에 맞도록 개인의 노동과 봉사를 통해 사회적 효용을 증대하는 것으로 표현된다. 냉정하게 자신의 의무를 이행하는 것이 감정적인 박애보다, 용의주도한 축적이 무분별한 자선보다 윤리적으로 높이 평가된다.[13](p. 265)

이렇듯 투철한 신앙과 생활윤리로 무장한 이 성도들은 신의 은총으로 도덕적으로 허물이 없는 "신의 무기이며 섭리의 집행자"(p. 99)임을 자처하며, 타락한 세상에서 자신들을 하나의 특별한 신분으로 구별하기 시작했다. "적의 영토에 있는 병사"처럼[14] 세상에 있으되 세상에 속하지 않으려는 이 선민(選民) 공동체는 거듭난 성도만으로 구성된 '순수한 교회', '전투적 교회Ecclesia militans'를 지향했다. 이리하여 "수도사들의 탈세속적이고 초세속적인 종교적 귀족주의가 신에 의해 영원으로부터 예정된 이 세속적 성도들의 종교적 귀족주의로 대체되었다."(p. 95) 바로 이렇게 영적 엘리트를 자처하는 "강철같이 굳건한" 정신의 소유자들이 자본주의의 영웅시대를 대표했던 것이다.

하지만 이 자본주의의 영웅들은 결국 스스로 만들어낸 '철창'에 갇히게 되었고, 차후로 근대인이 살아가게 된 그 감옥에서 예의 그 '정신'은 사라져버렸다.

> 박스터의 견해에 따르면, 외적인 재화에 대한 염려는 마치 "언제든지 벗어버릴 수 있는 얇은 외투"처럼 성도의 어깨 위에 걸쳐져 있어야 한다. 그러나 운명은 그 외투를 철창으로 만들어버렸다. 금욕주의가 세계를 변형하고 세계 안에서 영향력을 행사하게 되면서, 이 세계의 외적 재화는 점증하는 힘으로 인간을 지배하게 되었고, 그리하여 마침내는 도저히 벗어날 수 없는 힘으로 인간을 지배하게 되었다. [⋯] 오늘날 금욕주의 정신은 그 감옥에서 사라져버렸다. 아무튼 승리를 거둔 자본주의는 기계적 토대 위에 존립하게 된 이래로 금욕주의 정신이라는 버팀목을 더 이상 필요로 하지 않는다. (p. 145)

산업혁명 이후 자본주의가 고도로 발전하면서 그 정신은 자본의 논리에 압도되어 더 이상 존속할 수 없게 되었다. "미래에 누가 저 철창 안에서 살게 될 것인가?" 베버는 자본주의의 미래를 낙관하지 않는다. 자본주의적 합리성을 무한히 추구한 역설적인 결과는 인간다운 삶과 자유를 옥죄는 '철의 감옥'이었고, 그 감옥에 갇힌 "정신없는 전문가, 가슴 없는 향락인"(p. 146)이 어쩌면 마지막 단계의 인간들이 될 것이다.

'베버 테제': 논쟁의 소용돌이

프로테스탄티즘의 윤리와 자본주의 정신 사이의 관련성을 주장한 이른바 '베버 테제'는 논문이 발표된 이후 오랫동안 역사-사회과학계에서 마치 태풍의 눈처럼 거대한 논쟁들을 몰고 왔다. 그의 테제가 이렇듯 논란의 중심에 서게 된 것은 앤서니 기든스Anthony Giddens의 말대로, 그의 문제제기가 '종교'와 '자본주의'라는 매우 민감한 주제에 관련된 데다가 역사학, 경제학, 비교종교학, 종교사회학 등 여러 학문 영역에 걸쳐 있었다는 점 때문이었다.[15] 여하튼 그 길지 않은 논문은 지난 세기에 다양한 학파와 교파의 학자들로부터 가장 열띤 관심과 토론을 끌어낸 저술 가운데 하나였다. 그 테제는 많은 지지와 아울러 비판의 세례를 받았고, 그 결과 상당 부분 재검토와 수정이 불가피하게 되었다. 그런 비판들을 크게 두 가지로 뭉뚱그리면 다음과 같다.[16]

첫째는 실증적인 차원의 비판으로, 베버가 가톨릭과 프로테스탄트 교파의 경제윤리를 지나치게 단순화·일반화했다는 것이다. 먼저 베버의 주장과 달리 중세의 가톨릭, 특히 중세 말기의 가톨릭 교리는 '자본주의' 및 '자본주의 정신'에 우호적인 요소들을 포함하고 있었다. 노동에 관한 바울의 가르침("일하지 않는 자는 먹지도 말라")이 줄곧 강조된 것은 물론이고 가난을 미화하고 부를 죄악시하는 태도 역시 사라졌으며, 파렴치한 이윤 추구는 비난을 받았지만 정직한 이윤 추구는 옹호되었다. 유대인 상인에게서 자본주의 정신의 원형을 보았던 좀바르트는 이미 토마스 아퀴나스Thomas Aquinas 같은 스콜라철학자들이 단순한 금전 대부와 생산적 투자를 위한 대부를 구별하고 후자의 경우 이자를 정당화했다고 지적한다. 더 나아가 스콜라철학자들의 견해는 자본주의 정신의 성장을 방해하기는커녕 오히려 북돋았으며, 특히 "후기의 스콜라 학자들은 17세기의 광신적인 청교도 설교자들보다 더 깊이 자본주의에 공감하고" 있었다고 주장한다.[17)]

반면, 여러 비판자들은 종교개혁 시대에 프로테스탄트 개혁가들의 태도는 베버가 묘사한 것보다 훨씬 더 자본주의에 적대적이었으며, 따라서 가톨릭교회의 태도와 그렇게 동떨어진 것이 아니었다고 지적한다. 저주와 징벌로서의 노동이 아니라 신의 명령으로서의 노동 관념이 꼭 프로테스탄트들만의 전유물은 아니었다. 또한 루터와 칼뱅은 물론이고 17세기의 박스터 목사조차도 맘몬(부)을 위험시하고, 여전히 근면과 절약, '선한 양심'을 영리보다 앞세우는 전통적 도덕경제의 가치를 설파했다는 것이다. 이런 면에서 칼뱅은 베버가 말하는 칼뱅주의자와 거리가 멀다고 할 수 있다.

이 같은 관점에서 중세 가톨릭의 전통적 경제윤리와 프로테스탄트의 근대적 경제윤리에 관한 베버의 대비는 어느 특정한 시기의 특징들을 일반화했다는 비판을 면하기 어려울 것 같다. 예컨대 프랑스 중세사가인 자크 르고프Jacques Le Goff는 《돈과 구원》이라는 책에서 고리대금업자에 대한 가톨릭교회의 태도가 변화해간 과정을 보여준다. 중세 초기에 고리대금업은 비기독교도인 유대인에게만 허용된 직업이었으나, 12세기 이후 서유럽 경제의 회복과 더불어 점점 더 많은 기독교인 고리대금업자들이 등장하면서 오랫동안 고리대금업자들을 지옥의 공포로 위협해온 가톨릭교회도 변화하는 경제 현실 앞에서 타협을 모색하지 않을 수 없었다. 마침내 13세기에 이르러 가톨릭교회는 착취적인 고리usury와 온당한 수준의 이자interest를 구별하고 후자를 정당화하기 시작했다.[18)]이렇듯 중세 가톨릭의 교리는 고정 불변한 것이 아니라 시대 상황에 따라 변화해갔던 것이다.

칼뱅주의 및 청교주의Puritanism 역시 단일하고 불변하는 실체가 아니었다.

<환전상과 그의 아내>, 1514년 플랑드르 화가 퀸튼 마체이스의 유화(루브르 미술관 소장). 금화를 측량하는 무표정한 남편과 옆에서 이를 지켜보는 아내. 아내가 넘기고 있는 성모자의 그림이 있는 신앙서적은 돈과 구원 사이의 갈등을 보여주는 듯하다.

베버는 리처드 박스터가 활약한 17세기 후반 영국의 청교주의를 주된 논거로 삼았지만, 그것은 16세기 중엽의 칼뱅주의와 결코 동일한 것이 아니었다. 토니R. H. Tawney가 적절히 지적하듯이, 칼뱅의 시대에 "경제학은 아직 윤리학의 일부였고, 윤리학은 신학의 일부였다."[19] 이 시기만 해도 칼뱅의 경제윤리는 가톨릭 교리만큼 보수적이었지만 다음 세기에는 상공업의 번성이라는 현실의 압력에 따라 타협하고 적응해야만 했다. 게다가 칼뱅의 교리는 베네치아처럼 일찍이 자본주의 문화가 번성한 대도시가 아니라 그 자신이 통치한 제네바라는 소도시의 경제 환경에 적합한 것이었다. 프로테스탄트의 수도였던 제네바로부터 칼뱅주의가 전파된 지역들, 즉 스코틀랜드(장로교도), 프랑스(위그노), 네덜란드(고이센), 잉글랜드(청교도)에서 각 지역의 정치 상황과 그 신도 집단의 사회계급에 따라 그 신앙의 진화 과정과 경제적 결과는 제각기 다르게 나타났던 것이다.

둘째는 앞의 논의와 연관된 것으로 인과관계에 대한 해석 차원의 문제이다. 베버는 프로테스탄티즘의 윤리가 자본주의 정신의 발달에 영향을 주었다고 보았지만, 토니를 비롯한 여러 비판자들은 그 역방향의 인과론이 진실이라고, 다시 말해 베버가 말한 프로테스탄티즘의 윤리는 자본주의 정신을 체득한 중산계급이 성장한 결과로서 나타난 것이라고 주장한다. 애초에 칼뱅주의는 자본주의 정신에 부합하는 동시에 또한 그것을 엄격히 제한하는 양면성이 있었는데, 자본주의 정신으로 무장한 중산계급이 사회의 지배층으로 성장하면서 프로테스탄티즘의 윤리 역시 그들의 욕구에 맞게 해석되고 변형될 필요가 있었다는 것이다. 그래서 "칼뱅 때에는 현실적인 요구에 대한 제한적 양보였던 것이 후대의 추종자들 시대에는 상인의 생활을 신에 대한 봉사, 영혼의 훈련장으로서 공공연히 이상화하는 데까지 이르게" 되었고, 초기에는 사회적 악덕이었던 영리욕이 후대에는 경제적 미덕이 되었으며, 심지어 "최후 심판의 날에 사람들은 그들이 이룬 결실에 따라 심판을 받을 것"이라는 속된 믿음까지 낳았다.[20] 요컨대, 프로테스탄티즘이 자본주의 정신의 지배를 사후에 종교적으로 정당화해주었다는 것이다.

그 밖에 많은 비판들은 자본주의와 자본주의 정신을 동일시한다거나,[21] 프로테스탄티즘이 자본주의 정신의 직접적 원인이라는 식으로 베버의 인과론을 오해한 데서 비롯되었다. 베버가 실제로 말하고자 한 것은 프로테스탄티즘의 윤리와 자본주의 정신 사이의 어떤 법칙적 인과관계가 아니라 그 둘 사이의 '선택적 친화성'이 있다는 것이며, 또 전자가 후자의 유일한 원인이 아니라 다양한 원인들 가운데 하나로서 중대한 영향을 끼쳤다는 것이다.

'베버 테제'의 비판자들이 제기한 문제들은 프로테스탄티즘 및 그 생활윤리, 자본주의 및 그 정신 등 베버의 핵심 개념들이 그의 사회과학 방법론인 '이념형'에 의해 구성되었다는 것과 깊은 관련이 있는 것 같다. 복잡다단한 현실로부터 가장 특징적인 요소들을 추출하여 이론적으로 구성된 '순수 형태'로서의 이념형은 시기와 지역에 따라 다양하고 변화하는 역사적 현상들을 설명하는 데 한계가 있을 수밖에 없다. 게다가 이 책은 세계종교의 경제윤리를 비교한다는 원대한 기획의 일환으로 쓰인 까닭에 이론적 유형화에 치우쳤다는 한계를 안고 있다.

그러나 '베버 테제'의 한계와 그에 대한 여러 비판에도 불구하고 그 테제의 골간은 여전히 유효하다. 베버는 근대 자본주의 사회의 발달을 경제적 요인으로만 설명하려는 경제결정론에 이의를 제기하고 경제 체제의 변화를 문화적 총체성 속에서, 특히 종교상의 변화와 관련지어 설명하고자 했고, 그리하여 그 체제의 내면에 있는 '자본주의 정신' 또는 '자본주의 심리학'을 처음으로 들여다보았다. 우리는 근대 자본주의의 성장기에 대다수 사람들의 인생에서 가장 중요한 사안은 여전히 신앙과 구원의 문제였음을 염두에 둘 필요가 있다. 이러한 사회에서 종교적·심리적 동기가 부여된다면 자본주의적 경제활동이 한층 더 촉진되리라는 것은 의심의 여지가 없다. 토니의 결론처럼 자본주의 정신이 청교주의의 산물로 나온 것은 아니라 해도, "그것은 후기 청교주의의 어떤 측면에서 그 에너지를 북돋우고 이미 강력해진 기질을 더욱 강하게 만드는 강장제를 발견했다"고 할 수 있다.[22)]

끝으로 염두에 둬야 할 것은 '베버 테제'의 타당성 여부를 떠나서 그 테제의 진정한 의의는 그것이 내놓은 답보다 그것이 던진 물음에 있다는 것, 또한 비록 많은 비판을 받기는 했지만 그런 비판을 낳은 열띤 논쟁과 후속 연구를 불러일으켜 인문·사회과학의 발전에 한 이정표가 되었다는 것이다.

토론 주제

- 모든 합법적인 직업은 귀천이 없는가?
- 인간이 노동을 하는 궁극적인 목적은 무엇인가?
- 예정론이 사회적으로 널리 받아들여질 경우의 순기능과 역기능은 무엇일까?
- 베버가 묘사한 대로의 청교도 생활윤리에 따라 사는 것은 어떤 장단점이 있을까?
- 찬사와 비난을 동시에 받는 카네기나 록펠러 같은 현대 자본주의의 영웅들은 '베버 테제'에 비추어 볼 때 어떻게 평가할 수 있는가?
- '베버 테제'를 수긍한다고 가정할 때 오늘날 자본주의 정신은 사라지고 자본주의만 남게 된 이유는 무엇인가?
- 청교도 윤리에 따르면 오늘날 한국 사회에서 논란이 되고 있는 '보편적' 복지제도는 바람직한 것인가?
- 사회체제로서의 자본주의는 인간의 본성에 따른 자연스러운 체제이며, 따라서 인간 본성이 변하지 않는 한 영원히 지속가능한 체제인가?
- 베버가 근대 서구의 가장 중요한 특징으로 파악한 '합리성'은 정말로 비서구 세계에서는 찾아볼 수 없는 것인가?
- 세계의 합리화 과정의 귀결은 종착점은 자유로운 유토피아일까 아니면 억압적인 디스토피아일까?

더 읽을 거리

- 김덕영, 《막스 베버: 통합과학적 인식의 패러다임을 찾아서》, 길, 2012.
- R. H. 토니, 《기독교 자본주의의 발흥》, 고세훈 옮김, 한길사, 2015.
- 로버트 그린 엮음, 《프로테스탄티즘과 자본주의: 베버 명제와 그 비판》, 이동하 옮김, 종로서적, 1981.
- 자크 르고프, 《돈과 구원: 고리대금업자에서 은행가로》, 김정희 옮김, 이학사, 1998.
- 패트릭 콜린슨, 《종교개혁》, 이종인 옮김, 을유문화사, 2013.

주

1) 아버지 막스 베버는 제국의회 국회의원으로 지극히 현실적인 정치가였고, 어머니 헬레네는 독실하고 교양이 풍부한 여성이었다. 베버는 아버지와 불화했고 아버지의 사망으로 정신건강이 악화되었다고 알려져 있다. 동생인 알프레드 베버(Alfred Weber, 1868–1958) 역시 저명한 사회학자 · 경제지리학자로 형과 마찬가지로 하이델베르크 교수였다. 막스 베버의 생애와 학문에 대해서는 이종수 편저, 《막스 베버의 학문과 사상》, 한길사, 1981; 김덕영, 《막스 베버: 통합과학적 인식의 패러다임을 찾아서》, 길, 2012; 김덕영, 《막스 베버, 이 사람을 보라: 학문과 지식은 세상을 어떻게 바꾸는가?》, 인물과사상사, 2008; 김덕영, 《무한한 지식의 채석장, 막스 베버》, 《지식의 지평》 제16호(2014. 5), pp. 176–187 참조.

2) 이 논문들의 제목은 각각 〈이탈리아 도시의 가계 공동체 및 산업 공동체에서 형성된 합명회사의 연대책임 원리와 특별재산의 발달〉과 〈국가 법과 사법의 의미에서 본 로마 농업사〉이다.

3) 그 후 수정 보완되어 사후인 1920년 《종교사회학논총》의 제1권에 후속 논문인 〈프로테스탄티즘 분파들과 자본주의 정신〉이라는 논문과 함께 수록되었고, 1934년 단행본으로 출판되었다.

4) 1893년 베버와 결혼한 마리안네는 그의 종질녀(사촌누나의 딸)였고, 그녀 자신이 학자로서 베버에게 지적 동반자이기도 했다. 그녀가 저술한 전기는 한글 번역본으로 출판되었다. 마리안네 베버, 《막스 베버: 세기의 전환기를 이끈 위대한 사상가》, 조기준 옮김, 소이연, 2010.

5) 1984년부터 독일에서 총 3부 42권으로 편찬된 《막스 베버 전집》의 전체 목록은 김덕영, 《막스 베버: 통합과학적 인식의 패러다임을 찾아서》, pp. 113–115에 소개되어 있다.

6) 1920년 베버의 때 이른 죽음으로 유대교와 이슬람에 관한 저술은 미완으로 남게 되었다.

7) 이 글에서 이용한 《프로테스탄티즘의 윤리와 자본주의 정신》의 텍스트는 박성수 옮김(문예출판사1988)과 김덕영 옮김(길, 2010)이다. 텍스트의 인용은 앞의 번역본(박성수 옮김)의 페이지 번호로 표시했으며, 필요한 경우 필자가 인용 구절을 일부 수정하여 옮겼음을 밝혀둔다.

8) 자유노동이란 노예나 농노 등의 강제노동이 아닌 노동시장에서의 형식상 자유로운 계약에 의한 임금노동을 의미한다.

9) 마태 25: 14–30. "무릇 있는 자는 받아 풍족하게 되고 없는 자는 그 있는 것까지 빼앗기리라."(29절)

10) 같은 논리를 '믿음'의 문제에 적용하면, 신에 대한 믿음 때문에 구원을 받는 것이 아니라 이미 선택을 받았기 때문에 실제로 유효한 신앙을 갖는다는 것이다.

11) R. H. 토니, 《종교와 자본주의의 발흥》, 김종철 옮김, 한길사, 1983, p. 251.

12) 가까운 예로 '아이돌' 스타에 열광하는 행태는 청교도 사회라면 말 그대로 '피조물의 신격화', '우상숭배'에 해당할 것이다.

13) 게다가 "신은 자기 자신보다 이웃을 더 많이 사랑하라고는 명하지 않고, 다만 자기 자신만큼 사랑하라고 명했기 때문이다."(p. 259) 게다가 "거지에게 동냥을 주는 것은 진정한 자선이 아니다." 실제로 17세기 구빈법(Poor Law) 체제에 이르기까지 노동능력이 있는 사람의 구걸은 범죄시되었다.(p. 261–262)

14) R. H. 토니, 《종교와 자본주의의 발흥》, p. 239.

15) 《프로테스탄티즘의 윤리와 자본주의 정신》, 박성수 옮김, 앤더니 기든스의 〈해설〉, pp. 283–300.

주

16) 베버 테제에 대한 비판적 논의에 대해서는 R. H. 토니, 《종교와 자본주의의 발흥》; 로버트 그린 엮음, 《프로테스탄티즘과 자본주의: 베버 명제와 그 비판》, 이동하 옮김, 종로서적, 1981.

17) 베르너 좀바르트, 《자본주의 형성에서 종교의 역할》, 로버트 그린 엮음, 앞의 책, pp. 65–82. 좀바르트는 중세 길드에서 배제되고 이윤 추구에 대한 경제적 제약에 염증을 느낀 유대인 사업가들이 근대 자본주의의 선구자라고 보았을 뿐 아니라 《사치와 자본주의》에서 베버와 정반대로 지배계급의 사치(소비)가 근대 자본주의의 한 동인이었다고 주장했다. 《프로테스탄티즘의 윤리와 자본주의 정신》, 김덕영 옮김, 《해제: 종교 · 경제 · 인간 · 근대: 통합과학적 모더니티 담론을 위하여》, p. 593.

18) 자크 르고프, 《돈과 구원: 고리대금업자에서 은행가로》, 김정희 옮김, 이학사, 1998. 스콜라 학자들이 이자를 정당화하는 구실로 든 것은 상환의 지체나 변제 불능의 위험에 대한 보상, 투자 기회를 포기한 데 대한 대가, 대부 자금을 사전에 마련하고 운용하는 데 드는 노동의 대가 등이었다(같은 책, pp. 100–102).

19) R. H. 토니, 《종교와 자본주의의 발흥》, p. 286.

20) R. H. 토니, 《종교와 자본주의의 발흥》, pp. 249–250.

21) 예컨대 일본이나 한국에서는 자본주의 정신이 없었지만 자본주의 체제가 발달한 데서 알 수 있듯이, 자본주의와 자본주의 정신이 반드시 서로 부합하는 것은 아니다.

22) R. H. 토니, 《종교와 자본주의의 발흥》, p. 237. 논쟁에 참여한 허드슨(Winthrop S. Hudson)은 이 같은 토니의 결론에 대해 "토니는…… 칼뱅주의는 정확히 자본주의의 아버지라고 할 수는 없지만 17세기 영국의 경우를 볼 때 적어도 자본주의의 시녀임에는 틀림없다는 결론을 내렸다"고 평한다. 윈스럽 S. 허드슨, 《청교주의와 자본주의 정신》, 로버트 그린 엮음, 앞의 책, pp. 113–124.

5

보이지 않는 손의 경제학

아담스미스 《국부론》

AN

INQUIRY

INTO THE

NATURE AND CAUSES

OF THE

WEALTH OF NATIONS.

BY

ADAM SMITH, LL. D.

AND F.R.S. OF LONDON AND EDINBURGH:
ONE OF THE COMMISSIONERS OF HIS MAJESTY'S CUSTOMS
IN SCOTLAND;
AND FORMERLY PROFESSOR OF MORAL PHILOSOPHY
IN THE UNIVERSITY OF GLASGOW.

IN THREE VOLUMES.

VOL. I.

THE FIFTH EDITION.

LONDON:
Printed for A. STRAHAN; and T. CADELL, in the Strand.
MDCCLXXXIX.

보이지 않는 손의 경제학

| 보이지 않는 손, 자유방임주의 그리고 자유주의 시장경제

정명기

1776년에 발간된 애덤 스미스Adam Smith, 1723~1790의 "국가의 부의 성격과 원인에 대한 탐구"An Inquiry into the Nature and Causes of Wealth of Nations 일반적으로 국부론[1]이라고 칭한다)는 경제학 분야에서 고전 중의 고전으로 꼽힌다. 이 시기는 봉건주의 경제가 붕괴되고 자본주의 생산양식이 나타나기 시작한, 즉 산업혁명이 촉발되기 시작한 때이다. 이 시기는 대다수 영국 사람들이 오늘날 우리가 빈곤이라고 부르는 상태 속에 살았지만 부자는 물론 가난한 노동자의 생활수준이 점차 개선되기 시작한 때이다. 이미 영국은 상대적으로 잘 발달된 시장을 가지고 있었고 반자본주의적 이데올로기나 봉건주의적 반동은 이미 크게 누그러져 있었다. 1769년에는 제니 방적기가 발명되고 1775년에는 수력 방적기가 발명되면서 기술혁신이 폭발적으로 일어났으며, 영국의 제조업은 폭증하는 해외 수요와 제조비용의 절감으로 이윤을 지속적으로 증가시켰다. 결국 영국의 산업혁명은 기존의 경제사회체계를 근본적으로 뒤바꿔 놓았다. 이제 이윤추구가 경제활동의 주요 동기로 자리 잡게 되었다.

애덤 스미스가 이렇게 산업혁명이 막 시작되던 시대에 국부론을 저술했던 까닭은 자본주의 경제 시스템이 태동되는 것을 보고 새로운 경제사회시스템이 어떻게 작동되고 있는지 그 원리는 무엇인지를 밝히기 위한 것이다. 그는 산업혁명으로 인해 "공장제 수공업"이라고 불리는 매뉴팩토리manufactories[2)]가 나타나면서 자본가가 생산을 조직함으로써 생산적 잠재력을 크게 신장시킬 수 있다는 점에 주목한다. 즉, 자본가가 노동을 효과적으로 분업 과정들로 나누고, 그 결과 노동생산성이 크게 향상된 것에 스미스는 감명을 받았다. 이런 맥락에서 스미스는 사회가 어떻게 생산적으로 작동하는지 그리고 경제제도와 개인의 관계는 어떤 한 것인지를 규명함으로써 자본주의 시스템의 구조와 본질을 설명할 수 있는 이론적 모델을 제시했다. 이를 통해 그는 당시의 주류 사조(思潮)였던 중상주의적mercantilist 사고를 비판하면서 국부는 국가의 금고 속에 쌓여있는 금과 은의 양에 의해 결정되는 것이 아니라 국가가 창출한 재화와 서비스의 흐름에 의해 측정되어야 한다는 점을 강조한다. 그리고 이런 생산과정의 생산성을 결정하는 가정 중요한 요인들을 찾아내서 분석했다.

이런 맥락 속에서 애덤 스미스는 생산과정에서 산업자본에 덧붙는 이윤, 임금, 지대 등의 범주와 배분 내용을 명확하게 구별한다. 이는 경제에서 가장 중요한 기능을 수행하는 세 가지 소득 범주 - 이윤, 임금, 지대 - 가 자본주의 경제체제에서 가장 중요한 계급인 자본가, 지주, 노동자에 조응한다는 사실을 관찰하였음을 의미한다. 그리고 이를 확장하여 계급사회가 어떻게 진화해왔는지, 계급 간의 관계는 어떻게 설정되었는지도 관찰했다. 이런 스미스의 분석방법은 새로운 사회의 운영 체계에 대한 완전한 새로운 이해를 바탕으로 자본주의 시장경제 활동의 원칙을 최초로 체계적으로 제시한 모델인 셈이다. 이 같은 애덤 스미스의 사상이나 견해가 비록 혁명적이지는 않았지만 매우 급진적으로 당대 서구사회에 커다란 파장을 불러일으키기에는 충분했다. 애덤 스미스가 "야비한 탐욕"을 지닌 자들을 비난했지만 정작 비난의 당사자들은 "시장을 그냥 내버려 두라(let the market alone: 자유방임주의)"라는 메시지를 금과옥조로 받아들여 자신들의 정치적 영향력을 확대하는데 이용하였다. 시장 체제가 사회의 요구를 충분히 충족시키는 능력이 있으며 사회 구성원들이 소비하는 상품과 용역의 생산과 분배라는 순환적 흐름이 경제생활의 목표라는 애덤 스미스의 주장과 견해는 후대 경제학의 발전에 위대한 이정표로 기록되었다.

생애

애덤 스미스는 스코틀랜드의 커가디Kirkcaldy에 태어나 14세에 글래스고 대학교에 입학해 당시의 유명한 도덕철학자이지만 자유주의자, 합리주의자, 평등주의자로 명망이 높은 허치슨Francis Hutcheson의 제자가 된다. 허치슨의 사상은 스미스에게 사상적으로 많은 영향을 미쳤다. 1740년 옥스퍼드 대학교의 베일리올 칼리지Balliol College에 입학해서 공부하다가 1746년 옥스퍼드를 떠나 고향으로 돌아와 문학·물리학·논리학 그리고 과학적 방법론을 집필하는데 2년이란 세월을 보냈다. 1748년 에든버러에서 한 일련의 대중 강연을 통해 강연자로 명성을 얻었고 1751년 글래스고 대학교의 논리학 교수로 임용되었다가 다음 해에는 도덕 철학교수로 임명되었다. 도덕철학을 강연하면서 작성한 강의노트를 발전시켜 1759년 그의 첫 번째 주요 저술인 "도덕감정론Theory of Moral Sentiments"을 출간한다.[3)]

1764년 교수직을 사임하고 유럽여행을 떠나는 귀족의 개인교사로 유럽에 가게 된다. 이 여행 기간 동안 그는 당시 유럽을 대표하는 지성인인 중농주의 학파를 창시한 케네Francois Quesnay, 1694~1774[4)]와 계몽주의 철학자가 볼테르Voltaire, 1694~1778 등을 만나 자신의 사상적 지평을 넓혔다. 1766년 유럽여행을 마치고 고향에 돌아와서 그는 자신의 대표작인 《국부론》을 집필하기 시작하여 10년 후에 이를 출간한다. 국부론은 출판되자마자 사회적 반향을 불러일으켰고 정책적인 면에서 무역의 자유화와 같은 처방이 영국 의회에서 통과되기도 했다. 1778년 에든버러 관세청장에 취임하여 아일랜드에 대한 무역규제를 풀고 비효율적인 관세제도를 개선하는데도 힘을 쏟았다. 평생을 독신으로 살면서 친구들과 토론과 논쟁을 즐겼던 그는 1790년 7월에 사망했다.

새로운 시대의 혁명적 산물: 국부론

오늘날 현대인의 삶의 중심에는 시장이 자리하고 있다. 이 시장은 우리에게 끊임없는 소비를 통한 경제성장을 자극하므로 소비 중심 사회를 만들어 냈다. 이제 우리는 수요가 공급을 낳는지 공급이 수요를 낳는지 잃어버릴 지경이다. 이런 경제성장에 의한 소비 중심사회에서 시장은 세계를 지배하는 종교가 되어 세상이 무엇인지, 세상에서 우리가 무엇을 해야 할지를 가르쳐준다.

개인들은 시장에서 더 나은 조건을 위해 (돈을 벌겠다는 욕망에 따라) 행동하는 것이 원칙이다. 그런데 개인들이 시장 - 이기적이고 이윤을 추구하는 반사회적이고 위험한 자극이 가득한 곳 - 에서 어떻게 사회 유지에 필요한 합의를 도출할 수 있나? 그 해답은 경쟁이다. 공급과 수요라는 시장메커니즘이 시장 참여자들에게 질서를 강제하기 때문이다. 시장에서 행위자가 제시한 가격이나 임금, 이윤 등이 일정 범위를 벗어나도 경쟁의 힘을 통해 원래대로 복원되는 즉, 자율적 규제가 경쟁을 통해 이루어진다고 우리는 믿고 있다. 이렇듯 시장이 시장 스스로의 보호자로 작동된다는 믿음과 시장 체제가 스스로 작동하게 내버려 두는 자연적 자유체제는 성장을 거듭하고, 이런 체제가 국가의 부를 지속적으로 증대시킬 수 있다는 사상적 토대를 만들어

준 것이 바로 애덤 스미스의 《국부론》이다.

분업과 성장

《국부론》은 18세기 영국의 번영이 경제 성장의 산물이라는 애덤 스미스의 성찰에서 나온 책이다. 그래서 이 책은 한 사회에서 많은 노동 생산물(혹은 생활필수품)이 생산되고 소비되는 경제적 번영의 이유를 설명하기 위해 노동 생산력의 증가 원인과 노동 생산물이 사회의 다양한 계층과 다양한 상태의 사람들에게 자연스럽게 분배되는 과정을 관찰하는 것으로 시작된다.

> 그래서 매우 작은 제조업이기는 하지만, 전부터 그 분업이 자주 언급된 적이 있는 핀 제조업을 예를 들어보자. 이 업종에 관한 교육을 받지 않고, 거기에서 쓰이는 기계의 사용에 익숙하지 않는 노동자는 아무리 열심히 일하더라도 하루에 한 개의 핀도 만들 수 없을 것이며, 하루에 20개의 핀은 도저히 만들 수 없을 것이다. 그러나 이 업종이 지금 운영되는 방식을 보면 작업 전체가 하나의 특수한 직업일 뿐만 아니라, 그 작업이 다수의 부문으로 분할되어 그 각 부문의 대다수가 마찬가지로 특수한 직업으로 되고 있다. 첫 번째 사람은 철사를 잡아 늘이고, 두 번째 사람은 철사를 곱게 표며, 세 번째 사람은 철사를 끊고, 네 번째 사람은 끝을 뾰족하게 하며, 다섯 번째

> 사람은 대가리를 붙이기 위해 끝을 문지른다. 대가리를 만드는데도 두세 가지의 다른 조작이 필요하다. 대가리를 붙이는 것, 핀을 휘게 하는 것, 핀을 종이로 싸는 것 모두가 하나의 전문 작업들이다. 이처럼, 핀을 만든 중요한 작업은 이 18개의 독립된 조작으로 분할되고 있는데, 어떤 공장에서는 이 18개의 조작을 18명의 직공들이 나누어서 하고 있고, 다른 공장에서는 한 직공이 두세 가지 조직을 담당하고 있다. ....그들은 힘써 일 할 때 하루에 약 12파운드(5kg)의 핀을 만들 수 있었다. 1파운드는 중간 크기의 핀 4,000개 이상이 된다. 그러므로 10명이 하루에 40,000개 이상의 핀을 만들 수 있고 한 사람이 하루에 4,800개의 핀을 만드는 셈이다. (국부론, 8~9)

> 통치가 잘 되고 있는 사회에서 최하층의 국민까지도 전반적인 풍요로움을 누리게 되는 것은 분업의 결과 각종 생산물이 크게 증가하기 때문이다. 각 노동자는 자기 자신의 노동 생산물을 대량으로 가지고 있어서 자신의 수요를 충족시킬 뿐만 아니라 대량으로 내다 팔 수 있으며, 다른 노동자들도 그와 마찬가지 상태에 있으므로 그는 자기 자신이 대량의 생산물을 타인의 대량의 생산물과 교환할 수 있고, 또는 같은 이야기지만, 그 생산물의 등가물과 교환할 수 있다. 그는 타인이 필요로 하는 것을 풍부하게 공급하고, 타인은 그가 필요로 하는 것을 마찬가지로 풍부하게 공급하는데, 이리하여 전반적인 풍요가 사회의 모든 상이한 계층들에게 확산된다. (국부론, 14~15)

이처럼 분업은 반복적 작업을 통한 노동자의 숙련 향상과 작업과정의 단순화와 표준화를 통해 불필요한 노동시간을 줄이고 기술진보를 촉진시켜 노동생산성을 높인다. 분업으로 노동생산성이 지속적으로 향상하기 위해서는 생산량 증가를 흡수할 수 있는 시장이 필요하고 시장에서 교역이 광범위하게 확대되어 일어나게 되면 이윤이 증가하고 이윤은 새로운 자본의 원천이 된다. 즉, 분업은 한 공장 내에서 서로 다른 작업이 특화되는 미시적 분업과 서로 다른 직업 사이에 이루어지는 사회적 분업, 그리고 기업 간이나 산업 간에 발생하는 거시적 분업으로 확산된다.[5)]이런 과정에서 이윤과 자본축적은 경제적 진보를 추동하는 힘으로 작동한다. 그리고 자본축적과 이윤을 낳는 행위를 생산적 노동으로 정의하고 있다. 결국 생산적 노동은 자본축적을 심화시키는 노동을 말하며, 이를 통해 새롭게 창출된 자본은 노동생산성 증가를 견인하여 경제적 후생 즉, 국가의 부를 증가시킨다.

> 직포공이나 구두제조공과 같은 독립적인 노동자가 자기 제품의 원료를 구매하고, 그 제품을 처분하는 동안 자신의 생활비에 충분한 것보다 더 많은 자본을 가졌을 때, 그는 자연히 그 잉여로 하나 또는 그 이상의 직인을 고용하여 그들의 노동으로부터 이윤을 얻으려고 할 것이다. 이러한 잉여가 늘어나면 그는 자연히 직인의 수를 늘릴 것이다. 그러므로 임금으로 살아가는 사람에 대한 수요는 그 나라의 수입 및 자본의 증대와 함께 필연적으로 늘어나며, 그것 없이는 늘어날 수 없다. 수입과 자본의 증대는 국부(國富)의 증대다. (국부론, 91)

분업이 항상 이러한 긍정적인 효과만을 가져오지는 않는다. 동일한 작업만을 반복하면 노동자는 자신의 작업에 싫증을 느끼고 작업 몰입 도는 떨어지게 되고 제품의 불량률이 높아지게 된다. 또한 분업이 심화되고 발전되면 노동은 자발적이고 창조적이 아닌 강제적 성격을 띠게 되고 노동자는 노동과정을 스스로 통제하기가 어렵게 된다. 즉, 마르크스(K. Marx)가 주장한 것처럼 노동자가 반복적인 작업으로 인해 노동자들은 자신의 노동과 생산물로부터 "소외(疏外, alienation)"된다.

시장, 이기주의 그리고 보이지 않는 손

애덤 스미스는 노동 분업은 노동 혹은 노동의 산물인 상품을 교환할 줄 아는 인간의 특질 덕분 때문이지 어떤 인간의 지혜의 결과가 아니라고 진단한다. 그리고 교환의 범위가 넓어질수록 노동 분업은 심화되고 상품의 교환 체계도 확대된다. 즉, 분업을 일으키는 것이 교환 능력인 것처럼 분업의 정도는 노동 및 노동 산물의 교환체계인 시장의 크기에 제한을 받는다. 시장이 확대되면서 분업이 심화되고 상품교환이 활발히 이루어지면서 문명국가의 하층 노동자가 아프리카의 절대군주보다 더 풍요로운 생활을 할 수 있게 되었음을 강조한다. 그러면 교환의 원리는 무엇인가? 애덤 스미스는 교환을 통해 이기적 욕구를 만족시키려는 것이 시장의 작동 및 유지 원리로 보았다. 즉, 이기적 욕망은 시장에서의 교환을 낳고, 노동 분업을 낳고, 전문화를 낳았다. 숙련은 더욱 커졌고 기술 진보는 빠르게 이루어지면서 더 많은 상품들이 더 싼 가격으로 시장에 쏟아져 나왔다.

> 우리가 저녁식사를 기대하는 것은, 푸줏간 술집 빵집의 자비심이 아니라, 그들 자신의 이해에 대한 배려이다. 우리가 호소하는 것은 그들의 인류애에 대해서가 아니라 자애심에 대해서이며, 우리가 그

> 들에게 말하는 것은 결코 우리 자신의 필요에 의해서가 아니라 그들의 이익에 의해서이다. 거지 외에는 아무도 동포 시민 자비심에 주로 의존하려고 하지는 않는다. (국부론, 19)

애덤 스미스는 인류사회에 이타주의나 박애의 가치가 중요하다는 점을 부정하지는 않았지만 경제제도가 선행에만 의존할 수는 없다는 점을 분명히 하고 있다. 선행이 도덕적으로 존경받을 만한 가치가 충분히 있지만 광범위하게 분업이 확산되는 상태에서 사회가 선행에 근거해서 작동될 수는 없기 때문이다. 이러한 맥락에서 우리는 국부론의 주요한 두 가지 핵심적 내용을 도출할 수 있다. 첫째는 시장이 사회 전체적으로 생산성을 높이고, 둘째 시장이 수요 공급을 조절하여 보다 사람들이 필요한 물건을 값싸게 대량으로 생산할 수 있게 작동한다는 것이다. 스미스는 노동, 가격, 공급에 어떤 제한도 가하지 않는다면 인간의 이기적 본성에 의해 현재의 상태에서 가장 싼 가격으로 팔린다고 주장한다.

이제 모든 사람들이 자신의 이익을 극대화하기 위해 활동한다. 즉, 이윤이 사람들을 경제활동을 하게 만드는 동력이 된 셈이다. 경제 주체들이 자신의 이윤(삶을 개선하려는 욕망)을 위해 움직이지 타인의 복리를 위해서 일을 하지는 않는다. 그러나 결과적으로 그 욕망이 사회 전체의 물질적 풍요를 가져옴으로써 사회구성원들 모두를 이롭게 만든다고 주장한다. 애덤 스미스의 시장메커니즘은 매우 단순하다. 개인적인 자기이익의 추구가 시장에서 경쟁을 야기해 사회가 원하는 양을 적절한 가격(사회가 혹은 시장에서 받아들일 수 있는 가격)으로 공급하게 하여 결과적으로 이기심이 보편적 풍요를 가져오는 시장 메커니즘임을 밝혀냈다.

그러나 인간의 이기주의(경제 행위자의 자기 이익)만이 시장을 움직이는 것은 아니다. 사람들이 시장에서 자기 이익만을 위해 극단적인 행동도 서슴지 않고 한다면 사회는 무질서하고 약육강식의 세계로 변할 것이다. 시장은 이를 방지하는 메커니즘을 지니고 있는데 이것이 바로 경쟁이다. 즉, 시장에서 자기 이익을 추구하는 사람들의 갈등인 경쟁(시장의 압력)을 통해 사회적으로 바람직한 방향으로 진행된다는 것이다. 시장에서 사회가 필요한 양보다 많은 상품을 만들어내면 판매자는 더 싼 가격으로 파려고 할 것이며 반대로 상품의 공급이 부족하면 비싼 가격으로 소비자에게 파려고 할 것이다. 상품의 가격이 오르면 제조업자는 이익이고 가격이 하락하면 소비자가 이익이다. 상품 가격이 오르면 제조업자는 공급을 늘리고 공급이 늘어나면 가격이 떨어지게 된다. 이처럼 자기 이익과 경쟁이 상호 작용하여 시장에서 수요와 공급의 균형이 이루어지게 된다. 이러한 시장 법칙은 상품의 가격과 양을 조절할 뿐만 아니라 상품을 생산하는 데 참여한 자들의 소득도 규제한다. 어떤 상품생산이 많은 이익을 낸다면 다른 물건을 생산하던 사람들이 수익이 좋은 상품을 생산하기 위해 몰려들어 경쟁이 격화되고 이에 따라 잉여이익은 줄어들게 된다. 노동자의 임금도 이런 원리에 의해 조정된다. 어떤 부문의 노동자 임금이 다른 부문보다 월등히 높게 치솟으면 임금이 낮은 부문의 노동자들이 몰려들어 유사한 기능과 숙련을 가진 노동자들 간의 임금 수준을 균형으로 맞추게 된다. 당연히 이와 반대 현상도 일어나게 되어 지나치게 낮은 임금을 지불하는 부문의 노동자들은 더 이상 일하기를 포기하고 더 좋은 임금 조건을 찾아 떠나가게 되고 고용주는 노동력을 확보하기 위해 추가로 임금을 올려주어야만 한다.

결론적으로 애덤 스미스는 시장에서 행위자가 제시한 가격이나 임금, 이윤 등이 일정 범위를 벗어나도 경쟁의 힘을 통해 원래대로 복원 즉, 자율적 규제가 경쟁을 통해 이루어진다는 시장의 자율 체계를 발견한 것이다. 이렇듯 시장이 시장 스스로의 보호자로 작동하는 것이 바로 시장의 미덕이다. 애덤 스미스가 상정한 이러한 모델은 사업은 경쟁적이었고 대부분의 공장은 규모가 작았으며 가격은 수요의 증감에 따라 오르

내렸고 가격 변동은 생산과 고용의 변화를 자극하였던 완전경쟁시장의 조건에서 작동되는 "원자적 경쟁 세계"에 기초한 것이다. 경제주체들이 경쟁의 압력에 개입하거나 이에 저항할 만큼 강하지 못했기 때문에 역설적으로 경제 행위자들은 거대한 사회적 자유방임 속에서 자기 이익을 추구하도록 강제되었던 셈이다.

> 외국 노동보다 본국 노동의 유지를 선호하는 것은 자신의 안전을 위해서고 노동 생산물이 최대의 가치를 갖도록 그 노동을 이끈 것은 오로지 자신의 이익을 위해서다. 이 경우 그는 다른 많은 경우처럼, "보이지 않는 손"에 이끌려서 전혀 의도하지 않았던 목적을 달성하게 된다. 그가 의도하지 않았던 것이라고 해서 반드시 사회에 좋지 않은 것은 아니다. 그저 자기 자신의 이익을 추구함으로써 흔히, 그 자신이 진실로 사회의 이익을 증진시키려고 의도하는 경우보다 더욱 효과적으로 그것을 증진시킨다..... 자기 자본을 국내 산업의 어느 분야에 투자하면 좋을지, 그리고 어느 산업 분야의 생산물이 가장 큰 가격을 가지는지에 대해, 각 개인은 자신의 현지 상황에 근거해서 어떤 정치가나 입법자 보다 훨씬 더 잘 판단할 수 있는 것은 명백하다. (국부론, 552~553)

"보이지 않는 손invisible hand"이라는 표현이 유일하게 국부론에 언급된 부분으로 이 표현은 경제학에서 가장 유명한 메타포metaphor로 사회적으로 긍정적이고 의도하지 않은 결과를 가져오는 시장 제도에 대한 설명이다. 시장은 이윤 추구의 동기와 가격 메커니즘을 통해 개인의 이기심을 집단 이익으로 이끌어낸다. 그러나 이기적 욕구가 항상 사회에 긍정적인 영향을 미친다고는 보지 않았다. 적절한 제도가 마련될 때 이기심은 사회에 긍정적으로 작동한다는 것이다. 이런 애덤 스미스의 주장은 상식에 어긋난다는 이유로 사회적 공감대를 얻기는 어려웠다. 상인들은 값싸게 사서 비싸게 팔아 최대의 이윤을 남기려는 속성이 있는데 이런 상인들이 우글거리는 시장에서 어떻게 소비자가 이득을 얻을 수 있는지 언뜻 이해하기가 힘들어 보인다. 경제 주체인 상인, 공장주인, 노동자들은 모두 경제적 관계에서 이기적임을 우리는 알고 있다. 이러한 이기적 관계에서 보이지 않는 손이 결과적으로 공공의 선을 증진시킨다는 점을 주장한다. "자연법칙law of nature"안에 또는 "신의 섭리divine providence"안에 애덤 스미스가 "보이지 않는 손"이라고 불렀던 무언가가 작동하고 있어서 이렇게 겉보기에는 갈등만 낳을 것처럼 보이는 개인들의 행동을 조화로 이끌어 이로운 결과를 낳는 것이었다. 이 "보이지 않는 손"은 여느 개인이 의도적으로 설계한 것이 아니며 단지 자연법의 체계적 작동으로 창출되는 것일 뿐이다.[6)]

애덤 스미스의 이런 견해는 분명히 자유방임laissez-faire의 원리를 표방한 것이다. 이러한 원리에 따라 그는 최고의 정부는 최소한의 간섭을 하는 정부라고 정의하고 있다. 그는 정부는 세 가지 의무를 갖는다고 했다.

> 첫째 그 사회를 다른 독립 사회의 폭력·침략으로부터 보호하는 의무, 둘째 사회의 구성원을, 다른 구성원의 불의·억압으로부터 가능한 보호하는 의무, 즉 엄정한 사법제도를 확립하는 의무, 그리고 셋째 일정한 공공사업·공공시설을 건설 유지하는 의무이다. 그런데 이런 공공사업과 공공시설 건설 유지하려는 것은 결코 어떤 개인이나 소수의 개인들의 이익에 적할 수 없다. 왜냐하면 그것의 이득은 사회 전체 대해서는 그것의 비용을 보상하고도 남는 경우는 종종 있지만 이는 개인이나 소수 개인들에 대해서는 결코 비용을 보상 할 수 없을 것이기 때문이다. (국부론, 848)

정부의 역할은 국민의 안녕과 재산권을 보호하고 외국의 침입으로부터 국가를 방어해야 한다는 야경국가론을 주장하고 있는 것 같지만 국가가 시장에 개입해서는 안 된다고 단정적으로 말하지는 않았다. 그가 작은 정부를 이상적으로 제시한 이유는 당시 영국 정부의 사치와 낭비를 비판하기 위함이다.

> 비록 정부의 낭비가 부의 진보를 향한 잉글랜드의 자연적 진행을 분명히 지체시켰지만, 그러나 그것을 멈추게 할 수는 없다. .... 정부는 모든 가렴주구에도 불구하고 이 자본은 개인의 절약과 신중한 행동에 의해, 그리고 자신의 처지를 개선하려는 보편적이고 지속적이고 중단 없는 노력에 의해, 조용히 점진적으로 축적되어왔다...그러나 영국은 이제까지 매우 절약하는 정부를 한 번도 가져보지 못했으며, 절약이 국민의 특성이었던 적도 없다. 그래서 왕이나 대신들은 사치 금지법이나 외국 사치품 수입금지에 의해 개인의 경제적 행위를 감독하거나 개인의 지출을 제한하려고 했는데, 이야말로 가장 건방지고 철면피한 행위였다. 왜냐하면, 그들 자신이 언제나 예외 없이 사회의 최대 낭비자였기 때문이다. 그들로 하여금 자신들의 지출이나 제대로 관리하게 하고 개인들의 지출은 개인들에게 맡겨도 좋을 것이다. 만일 그들 자신의 낭비가 국가를 파멸시키지 않는다면, 백성의 낭비는 결코 국가를 파멸시키지 않을 것이다. (국부론, 423~424)

그럼에도 불구하고 애덤 스미스는 국가는 매우 중요한 사회 제도로서 "인류의 자유와 이성과 행복"이 번성하는 필요조건으로 보았다. 정부는 사회 전체의 효용을 늘리고 사회 전체의 교역을 촉진시키기 위해 공공사업, 교육, 복지 등과 같은 사회간접자본에 대한 투자를 해야 한다는 점을 강조하고 있다.[7] 이런 관점에서 본다면 애덤 스미스는 결코 작은 정부를 신성화하지는 않았음을 볼 수 있다. 오히려 자원의 효율적 관리를 위한 국가의 신중한 역할과 절약하는 정부를 강조함과 동시에 특정한 공적인 업무와 공적인 제도를 설립 운영하여 국민의 복리를 위해 기여해야 한다는 점도 강조했다. 특히 여기서 우리가 주목할 점은 가난한 서민의 교육을 국가가 책임져야 한다는 견해다. 시장이 확대되고 국가의 부가 증대되기 위해서는 사회 간섭이 필요하듯이 사회 발전을 위해서는 기초교육이 필요하다는 점을 인식한다. 분업으로 인한 숙련의 필요성이 요구되는 상황에서 미숙련 노동자들에 대한 교육훈련을 국가가 부담함으로써 사회의 생산성을 높인다는 견해는 오늘날의 인적자본론과도 유사한 시각을 가지고 있다.

> 그러나 서민들의 경우는 사정이 다르다. 그들은 교육을 받을 시간이 거의 없다. 그들의 부모는 어린 시절에도 그들을 양육할 능력이 거의 없다. 그들은 일할 나이가 되자마자 생활비를 벌수 있는 직업에 종사해야 한다. [...] 어느 문명사회에서도 서민들은 어느 정도 지위와 재산이 있는 사람들만큼 교육을 받지는 않는다. 그럼에도 교육의 필수 부분, 즉 읽기, 쓰기, 셈하기는 아주 어린 나이에도 익힐 수 있기 때문에, 최하급의 직업에 종사하게 될 대부분 사람들도 그런 직업을 가지기 전에 그것을 배울 시간이 있다. 매우 적은 비용으로 국가는 거의 모든 국민들에게 교육의 가장 필수 부분을 습득하는 것을 쉽게 하고 장려할 수 있으며 또한 의무로 강제할 수 있다. (국부론, 961)

공공사업에 필요한 재원은 조세 수입으로 조달하고 가능한 수익자 부담 원리를 강구해야 한다고 주장한다. 이러한 애덤 스미스의 견해는 오늘날에도 받아들여져 국가의 사회간접 자본 투자 사업에 사용되고 있다. 스미스는 국부론에서 과세의 네 가지 원칙을 제시한다. 첫째, 모든 나라의 국민은 정부를 유지하기 위해 될 수 있는 대로 각자의 능력에 비례하여, 즉 각자가 각각 그 국가의 보호 아래 누리는 수입에 비례하여 각출하여야 한다. 둘째, 각각의 개인이 납부해야 하는 세금은 확정적인 것이어야 하며 자의적이어서는 안 된다. 지불 시기·지불 방법·지불액은 모두. 납세자에게는 어느 누구에든 확실하고 명백해야 한다. 셋째, 모든 세금은 납세자가 그것을 납세자가 그것을 납부하는 데 가장 편리한 시기와 방법으로 징수되어야 한다. 넷째, 모든 세금은 국민의 호주머니에서 나오는 금액도, 호주머니 밖에 남겨져 있는 금액도, 국고에 납입되는 금액을 될 수 있는 대로 조금밖에 넘지 않도록 연구해야 한다.(국부론, 1017~1018) 즉, 조세의 형평성과 투명성 그리고 조세의 부작용을 최소화해 한다는 점을 강조함으로써 국가의 효율적 운영을 다시 한 번 강조한다. 비록 정부와 관료 집단의 낭비와 비효율을 비판했지만 그는 결코 자유방임laissez-faire을 맹목적으로 찬양하지는 않았음이 분명하다. 스미스는 재산권이 보호되고 계약이 지켜지는 시장규칙이 원활하게 작동하고 장점을 발휘하게 된다면 시장경제는 발전할 것으로 믿었다.

자유 무역주의

경제 행위자들이 자기 이익을 추구하기 위한 동기가 결과적으로 본인 자신은 물론 사회 전반에 이익을 가져온다는 점을 강조한 애덤 스미스는 국제

무역에 있어서도 기본적으로 자유무역 원칙을 견고하게 유지한다. 비록 그가 말년에 에든버러 관세청장이란 공직에 있었음에도 불구하고 정부의 수입 금지 조치와 관세 부과로 국내 생산자들에게 사실상 독점을 허용하는 정책에 강력하게 비판한다. 보호무역이 국내 일자리를 늘리고 경제 성장을 촉진한다는 동시대의 기본 사조와는 다른 견해를 가지고 있었다. 그는 오히려 보호무역주의가 경제 성장을 방해한다고 믿었다. 이미 18세기 중반에는 영국의 국내시장에서는 낡은 경제운영 방식[8]이 철폐되었지만 해외무역에 있어서는 국가의 규제가 엄격하게 이루어지고 있었다.[9] 그는 국제 교역 역시 시장의 크기를 늘려 국부를 증가시키기 때문에 자유무역의 원칙이 적용되어야 한다는 믿음을 가지고 있었다. 자유무역은 해외 시장으로의 상품 수요를 확장시켜 노동생산성 향상에 기여하기 때문이다.[10] 성장을 촉진시키기 위해서는 자유시장의 원칙이 경제 전 분야에 전면적으로 확대되어야 한다는 것의 그의 주장이다.

예컨대, 당시 시행되었던 곡물에 대한 수출장려금에 대해 신랄한 비판을 제기한다. 장려금 지급은 곡물의 수출을 증가시켜 국내시장에서 곡물의 가격을 인상시키고, 국내의 소비와 산업 생산을 억제한다. 즉, 수출로 인한 국내시장에서의 곡물의 화폐가격 인상은 국내 금, 은의 실질가격을 떨어뜨리고, 곡물가격의 영향을 받는 다른 모든 국내 재화의 가격을 상승시켜 결국 국내의 모든 생산과 고용을 위축시키게 된다는 것이다. 곡물 수출장려금은 곡물 수출입업자들에게만 이익이 될 뿐, 장기적으로 농업 경영자의 생산을 증가시키지도 않고, 국부의 증진에 도움이 되지 않는다. 그는 동인도회사가 의회에 요청한 배타적 무역 특권에 대해서도 비판하며, 식민지에서의 무역도 일정의 독점 기간이 지난 후에는 개방되어 자유무역에 맡기는 것이 타당하다고 하였다. 자유무역에 맡겨야 경쟁에 의해 국내의 소비자들에게 싼 가격에 재화를 공급할 수 있을 뿐 아니라, 독점권을 허용하면 회사의 경영자들은 무질서하고 게

을러져서 그것이 없을 때 달성할 수 있는 통상의 이윤도 내지 못할 것이라 하였다. 식민지에 대한 독점권을 포기하고 오히려 이들을 해방시키고 자유무역을 효과적으로 보장하는 통상조약을 체결하는 것이 국민들의 이익이라고 주장하였다. 독점권을 보유하게 되면 필요 이상의 자본이 그쪽으로 투입되어 다른 분야의 투자가 위축되며, 생산성 향상을 위한 노력이 아닌 독점이윤에 기대게 되어 결국 그 분야의 경쟁력도 낙후하게 되며 국민들은 독점으로 인한 높은 가격을 지불하게 되어 모두에게 결국 해가 된다고 보았던 것이다. (국부론, 637~664)

> 국내 시장의 이 같은 독점권은 그런 권리를 누리는 특정 산업을 크게 장려할 뿐만 아니라, 독점이 없는 경우 그것으로 향했을 것보다 더 큰 노동·자본을 그 산업으로 향하게 한다는 사실은 의심의 여지가 없다. 그러나 그런 독점권이 사회의 총 노동을 증가시키거나 그것을 가장 유리한 방향으로 이끄는 경향이 있는가는 결코 그렇게 분명하지 않다. (국부론, 549)

애덤 스미스는 이윤이 같은 경우는, 외국무역보다는 국내 제조업이 주목을 받는다고 한다. 외국무역보다 국내에 투자한 자본에 대한 통제도 용이하고 안전하기 때문이다. 그래서 자본가는 해외투자보다는 국내 투자를 통해 자기 이익을 극대화하려고 한다. 그렇기 때문에 국내 산업을 보호하기 위한 수입규제나 국내 자본가에게 독점 허용은 쓸모없는 규제라고 주장한다.

> 현명한 가장의 좌우명은, 구입하는 것보다 만드는 것이 더 비싸다면 집안에서 만들려고 하지 않다는 것이다. 재봉사는 자신의 구두를 만들려 하지 않고 제화공에게서 산다. 재화공은 자신의 의복을

> 만들지 않고 재봉사를 이용한다. […] 모든 개별 가구에 대해서는 현명한 행동이 대국에 대해서 어리석은 행동이 될 수는 없다. 만약 외국이 우리가 스스로 제조할 때보다 더욱 값싸게 상품을 공급할 수 있다면, 우리가 비교우위를 가진 국산품 일부로 그것을 사는 것이 유리하다. (국부론, 533~534)

이러한 견해는 오늘날의 자유무역주의의 이론적 토대가 되는 비교우위론과 매우 흡사하다. 자유무역과 자유 시장은 필연적으로 경쟁을 동반하고 이는 자원과 노동을 가장 효율적으로 배분함으로써 모든 이들에게 경제적 후생을 증대시키게 될 거라고 애덤 스미스는 믿었다. 그러나 국가 간 자유무역이 항상 무역 당사국의 경제발전에 호혜적으로 작동하지 않는다. 특히 경제력에 있어서 차이가 큰 나라와 그렇지 않은 나라 간의 무역에서는 경쟁력이 약한 나라가 무역을 통한 경제적 이익을 얻기는 사실상 힘들다. 국제 경쟁력이 없는 나라는 우선 자국의 산업에 대한 국제경쟁력을 강화해야 한다. 애덤 스미스도 이런 점을 알고 있었다. 그래서 그는 필요한 경우 자국 내 유치산업(幼稚産業)[11]을 보호하기 위한 보호무역 정책을 주장하기도 한다.

> 외국 상품의 수입 자유가 일시적으로 중단된 이후 언제 어떤 방식으로 그것을 회복하는 것이 적당한지를 고려해야 하는 경우는, 특정 제조업이 자기와 경쟁할 수 있는 외국 상품에 대한 높은 관세나 수입 금지를 통해 수많은 일손을 고용할 만큼 확대되었을 때다. 이 경우 사람들은 자유무역이 다만 천천히 매우 신중하게 회복되어야 한다고 주장한다. 만약 높은 관세나 수입금지가 한꺼번에 제거된다면, 동종의 싼 외국 상품이 국내시장으로 밀려들어와 수천 명의 우리 국민의 고용과 생계를 빼앗을 수 있다는 것이다. 의심할 바 없이

> 이것이 야기하는 혼란은 심각할 것이다. (국부론, 568~569)

그러나 이런 조치가 특정 산업(국내 유치산업)의 성장에는 도움을 줄 수는 있지만 더 좋은 결과를 가져올 수 있는 다른 분야에서의 투자를 희생시키는 것이라고 분석했다. 자본가들은 자신의 이익을 위해 스스로 판단할 수 있기 때문이다.

> 각 개인은 그가 지배할 수 있는 자본이 가장 유리하게 사용될 수 있는 방법을 찾으려고 부단히 노력한다. 사실, 그가 고려하는 것은 자기 자신의 이익이지 사회의 이익은 아니다. 그러나 자기 자신의 이익을 추구하는 것이 자연스럽게 또는 오히려 필연적으로, 그로 하여금 사회에 가장 유익한 사용방법을 채택하도록 한다. (국부론, 549)

애덤 스미스의 유산

인류 문명사의 가장 획기적인 시기 – 산업혁명에 따른 폭발적 경제성장과 시민사회 형성에 따른 지식의 대변혁기 – 에 애덤 스미스는 자본주의 시장경제라는 새로운 세상의 작용 원리를 규명함으로써 우리에게 놀랍도록 풍부한 학문적 유산을 남겼다. 비록 그가 시장을 발명하지도 않았고 경제학을 전공하지도 않았고 하물며 경제학을 창조하지도 않았지만 우리가 살고 있는 자본주의 시장경제를 이해할 수 있는 지적 도구를 제공하여 주었다. 그래서 실질적인 의미에서 모든 경제학자들은 애덤 스미스의 학생인 셈이다. 애덤 스미스는 개인이 자신의 상태를 개선하려는 이기적인 노력은 자연스러운 것이며, 강력한 삶의 원동력으로 간주한다. 그리고 이러한 이기적인 노력은 개인뿐 아니라 사회에 부와 번영을 가져다준다는 견해를 분명히 하고 있다. 즉 개인이 자기의 이익을 추구할 때 "보이지 않는 손"에 이끌려 사회의 이익도 증진된다는 것이다. 그러나 "보이지 않는 손"에 의해 작동되는 시장메커니즘이 항상 성공적으로 작동되지는 않는다. "시장실패"라는 내재적 결함이 있기 때문이다. 시장이 정의롭지 못하고 탐욕과 이기심으로 넘치며, 타인의 것을 빼앗고 자기 것만을 챙기려 한다면 사회의 조화와 안정은커녕 자본주의 시장 질서 자체도 존립하지 못한다. "도덕"과 "정의"가 뒷받침되지 못하는 자본주의 시장 질서는 사회 전체를 붕괴시킨다는 점을 애덤 스미스도 알고 있었다.

애덤 스미스의 "보이지 않는 손"은 이기심만으로 움직이는 "자기조절적 시장기능"이 결코 아니다. 그러나 후대 경제학자들은 스미스의 견해를 오독하거나 왜곡해 "보이지 않는 손"을 마법의 손(시장만능주의)로 만들어버렸다. 스미스는 자유무역과 이기심에 의한 이윤동기 추구 행위를 찬양하기는 했지만 자본가나 국가권력의 꼭두각시 노릇은 하지 않았다. 국부론 곳곳에 상인(부르주아)과 국가권력의 정경유착과 독점의 폐해에 대해 신랄한 비평을 가했다. 또한 분업의 확산으로 "하층민까지 확산되는 보편적 부"가 증가되기도 하지만 다른 한편으로는 노동의 단순화와 표준화로 인한 노동의 소외 문제도 간과하지 않았다.

지난 수 세기 동안 애덤 스미스의 사상과 주장이 오독되거나 왜곡되어왔지만 애덤 스미스의 통찰은 여전히 유효하다. "보이지 않는 손"이 우리에게 전달하는 메시지는 개인의 이익과 공공의 이익이 서로 대립하지 않고 공존한다는 것이다. 비록 애덤 스미스가 중상주의 사상에 맞서 자유주의 사상을 옹호하면서 효율과 개인주의를 지지하였지만 공공이익을 무시하고 개인의 이익만을 추구하는 효율 지상주의를 옹호하지는 않았다. 거래와 협상을 통해 이루어지는 교환행위가 개인에게 이익을 가져다줄 뿐 아니라, 조화로운 사회적 질서, 전체 사회의 이익을 증대시킨다는 애덤 스미스의 생각은 역으로 사적 이익의 추구가 공공의 이익과 부합하는 전제 아래 이루어져야 한다는 것을 의미한다. 요즘처럼 독점자본이나 다국적 자본이 사회 전체의 이익을 훼손하고 사회적 불평등이 심화되는 상황에서 모든 것을 시장에 맡겨야 한다고 주장하는 자유방임주의 혹은 시장만능주의자들은 자기방어를 위해 스미스의 "보이지 않는 손"을 자신들의 균형이론에 억지로 꿰맞추어 "자기 조절적 시장 기능"을 신성화함으로써 스스로 자신들에게 면죄부를 발행했다.

애덤 스미스의 "보이지 않는 손"은 부자들의 변덕과 탐욕, 이기심을 제약하고 소비 물자를 나누며 재분배의 기능을 유도하는 신의 섭리가 작용하는 "신성한 손"이며 약자를 배려하고 독점과 부자의 탐욕을 경계하는 "정의로운 손"이다. 애덤 스미스의 자유방임주의 사상을 승계했다고 주장하는 신 고전학파의 시장원리주의자들은 경제에서 윤리 문제를 추방했다. 시장의 "보이지 않는 손"에 의지하는 것으로 "시장의 문제"를 충분히 해결할 수 있다고 보았기 때문이다. 시장의 보이지 않는 손은 (이기심 같은) 개인의 악덕을 자동으로 (효율의 증진과 같은) 공공의 이익으로 바꿔놓았다. 그러나 애덤 스미스의 "보이지 않는 손"이라는 개념은 사실 도덕적 의문에서 탄생된 것이다. 그럼에도 불구하고 경제학에서 지난 백 년 동안 도덕에 관한 문제는 실종되고 윤리 문제라는 굴레에서 벗어나게 되었다. 인간의 탐욕이 가져온 2008년 미증유의 세계 금융위기는 시장이 모든 걸 해결할 수 있다는 유토피아 경제학에 조종(弔鐘)을 울렸다. 승자 독식이 아닌 다양성을, 경쟁이 아닌 공존이 존중되는 미래 경제를 생각하며 애덤 스미스가 국부론에서 우리에게 던졌던 메시지를 생각해보자. "보이지 않는 손"이 모든 개인들의 이기심과 탐욕의 활동을 서로에게 유익하고 조화로운 전체로 몰아가는 "자연적 자유의 시스템"으로 작동하기 위해서는 사회구성원들이 각자 어떤 역할을 해야 할지 물어보아야만 한다.

토론 주제

- 인간은 정말 이기적인가?
- "보이지 않은 손"은 정말 존재하나?
- 자유방임주의가 가지는 현대적 의미는 무엇인가?
- 정말 작은 정부가 좋은 정부인가?
- 시장에서 완전 자유경쟁은 가능한가?
- 자유무역과 세계화의 결과에 대해서 우리가 생각해야 할 점은 무엇인가?
- 기술혁신에 의한 노동의 전문화 · 표준화가 가져온 노동 소외 문제를 어떻게 해소해야 하나?
- 우리나라 현실에서 정부가 최우선적으로 해야 할 경제정책은 무엇인가?
- 한미 FTA 협상은 자유무역주의에 위배되는가?
- 우리는 정말 시장에서 모든 욕구를 충족시킬 수 있나?

더 읽을 거리

- 김근배(2016), 애덤스미스의 따뜻한 손, 중앙books
- E.K 헌트와 라우젠히이저 지음, 홍기빈 옮김(2015), 애덤 스미스부터 21세기 자본주까지
- 제리 멀러 지음, 서찬주, 김정환 옮김(2006), 돈과 시장의 경제사상사. 자본주의의 매혹, Human & Books
- 토드 부크홀츠 지음, 이승환 옮김 (1994), 죽은 경제학자의 살아있는 아이디어, 김영사
- 로버트 하일브르너 지음, 장상환 옮김(2005), 세속의 철학자들, 이마고
- 홍훈, 김진명, 박만섭,유동민, 박종현(2009), 경제의 교양을 읽는다. 고전편, 다난출판

주

1) 애덤 스미스 저, 김수행 옮김(2007), 국부론 I, II, 비봉출판사

2) 자본가가 건물, 생산 장비, 원자재를 소유하고 노동자를 고용하는 생산 시스템이지만 공정은 수공업 생산기술을 보편적으로 사용하고 있는 것으로 기계화된 조립 라인의 기술을 사용하는 공장(factory)과는 다른 의미이다.

3) 도덕 감정론은 인간의 도덕적 판단의 기초를 규명하는데 목적을 둔다. 그는 이 책에서 인간은 다른 사람들을 위한 자연적인 "공감(natural sympathy 오늘날은 감정이입 empathy이라고 함)"을 가지고 있고, 이를 통해 자신의 형태를 조정해 전체의 조화를 지향하는 방법을 알게 된다. 이것이 인간 형태에 대한 도덕적 판단의 기초이면서 인간 미덕의 원천이 된다고 주장하였다.

4) 부(富)를 금이나 은과 같은 재물로 보던 당시의 생각과 달리 케네는 부(富)가 생산에서 나오며 손에 손을 거치면서 마치 혈액이 순환하는 것처럼 사회라는 몸을 살지게 한다고 주장하면서 자유방임(laissez-faire) 정책을 옹호하였다. 그러나 중농주의의 문제는 농업만이 진정한 부를 생산하고 제조업은 가치를 생산하는 것이 아니라 단지 물체의 형태를 바꿀 뿐이라고 주장한 점이다.

5) 홍훈, 김진명, 박만섭,유동민, 박종현(2009), 경제의 교양을 읽는다. 고전편, 다단출판, 88쪽

6) E.K 헌트와 라우젠히이저 지음, 홍기빈 옮김(2015), 애덤 스미스부터 21세기 자본주의까지 비판적 관점으로 본 E.K. 헌트의 경제사상사, 시대의 창, 126쪽

7) 국부론의 마지막 부분인 5편에서 국가의 수입과 역할에 대해서 자세히 서술하고 있다.

8) 길드(guild: 중세의 상인이나 수공업자가 조직한 직업 결사체)에 의한 영업 독점과 가격을 결정하는 행위나 영주가 노동자의 시간당 임금을 정하는 관행을 말한다.

9) 시 유럽 국가들은 국가의 수입을 늘리기 위해 수입품에 대한 고율의 관세를 부과하였다. 이는 상대국의 보복으로 나타나 무역이 총성 없는 전쟁으로 발전해갔다.

10) 애덤 스미스는 이것을 잉여의 출구(vent of surplus) 문제로 표현했다.

11) 장래에는 성장이 기대되나 지금은 국가가 보호하지 않으면 국제 경쟁에 견딜 수 없는 산업을 말한다.

6

더 나은 자본주의로의 항해

케인즈 《고용, 이자 및 화폐에 관한 일반이론》

The General Theory of Employment, Interest and Money

John Maynard Keynes

더 나은 자본주의로의 항해

| 자본주의 경제의 불안정성, 유효수요 부족과 수정자본주의

정명기

케인즈의 일반이론[1)]

1936년에 발간된 케인즈John Maynard Keynes, 1883~1946의 "고용, 이자 및 화폐에 관한 일반이론The General Theory of Employment, Interest and Monetary, 이하 일반이론"은 당대를 지배했던 신고전학파 경제이론의 기본 이념이었던 자기조정 시장의 신화를 비판하면서 자본주의 경제의 불안정성을 강조함과 동시에 당시 전 세계를 암울하게 만들고 있던 세계 대공황에 대한 정책적 대안을 제시함으로써 경제학의 패러다임 전환에 일대 전기를 마련하였다.

이 책이 출간된 당시 세계경제는 미국 발 주식시장의 급작스러운 붕괴를 시작으로 전대미문의 대공황에서 빠져나오지 못한 채 파국으로 치닫고 있던 시기이다. 1930년 미국의 국민 총소득GDP은 870억 달러에서 1933년에는 390억 달러로 절반 이상이 줄어들었고 실업자는 1400만 명을 넘어섰다. 근로자의 임금은 60% 감소하였고 8만 5000개의 기업이 파산하였다. 4년 전에 비해 국민들의 소득이 절반으로 줄어들었다. 끝없는 번영을 확신했던 자본주의 경제체제는 물론이고 희망의 자부심이었던 미국마저 끝 모를 나락으로 떨어져 이 불행한 양상이 언제 끝날지 알 수 없고 전환점도 없으며 기복도 없는 것처럼 보이는 절망적 상황이었다.

특히 넘쳐나는 실업문제는 당대의 경제이론과는 전혀 다른 방향으로 움직이고 있어 고전학파 경제학자들을 당혹하게 만들었다. 거리로 넘쳐나는 실업자와 실업문제는 그 어떤 경제이론보다 현재의 경제체제가 잘못되었음을 분명히 보여주고 있음에도 불구하고 고전학파는 애덤 스미스의 "보이지 않는 손"이라는 요술 방망이를 동원하고도 진단은 물론 처방도 하지 못하는 무기력에 빠져버렸다. 실업이 발생하면 임금이 하락하고 임금이 하락하면 고용주는 싼 임금 탓으로 고용을 늘리기 때문에 실업이 줄어든다는 고전학파 이론에서는 이런 종류의 대규모 실업은 터무니없고 이치에 맞지도 않고 일어날 수도 없는 현상인 것이다. 그럼에도 불구하고 대량 실업은 존재하고 또한 그 기간이 언제 끝날지 모른다는 사실에 고전학파 이론 역시 파산 위기에 몰리게 된다.

영국의 산업혁명을 통해 탄생된 자본주의 시장경제는 수백 년 동안 호황과 불황이라는 골짜기를 오르락내리락 해왔다. 그리고 그 이유에 대한 설명을 위해 그동안 많은 노력들을 해왔던 것도 사실이다. 과거 자본주의 발달과정에 나타난 거대한 투기적 대폭락이나 정상적 거래 과정에서 일어나는 경기의 팽창과 수축의 물결이 지속적으로 일어났다. 1801년 영국 경제는 나빠지지만 1802년에는 좋아졌고 1808년에는 다시 나빠졌다가 1810년 좋아졌고 1815년에 다시 나빠졌다. 이런 번영과 침체의 교차가 그동안은 "보이지 않는 손"에 의한 자동안정장치가 작동되면서 자본주의 경제의 끊임없는 번영이 보장되었다는 시장 신화가 더 이상 설득력을 얻을 수 없게 되었다.

당대를 지배했던 그리고 지금도 지배력을 잃지 않고 있는 고전학파 경제이론은 자유로운 시장이 자동적으로 완전고용 수준의 생산으로 조정되고, 소득분배(임금)는 한계생산성 분배 이론으로 공정하게 이루어지며(혹은 결정되며), 경쟁에 의해 상품 가격이 합리적이며 자원이 효율적으로 배분된다는 "보이지 않는 손"의 믿음이라는 세 가지 기본 이념으로 이루어져 있다. 케인즈는 이런 경제이념만을 믿고 자본주의 경제가 계속 어려움을 겪는데도 불구하고 수수방관하거나 제대로 된 처방을 내리지 못한다면 자본주의는 파멸될 수도 있다는 문제의식을 갖게 되었다.

케인즈는 자본주의 정부가 자본주의 위기로부터 탈출하는데 도움이 될 수 있는 이론적 혜안을 제공하고자 하였다. 그래서 그는 고전학파의 주요 이념 가운데 하나인 자기조정 시장의 신화라는 이데올로기를 폐기할 수밖에 없었다. 케인즈는 대공황 때 시장 신화라는 자동안정장치가 왜 작동되지 않는지에 대한 물음을 답하기 위해 자기조정 시장의 신화를 버리는 것으로 시작하였다. 그렇다고 그가 한계생산성 분배 이론과 시장의 배분적 효율성에 대한 믿음을 져버리는 것은 아니다. 단지 자본주의 체제의 내적 취약성을 규명하고 그 해결방안으로 국가의 역할을 강조함으로써 고전학파의 자유방임주의 경제 사상을 극복하고자 했다. 이런 문제의식에서 출발한 케인즈의 "일반이론"의 핵심적인 내용은 첫째, 한 나라의 경제가 언제나 완전고용 수준을 유지하는 것은 아니며, 둘째, 완전고용을 유지하기 위해서는 정부가 시장 기능의 결함을 보완해야 한다는 것이다. 이러한 자본주의 경제의 불안정성을 증명하기위해 이론적 기초를 마련한 것이 일반이론이다. 그리고 이 같은 경제 분석방법은 국민경제 동향을 분석하는 거시경제학의 출발을 의미한다. 그리고 "케인즈 혁명"이 시작되었다.

생애

케인즈는 1883년 영국 케임브리지에서 태어나 이튼과 케임브리지 대학에서 수학하였다. 특히 케임브리지 대학에서는 알프레드 마샬Alfred Marshall 밑에서 경제학을 배웠다. 대학을 졸업한 후 1907년 동인도회사에서 공직생활을 시작했다. 2년간의 인도 근무를 마치고 케임브리지 대학의 킹스칼리지로 돌아와 경제학 강의를 시작하였다. 그의 첫 저술은 화폐와 외환제도에 관하여 쓴《인도의 통화와 금융》Indian Currency and Finance, 1913이었다. 케인즈는 학문 연구는 물론 현실참여에도 적극적이었다. 그것이 후일 보다 현실적이고 정책 지향적인《일반이론》을 탄생시키게 된 배경이 되었다.

세계1차 대전 중에는 재무성에서 근무했으며 1919년의 파리 평화회의에서는 재무성의 대표로 참석하기도 하였다. 1919년 재무성을 사임한 후 다시 케임브리지로 돌아왔다. 1차 대전 후의 공황은 케인즈로 하여금 자유방임주의 경제에 대한 문제점을 인식하게 하였다. 그러한 그의 사상이 처음으로 반영된 저술이 《평화의 경제적 귀결》The Economic Consequence of Peace, 1919이었다. 경제의 안정을 위해서는 화폐 발행은 금 보유와는 독립적으로 중앙은행에 의해서 조절되어야 한다는 내용을 담고 있는《화폐개혁론》Tract on Monetary Reform, 1923과 저축과 투자는 이자율에 의해서 균형잡히는 것이 아니라는 후일 《일반이론》의 주요한 내용이 된 논리가 담긴 《화폐론》Treatise on Money, 1930을 속속 발간함으로써 케인즈 경제학의 집대성이자 최대의 걸작인《일반이론》의 이론적 기초가 하나씩 형성돼 갔다. 같은 해 발간된 《우리의 후손을 위한 경제적 가능성》Economoic Possibilities for our Grandchildren이라는 에세이에서는 기술진보에 따른 시간당 생산량의 증가로 생계를 위한 필요노동시간은 점점 더 줄어들어 거의 일할 필요가 없게 된다고 전망했다.[2)]

세계 2차 대전 중에는 전쟁 자금조달과 국제무역 및 통화 제도의 재건을 위해 노력하였는데 그 내용을 담은 책이 《전쟁비용을 어떻게 지불할 것인가》How To Pay For The War, 1940 이다. 전후 세계경제 재편을 위한 전승국들의 회의(1944년 브레튼 우즈 회의)에 영국 대표로 참석하여 전후 세계경제질서를 재편하는데도 기여하였다.

1946년 4월 케인즈가 심장마비로 운명하였을 때 《타임스》The Time지는 영국은 가장 위대한 영국인 한 사람을 잃었다고 애도하였다. 그러나 그는 영국의 위대한 경제학자일 뿐만 아니라 세계의 위대한 경제학자이자 정책 입안자이기도 하였다.

케인즈 혁명의 시작: 자본주의의 구원투수

케인즈 이론은 생산, 유통, 소비가 연속적으로 일어나는 과정에 대한 분석이다. 일정 기간 동안 기업은 재화를 생산해서 판매하는데 이때 임금, 지대, 재료비, 이자 등과 같은 생산비용을 지불하고 나머지는 이윤으로 기업에 돌아간다. 이 과정에서 한 기업의 생산비용은 개인이나 다른 기업에게는 소득으로 나타난다. 이는 일정 기간 동안 한 경제에서 생산된 모든 가치는 그 기간에 수취된 모든 소득과 동일하다는 것이다. 따라서 생산된 모든 것이 팔리려면 사람들은 소득을 전부 소비해야 한다. 이 같은 순환적 흐름circular flow에서 화폐는 기업에서 사람들에게 임금, 지대, 이자, 이윤으로 흘러가고 사람들이 상품을 구매하면 화폐는 다시 기업으로 돌아간다. 그러나 이런 흐름이 자동으로 일어나지 않는다. 순환적 흐름에서 화폐의 일부가 되돌아오지 않는 경우가 있기 마련이다. 소득 가운데 일부를 저축하기도 하고. 세금도 내야하고 외국으로부터 상품을 구매하면(수입) 국내에서 생산된 재화를 구매하지 않기 때문에 소득-지출의 순환적 흐름에서 빠져나가는 누출leakages이 생긴다.

물론 순환적 흐름에서 이 세 가지 누출(저축, 수입, 조세)을 상쇄할 수 있는 세 가지 주입injection이 있어 균형적인 과정을 이어가게 만들려고 한다. 수입한 금액만큼 수출하면 되고 조세수입만큼 정부가 필요한 물건을 구매하거나 소비하면 된다. 그리고 기업들이 저축한 액수만큼 투자하면 된다. 이처럼 누출과 주입이 정확한 규모로 이루어진다면 지출은 생산물 가치와 정확히 일치하고 생산된 모든 상품이 판매되기 때문에 경제적 번영이 계속된다.

이것이 고전학파가 상정하고 있는 경쟁적 자본주의가 정상적으로 기능하는 모습이다. 그러나 이 순환과정에서 생산량이나 고용수준은 생산요소의 소유자가 합리적이고 자유로운 선택으로 이루어지기 때문에 순환적 흐름에 균열이 생겨나기도 하지만 이는 일시적 현상으로 "보이지 않는 손"이라는 자기조정 시장의 신화에 의해 균형을 찾아간다는 것이 고전학파의 생각이다.

유효수요의 부족과 승수효과

케인즈는 고전학파의 시장 자동 조정론과 결별하면서 대공황(공황)의 원인을 찾아 나섰다. 고전학파의 논리를 잠시 살펴보자. 고전학파의

주장은 두 가지로 요약되는데 (1) 이자율(금리)이 유연하게 움직여서 저축을 투자로 연결해 균형을 이루고, (2) 임금과 물가가 유연하게 소비 감소에 대응한다는 것이다. 즉, 개인이나 가계는 총 수입 중 일부를 소비하고 나머지는 저축한다. 만일 이들의 저축이 증가하면 소비는 감소하게 된다. 그러면 상품 판매가 줄어 경기가 침체될 우려가 발생한다. 하지만 걱정할 필요가 없다는 것이 고전학파의 주장이다. 저축한 돈이 침대 밑으로 사장되는 것이 아니라 은행에 저축하고 저축이 증가하면 이자율이 떨어지고 기업은 값싸게 은행 자금을 빌려 투자를 늘려 기업 소비가 늘어가고 고용은 증가하며 경제는 활력을 되찾게 된다, 즉, 이자율이라는 연결고리가 유연하게 작동하기 때문에 가계의 소비가 줄고 저축이 늘어날 경우에는 기업의 투자가 증가되어 경기가 되살아난다는 것이다. 만일 소비 감소를 상쇄할 투자 활동이 즉각 일어나지 않는다고 해도 소비 감소에 맞춰 임금과 물가가 유연하게 대응하기 때문에 경기 침체는 오래가지 않는다는 것이다. 그러나 만일 사람들이 충분한 소득이 없어 소비를 하지 않으면 상품 판매는 줄어들고 기업은 감원을 하게 되고 국민 총 생산량GDP는 큰 폭으로 떨어지게 된다. 이것이 케인즈가 생각한 공황이다.

국민경제에서 가장 큰 소비주체는 가계(家計)이다. 가계 소득이 감소하면 소비 규모도 줄어들게 된다. 이를 설명하기 위해 케인즈는 소비 수준과 저축 수준은 "소득 수준의 함수"라는 "소비함수"를 주장한다, 즉, 소비와 저축 모두 소득 수준에 의해 결정된다는 것이다. 물론 저축 수준이 "이자율에 큰 변동이 생기면 일정하게 변할 수 있다는 점을 인정하지만 그 영향력은 소득수준의 영향력에 비하면 크지 않다고 보았다.

> 이 요인이 주어진 소득으로부터의 지출률에 미치는 영향에 대해서는 여러 가지 의문의 여지가 있다. 이자율은 저축의 공급과 수요를 균형에 이르게 하는 요인이라는 관념에 입각하고 있는 고전파의 이

자 이론에 있어서는, 소비에 대한 지출은 다른 조건이 일정하다면, 이자율의 변화에 대하여 부(負)의 반응을 보이는 것으로서, 이자율의 어느 정도의 상승이 있어도 소비는 현저하게 감소할 것이라고 생각하는 것이 편리하겠다. 그러나 이자율의 변화가 현재의 소비를 위하여 지출하고자 하는 용의에 대하여 미치는 전체적인 효과는 여러 가지 서로 모순되는 경향에 의존하는 것이기 때문에, 복잡하고 불확실하다는 사실이 인정된 지는 이미 오래되었다. 왜냐하면, 저축에 대한 주관적 요인 가운데는 이자율이 상승할 때에 더욱 쉽게 만족될 수 있는가 하면, 반대로 약화되는 것도 있기 때문이다. 장기에 있어서는 이자의 상당한 변화는 사회의 관행을 눈에 띄게 수정하는 경향이 있는 것 같으며, 그 결과로 주관적인 지출 성향을 변화시킬 것이다. 비록 어떤 방향으로 변화시킬 것인가는 실제의 경험에 비추어보지 않고서는 단언하기 어려운 일이기는 하지만, 그러나 일상적으로 나타나는 유형의 이자율의 단기적 변화는 어느 방향으로도 지출에 대하여 직접적인 영향을 미칠 것으로 생각되지는 않는다. (일반이론, 110)

소비함수는 소득 수준에 대한 저축 및 소비의 관계를 설명하는 것이고 소득의 변화와 그로 인한 저축의 변화 사이의 관계를 "한계저축성향 marginal propensity to save MPS"이라고 정의한다. 소득의 일부를 소비하고 나머지는 저축하는데 이때 소비되는 비율을 한계소비성향marginal propensity to consume MPC이라고 부른다. 당신의 소득이 만 원인데 이 가운데 2/3를 쓰고 1/3을 저축했다면 한계소비성향은 2/3가 되고 한계저축성향은 1/3이 된다. 이 둘은 모두 1 보다 작은 값을 가지고 있으며, 어느 쪽도 이자율에 따라 결정되는 것은 아니며 이자율을 결정하는 주요 요인도 아니다.

> 우리가 소비성향이라고 부르고자 하는 것은 임금 단위로 측정되는 일정 수준의 소득 Yw와 그 소득 수준으로부터 지출되는 소비액 Cw 사이의 함수 관계 X로 정의하고자 한다.... 사회가 소비를 위하여 지출하는 액수는 분명히 (1) 일부는 그 소득액에, (2) 일부는 그 밖의 여러 가지 객관적인 부수적 사정에, 그리고 (3) 일부는 그 사회를 구성하는 각 개인의 주관적인 필요와 심리적인 성향 및 습관, 그리고 소득이 그들 개개인 사이에 분배되는 방식을 지배하는 원리들(그것은 산출량의 증가에 따라 조정될 수 있다)에 의존한다. 지출하고자 하는 여러 가지 동기는 상호작용을 하는 것으로서, 그것을 분류하고자 하는 시도는 옳지 않은 구분을 할 위험성을 안고 있다. (일반이론, 107)

기업 역시 가계와 마찬가지로 새로운 기계와 설비를 위해 투자한다. 이것도 총수요에 주요한 몫을 차지한다. 기업이 투자를 결정하는 이유는 가계의 소비보다 복잡하다고 케인즈는 분석한다. 기업의 투자는 단순히 기업의 수익(소득)에 의해 결정되지는 않고 경기에 대한 예측, 이자율, 환율, 기업가의 자신감, 정치적 상황 등이 투자계획에 영향을 미친다.

자본주의 경제가 완전고용 상황에서 출발한다면 이자율이 자동적으로 이자와 저축을 동일하게 만들어주고 총수요는 총공급과 일치한다는 고전학파의 명제에 대해서 케인즈는 저축량을 결정하는데 이자율보다 훨씬 큰 영향을 주는 것은 총소득의 수준이고 이자율을 결정하는 것이 저축과 투자가 아니라고 주장한다. 이자율이란 화폐의 수요와 공급을 동일하게 만들어주는 가격이며, 투자 및 저축과는 조금 다른 문제로 보았다. 사람들이 돈을 전부 은행에 저축한다는 보장도 없고 저축된 돈이 기업에 몽땅 투자된다는 법도 없기 때문에 저축은 투자와 유연하게 균형을 맞추기가 어렵고 위태롭다. 예를 들어 중앙은행은 불경기 때마다

반사적으로 돈을 찍어 내지만, 개인이나 기업은 미래의 불확실성 때문에 돈이 있어도 소비보다는 저축을 하려는 성향이 높다. 결국 경제는 "유동성 함정"liquidity trap에 빠져 통화량이 늘어도 금리와 소비에는 별다른 영향을 미치지 못한다. 저축과 투자가 균형을 이루지 못하면 총 생산량이 총소비량을 초과해 재고가 증가하고 결국은 노동자들은 해고된다. 케인즈도 유동성 함정이 흔한 일은 아니라고 인정하면서도 1932년 미국에서 발생한 유동성 위기를 예로 들었다. 세계 대공황 과정에서 수많은 은행들이 파산했고 "어떤 합리적 조건을 제시해도 사람들은 좀처럼 돈을 쓰려 하지 않았다."

여기서 케인즈가 제기한 쟁점은 분명하다. 저축의 중요성을 강조한 통속적인 관점을 반대한 점이다. 자본주의 발전이 근면과 저축이라는 미덕을 강조한 프로테스탄트 윤리에 기초한다는 이념과 총공급이 총수요를 창출한다는 "세이의 법칙"을 부정하면서 1930년대 서구 경제를 관찰하면서 장기 경기 침체라는 어두운 터널에서 벗어날 방안을 찾아낸다. 성숙한 경제는 고이윤이 보장된 투자 기회가 부족하기 때문에 많은 저축량을 흡수할 수 없다는 구조적 문제에 주목한다. 이런 조건에서는 저축을 늘리고 소비를 억제해서는 안 된다고 주장한다. 만약 투자자가 투자 계획 때문에 소비자의 저축을 이용하려고 한다면, 저축은 사회적으로 유능한 기능을 수행하게 된다. 왜냐하면 그로 인해 자원을 자본재로 바꿀 수 있게 되고 그 결과 성장률을 높이기 때문이다. 그러나 만약 이윤을 얻을 수 있는 투자 기회가 없다면 저축은 유휴 상태에 빠지게 된다. 이렇게 되면 저축은 성장에 조금도 도움이 되지 않을 뿐만 아니라 소비 감소와 판매 부진으로 인하여 기존 자본 스톡의 불완전 이용 현상이 나타나고 실업이 뒤따르게 된다. 더 나아가서는 저축 자체가 불가능하게 되는 바, 이것이 바로 "저축의 패러독스"라는 놀라운 어구의 내용이다.[3)]

저축의 역설 혹은 "검약의 역설"paradox of thrift은 경기가 하락세로 접어들

때 나타나는 경향이 있다. 사람들은 미래가 불확실하면 아파트 리모델링을 자제하고 외식도 줄이고 자동차와 같은 내구재 소비재의 구매를 미루고 저축을 늘려가려고 한다. 이렇게 되면 건설업자나 외식업체, 자동차 생산업체는 노동자를 일부 해고해야만 할 것이다. 즉, 실업률은 증가하고 사람들은 미래에 대한 불안감에 소비를 더 줄인다. 이런 연쇄 반응 때문에, 초기의 저축액이 1.000원이라면 이 돈 1,000원이 소비에서는 1,000원 보다 훨씬 많은 액수의 소비량을 떨어뜨릴 수 있다. 즉, "검약의 역설"은 경제의 순환적 흐름에서 그 파급효과가 눈덩이처럼 불어난다. 이를 케인즈의 승수이론theory of multiplier이라고 부른다. 승수이론은 경제에 작은 충격을 가했을 때, 그것이 어떻게 큰 충격으로 이어져 경기 침체를 유발할 수 있는지를 설명해 준다. 기업이 생산설비를 확대하기 위해 자동화 로봇을 백만 원에 구매했다면 로봇을 제조하는 회사는 물론 이 회사에 각종 부품을 제공하는 하청업체들의 노동자들에게도 소득이 발생하고 이들이 일부는 저축하고 일부를 소비를 한다. 이들의 소비는 동네 슈퍼에서 영화관까지 다양하게 소비되는 연쇄 반응이 일어나게 되고 처음 소비된 액수보다도 훨씬 많은 소비가 국민경제 전체에서 이루어진다. 이 승수효과의 크기를 계산하는 간단한 공식을 보면 다음과 같다.

$$\text{승수} = \frac{1}{(1-MPC)}, \text{ 혹은 } \text{승수} = \frac{1}{MPS}$$

한 국가에서 사람들이 소득의 2/3를 소비하고 1/3을 저축한다면 국가저축의 소득은 처음 투자량의 3배 만큼 늘어난다. 만약 사람들이 저축은 하지 않고 소득의 전체를 소비한다면 승수는 무한대가 된다(MPC=1, MPS=0). 처음 투자된 돈은 전혀 줄어들지 않고 경제순환과정에서 끊임없이 돌고 돌아 끝없이 소득을 창출한다. 그러나 반대로 사람들이 소득을 전부 저축한다면 승수는 1이 된다(MPS=1. MPC=0). 이는 투자된 돈이 바로 다음 사람 손에서 모두 저축되어버려 투자된 돈 이외의 소득증대 효과를 기대할 수 없다는 뜻이다. 여기서 소비량 즉 한계소비성향이 클수록 승수도 커지고 경제성장도 빨라진다는 것을 알 수 있다. 이제 소비는 미덕이 되고 저축은 더 이상 칭찬받을 덕목의 대상이 아니게 되었다.

> 따라서 만약 사회의 소비심리가, 이를테면 사회구성원들이 소득의 증가분(수량은 항상 임금 단위로 측정한다) 중 9/10를 소비하고자 한다면, 이 경우에는 승수 k는 10이 된다. 그리고 (예를 들어) 공공사업 확장을 위해 이룩된 총 고용량은 다른 방면에 있어서는 투자의 감퇴가 없다고 상정한다면, 공공사업 그 자체에 의해 제공되는 일차적 고용량의 10배가 될 것이다. 오직 사회가 고용, 따라서 실질소득의 증가에도 불구하고 소비를 변화시키지 않고 그대로 유지하는 경우에 한하여, 고용의 증가는 공공사업에 의해 이룩된 일차적 고용에 국한될 것이다. 그 반면에, 만약 그들이 소득의 증가분 전체를 소비하고자 한다면, 안정점이란 있을 수 없고 물가는 한정 없이 상승할 것이다. (일반이론, 137)

케인즈의 지적은 경기 하락은 스스로 눈덩이를 굴려 규모를 불려가며 소비 수준을 걷잡을 수 없이 떨어뜨리는 경향이 있기 때문에 이 과정을 되돌리는 유일한 방법은 누군가가 더 많이 소비를 해야 만 한다는 것이다. 하지만 소비자나 기업은 미래에 대한 불안 때문에 이럴 생각이 없거나 소득(이윤)이 없어 즉, 유효수요의 부족으로 소비량이 늘어날 수 없다면 그 역할을 대신할 주체는 정부밖에 없다는 점에 주목한다. 이것은 정치·경제학적으로 중요한 의미를 지닌다. 실업자가 있고 사용되지 않는 유휴 산업 설비가 있더라도 시장 체제가 "불완전 고용 아래서의 균형"이라는 일종의 지속적인 경제 상태에 이를 수 있다는 점과 자본주의의 지속적 성장을 가능케 하는 자기 교정 능력 즉, "자유시장의 복구 메커니즘"이 시장에는 없다는 점을 분명히 했기 때문이다.

> 변덕스러운 자본의 한계 효율과, 관성적인 수준 이하로는 거의 또는 전혀 하락하지 않는 이자율의 제약 하에서 계획도 없고 통제도 없이 투자량이 결정되는 현상 - 즉, 적어도 최근까지 존재하는 상태 – 하에서는, 이들 학설은 실제 정책의 길잡이로서는 의심의 여지없이 정당하였다. 왜냐하면, 그와 같은 상황 하에서는 고용의 평균 수준을 더욱 만족스러운 수준까지 제고시킬 그 밖의 수단이 없기 때문이다. 만일 투자를 상당히 증가시키는 것이 실행 불가능하다면, 소비를 증가시키지 않고는 더욱 높은 수준의 고용을 확보할 수단이 없는 것이다. (일반이론, 389)

자본축적이 자동적으로 이루어지지 않는다면 자본가의 자본지출을 대신할 그 어떤 것을 찾지 못한다면 경제는 극도로 침체할 수밖에 없다. 유효수요의 부족(불충분한 수요)가 경기 침체를 가져오면 소비를 늘리면 된다. 더욱이 국민들의 한계소비성향을 파악하고 있는 경우 승수 역시 알고 있는 셈이다. 따라서 적절한 액수만큼의 소비를 경제에 투입하여 생산량과 소비량 간의 불균형을 메꿈으로써 경기를 회복시킬 수 있다. 이제 경기 침체가 더 깊은 나락으로 떨어져 자본주의의 몰락으로 가는 것을 방지할 수 있는 방법은 정부가 이를 교정을 할 수밖에 없다는 것이다. 그리고 그것은 정부 지출로 나타난다. 이것이 케인즈가 전하려는 메시지의 요지이고 케인즈 혁명의 핵심 내용이다.

이성과 미래 불확실성: 자유방임과 국가 개입

불황을 타개하기 위한 방법으로 정부 개입의 필요성과 가능성에 대한 케인즈의 주장에 대한 이론적 근거들을 살펴보자. 정부 개입의 필요성은 시장실패라는 명제로부터 시작된다. 전통적인 경제학 모델과 달리 케인즈는 경제주체들이 의사결정 과정에서 직면하게 되는 불확실성의 상황에 주목한다. 정보가 부족하고 인간의 인지능력의 한계가 있기 때문에 전통적인 경제학 모델에서와 같이 경제주체들이 완전정보를 가지고 최적의 결과를 초래하는 선택을 한다는 것은 불가능하다는 점을 케인즈는 강조하고 있다. 케인즈는 인간의 이성에 대한 순진한 믿음을 가지고 있었던 것이 결코 아니다. 케인즈가 장기적 견해를 취하는 것에 대해 회의적이었던 이유는, 바로 인간은 장기의 상태에 대해 별로 알 수 있는 것도 없고, 할 수 있는 것도 없다고 믿었기 때문이다. 케인즈는 "장기적으로 볼 때 우린 모두 죽고 없다.In the long run, we are all dead"는 점을 강조한다.

케인즈 역시 자유주의적 가치(자유방임주의)를 전면적으로 부정하지는 않는다. 케인즈는 자유방임주의를 지탱하는 두 가지 주요 가정으로 자연선택이 진보로 이어지다는 가정과 인간의 노력을 이끌어내는 인센티브로서 무제한적인 이윤추구의 필요성과 효과에 대한 가정을 들고 있다. 케인즈는 화폐에 대한 사랑(이윤추구)이 교환가치의 극대화를 가져다준다는 자유방임주의의 논리가 다윈이즘과 매우 유사하다고 주장하였다. 그러나 이런 단순하고 논리적인 이론은 실제 사실이 아니라 불완전한 가정에서 나왔다는 점을 잊어서는 안 된다고 케인즈는 주장하고 있다. 개인들이 독립적으로 사익을 추구하면 총체적으로 가장 큰 부를 얻을 수 있다는 결론은 여러 가지 비현실적인 가정에 근거하고 있으며, 생산과 소비의 과정이 유기적이지 않다거나, 충분한 선지 능력을 가지고 있다고 가정하는 것이라고 케인즈는 주장하였다.

고전학파 경제학은 시장의 균형과 효율성을 설명함에 있어 개인의 합리성에 근거한다. 그리고 사익은 시장의 경쟁을 통해 공익과 조화를 이루게 된다. 반면 케인즈는 고전학파의 합리적 인간을 가정하지 않았다. 이들은 사회현상의 복잡성과 미래에 대한 불확실성으로 인한 인간의 인식능력 한계를 명확히 하였고 이런 상황에서 이성적 계산보다는 규칙과 관습 등에 의존하게 된다고 보았다.

> 실제에 있어서는 우리는 모두, 보통 암묵적으로, 사실상 일종의 관성convention에 의지하고 있는 것이다. 이 관성의 본질은 – 물론 그것이 그리 단순하게 작용하는 것은 아니다 -, 우리가 변화를 기대할 만한 구체적인 이유를 가지고 있지 않는 한, 현존의 사태가 무기한으로 계속된다고 가상하는데 있다. 이것은 우리가 정말로 현존의 사태가 무기한으로 계속하리라고 믿는다는 것을 뜻하지 않다는 것을 알고 있다. 긴 기간에 걸친 투자의 실제의 결과가 당초의 기대와 합치한다는 것은 극히 드문 일이다. 그렇다고 우리는, 무지의 상태에 있는 사람에게는 플러스와 마이너스 양 방면에 대한 오차의 확률은 똑같기 때문에 균등 확률에 기초를 둔 보험수학적 기대의 평균치가 있을 뿐이라고 논함으로써, 우리의 행동을 합리화할 수 없다. 왜냐하면, 무지의 상태에 기초를 둔 산술적 균등 확률의 가정이 터무니없는 결과를

> 가지고 온다는 것은 쉽게 증명할 수 있기 때문이다. (일반이론, 178)

케인즈는 관습이 항상 사회의 질서와 조화를 만들어내는 것은 아니지만 변화를 기대할 만한 구체적인 이유를 가지고 있지 않은 한 현 상황을 지속적으로 유지하려는 본성이 있다고 가정한다. 즉, 다수 혹은 평균적 행동을 따르는 개인들의 사회심리에 주목했다. 이것이 유명한 미인 콘테스트의 사례이다.

> 직업적 투자자는 100매의 사진 가운데서 가장 얼굴이 아름다운 6인을 선택하여 그 선택이 투표자 전체의 평균적인 선호에 가장 가까운 사람에게 상품이 수여되는 신문 투표와 비교될 수 있을 것이다. 이 경우에는 각 투표자는 그 자신이 가장 아름다운 얼굴을 선택하는 것도 아니라, 다른 투표자들의 취향에 가장 잘 맞을 것으로 생각되는 얼굴을 선택해야 하는데, 거기다가 또 투표자들은 모두 문제를 같은 관점으로부터 보고 있는 것이다. 여기에서 문제가 되는 것은 자신의 최선의 판단으로 진실로 가장 아름다운 얼굴을 선택하는 것도 아니며, 더구나 평균적인 의견이 어떤 평균적인 의견을 기대하고 있는가를 예견하는 것에 우리의 지력을 집중시키는 제3차의 영역에 우리는 도달해 있는 것이다. (일반이론, 183)

케인즈는 분명 여러 곳에서 불확실성 아래 행위 주체들은 관습에 의존하게 되고 이 관습에 의거한 행동이 어느 정도의 합리성을 갖는다고 서술하고 있지만 경제주체들이 단순히 관습에만 의존하게 된다면 자본주의 발전에 결코 바람직한 것이 아님을 분명히 하고 있다.

> 그것이 도덕적인 것이건, 쾌락주의적인 것이건 또는 경쟁적인 것이

건 간에, 수학적 기대치에 의존하는 것보다는 오히려 자생적인 낙관에 의존한다는 인간성의 특징으로 말미암은 불안정성이 또 있는 것이다. […] 우리의 결의의 대부분은, 추측건대, 오직 야성적 열기animal spirits - 불활동보다는 오히려 활동을 하려는 자생적 충동 - 의 결과로 이루어질 수 있을 뿐이며[…] (일반이론, 189)

[…] 그리고 일이 제대로 돌아가게 만드는 것은 인간의 타고난 활동에 대한 충동이며, 우리의 합리적인 자아는 가능한 경우에는 계산을 하지만 많은 경우 우리의 동기를 기분이나 감정 또는 요행에 맡기면서 여러 가지 선택의 대상으로부터의 최선의 것을 선택한다는 것, 이런 것들이다. (일반이론, 192)

《일반이론》의 핵심 주제인 불완전고용을 설명함에 있어 자본의 한계효율의 불안정성 이외에 이자율도 문제의 근원으로 케인즈는 파악하고 있다. 그리고 이 이자율 문제 역시 관습과 밀접하게 연결되어 있다. 이자율은 고도로 심리적인 현상이라기보다는 오히려 고도로 관습적인 현상이라고 말하는 것이 보다 정확할지 모른다. 왜냐하면 이자율의 실제의 값은 대체로 그 값의 예측치에 관한 지배적인 견해에 의하여 결정되기 때문이다. 이렇듯, 자본의 한계효율과 이자율에 관한 케인즈의 논의에서 관습이 공통적으로 등장하게 되는데 관습에 의거한 경제주체들의 행위는 실업이나 불안정성 같은 부조화를 만들어내며 자본주의 발전에 걸림돌이 된다.

케인즈의 시각에서 실업의 원인이 되는 불확실성의 문제는 개인 차원에서 해결될 수 없는 문제이며 이는 '정부의 아젠다'가 된다.[4] 첫째, 현대 많은 경제적 해악은 리스크, 불확실성, 무지에 의해서 발생하는 문제라고 케인즈는 보았다. 개인들은 불확실성과 무지를 이용할 능력을 가지고 있지 못하기 때문이며, 대규모 사업은 복권과 같아 큰 불평등을 초래하기 때문이다. 또한 불확실성은 실업의 원인이며 합리적인 사업 기대에 혼란을 초래하며, 생산의 효율성을 손상시킨다. 이에 대한 해법은 개인의 영역을 벗어난 것으로 케인즈는 판단하고 있다. 둘째는 저축과 투자의 문제이다. 한 사회의 적절한 저축 규모, 적절한 규모의 해외투자, 현재의 투자시장이 저축을 효율적으로 배분하고 있는가를 판단하는 일 역시 사적인 판단이나 사적 이윤에만 의존할 수 없는 문제라고 보았다. 셋째는 인구의 문제이다. 각 국가는 적절한 인구 규모에 대한 국가적 정책을 고려해야 할 시점에 이르렀다는 것이 케인즈의 판단이었다. 또한 정부 정책의 목적은, 관습이 야기하는 실업 등 사회 전체의 부정적 결과를 피하기 위해 경제주체와 시장의 관습을 바꾸는 데에 있다. 따라서 정부 정책의 필요성이 케인즈이론 체계에서 등장하게 되며, 케인즈는 정부 정책이 개인과 시장의 관습을 바꿀 수 있다는 희망을 가지고 있었다.

> 재정정책의 가능한 변화의 범위는, 적어도 기대에 있어서는, 이자율 자체에 있어서 보다 더 클 수 있다. 만약 재정정책이 소득의 더욱 균등한 분배를 위한 의도적인 정책수단으로 사용되는 경우는 그것이 소비성향을 증가시키는 효과는 물론 훨씬 커질 것이다. […]정부가 차입 정책으로부터 그것과는 반대의 정책인 감체기금을 적립하는 정책으로 전환한다면(또는 전환 방향이 그 반대의 경우에는), 그것은 유효수요의 급격한 축소(또는 현저한 확대)를 야기할 수 있는 것이다. (일반이론, 112)

정부 개입에 대한 이러한 케인즈의 주장은 무지하고 비합리적인 시장 참여자와 합리적인 정부를 상정하고 있는 셈이다.[5] 그럼 정부는 유효수요를 늘리기 위해 어떤 유형의 지출을 해야 하는가? 케인즈는 학교, 병원, 공원, 여타 공공시설 등의 건설과 같은 유익한 공공사업을 지향했다.

하지만 그는 이것이 또한 부자보다는 중간 및 하층 소득자에게 훨씬 큰 혜택을 준다는 것을 알고 있었다. 물론 정부 지출이 정치권력을 가진 소수의 자본가에게 집중된다면 전체 사회에 혜택이 일어나는 것은 매우 제한적일 수밖에 없다. 이명박 정권에서 이루어졌던 4대강 사업이 수질 개선이나 고용 확대 등과 같은 효과보다는 소수의 건설업자에게 경제적 이익이 집중되었다는 것이 이를 증명한다.

> 고대 이집트가 두 가지 활동, 즉, 피라미드의 건조와 귀금속에 대한 탐색을 행하였다는 점에 있어서 이중으로 운이 좋았고, 그 신화적인 부(富)도 의심의 여지없이 이 활동의 덕택이었다. 이 활동의 과실들은 소비를 통하여 인간의 필요를 충족시키는 것이 아니기 때문에 풍족하다고 해서 값어치가 떨어지지는 않는 것들이다. 중세에는 사원을 세우고 만가를 노래하였다. 두 개의 피라미드, 사자를 위한 두 개의 미사곡은 하나에 비하여 2배의 효과가 있었다. 그러나 런던에서 요크까지의 두 개의 철도는 그렇지 않다. (일반이론, 153~154)

결론적으로 케인즈의 일반이론은 오늘날 거시경제학이라고 불리는 분석적 체계의 토대를 마련했다는 점에서 학문적 의미가 있다. 완전고용과 가격 조정 메커니즘을 전제로 한 공급이 수요를 창조한다는 세이의 법칙Say's law을 거부하고 수량 조정 메커니즘을 토대로 한 유효수요의 원리에 의해 고용문제를 설명함으로써 유효수요 진작을 위한 정부 개입의 여지를 제공함으로써 재정정책 등 정부 경제정책의 이론적 토대를 마련함으로써 케인즈 혁명의 시작을 알렸다. 또한 화폐의 적극적 기능을 강조함으로써 화폐가 실물경제에 미치는 영향을 경제 분석에 (유동성 선호 이론, 투자 이론 등) 도입하였을 뿐만 아니라 행위 주체자들의 비합리적 합리성(야성적 열기animal spirits)에도 주목함으로써 개인의 합리성에 기초한 고전학파와 결별하였다.

케인즈는 《일반이론》의 마지막 장에서 "우리가 살고 있는 경제사회의 두드러진 결함은 완전고용을 보장하지 못한다는 점, 그리고 부와 소득의 분배가 자의적이고 불평등하다는 점에 있다.[448]"로 시작한다. 경제적 효율성과 사회정의 그리고 개인의 자유에 대해 논의함으로써 자신의 경제철학을 분명히 하고 있다. 특히 이자생활자의 안락사euthanasia of the rentier를 논하면서 사회적으로 억압적인 부와 소득의 분배가 잘못된 시장 메커니즘에서 발생하고 있음을 주장한다. 사회정의는 적절한 고용량을 보장하고 균등한 소득과 부의 분배를 보장함으로써 가장 잘 확보될 수 있다. 경제적 효율성과 정의는 투자의 사회화가 완전고용을 달성하고 자본의 희소성을 제거할 때 달성될 수 있다. 이를 통해 자본소득이 획기적으로 줄어들고 (소득과 유산에 대한) 직접세가 적절한 소득분배를 보장하는 시스템이 구축되어야 한다.[6)]

> 경우에 따라서는 어느 정도의 불평등을 정당화할 수도 있으리라는 것을 완전히 부인하는 것은 아니다. […] 이것은 특히 상속세에 대한 우리의 태도에 영향을 미친다. 왜냐하면, 소득의 불평등을 정당화하는 데에는 약간의 이유가 있다고 하더라도 그것은 유산의 불평등에 그대로 적용되는 것은 아니기 때문이다. […] 나 자신으로서는 소득과 부의 상당한 불평등을 정당화하는 사회적 및 심리적 이유가 있다고 생각하지만, 그것이 오늘날 존재하는 것과 같은 큰 격차를 정당화할 수는 없다. 가치 있는 인간의 행동 가운데는 그것이 완전한 결실을 맺기 위해서는 치부의 동기와 부의 개인소유의 환경을 필요로 하는 것이 있다. (일반이론, 450)

케인즈는 자본주의가 건전하게 발전하기 위해서는 소득불평등 문제를 해결해야 하다는 것을 인식하고 있었다. 이는 빈사상태에 빠진 자본주의를 구원하기 위한 정부의 효율적인 경제 개입의 근거로 사용되었다. 소비와 정부 지출을 통한 완전고용의 유지가 보다 더 공정한 소득분배를 가능케 함으로써 내재적으로 결함 있는 자본주의 경제 시스템을 교정하려는 정책적 대안을 제시한다. 케인즈가 취한 이런 입장을 우리는 "복지국가형 수정자본주의"라고 표현할 수 있다.

케인즈의 유산과 부활

경제학에서 코페르니쿠스적 전환을 가져 온 케인즈 혁명은 지난 70년 동안 그야말로 다양하게 해석되고 발전되면서 변천해 왔다. 케인즈 이론은 1940년부터 1970년대까지 경제학의 주류로 자리 잡게 되었고 각국의 경제정책에도 다양하게 응용되면서 복지국가형 수정자본주의 모델 형성과 세계경제의 지속적인 고도성장에 기여해 왔다. 동시에 소비를 중시하고 재정지출을 통한 경기 확장 정책은 깨어지기 쉬운 부채경제(신용경제)의 구조를 만들어 내는데도 일조하였다. 비록 케인즈가 (1) 정부가 정책을 통해 완전고용에 가까운 경제 상태를 달성할 수 있다는 것과 (2) 정부가 정책을 통해 형평성 있고 바람직한 소득분배 상태를 달성할 수 있다는 것을

이성과 미래 불확실성

교훈으로 남겨주었지만 1970년대 초반에 발생한 석유파동이 세계경제를 인플레이션의 와중으로 몰아넣었고 그 결과 인플레이션과 연관된 화폐 문제에서 금리의 역할이 부활하면서 케인즈 이론은 위기에 봉착하게 된다.[7] 또한 경제정책에서의 정부 역할에 대한 신화도 복지국가 운영에 따른 만성적 재정적자로 인해 여기저기서 깨어지기 시작했다. 그러면서 다시 개별 경제 주체의 합리적 경제행위에 주목하면서 고전학파의 부활(신 고전학파 혹은 통화주의)이 시작되었다.

1980년대 이후 신고전학파 이론에 기댄 신자유주의 이념이 세계화의 물결과 함께 전 지구적으로 확산되면서 케인즈 이론은 시들어져 갔다. 그러나 전례 없는 세계 금융위기가 찾아왔던 2008년 말 케인즈는 무덤속에서 부활하는 듯했다.[8] 우리는 자본주의가 스스로 균형을 달성하는 완벽한 시스템이 아니란 사실을 다시 한 번 경험을 통해 깨닫고 있다. 신자유주의자들로부터 경제를 구하기 위해 정부가 나서야 한다는 주장도 점점 힘을 얻고 있다. 세계화로 인한 세계경제의 불안정성의 심화와 소득 불평등의 악화 등이 사회적 이슈로 등장하면서 케인즈의 사상은 다시 주목받고 있다. 그 비전을 요약하자면 자본주의는 우리가 획득할 수 있는 작동 가능한 유일한 체제이지만 이 시스템은 두 가지 치명적 결함을 가지고 있다. 첫째는 도덕적 결함이다. 2008년 세계 금융위기를 촉발한 인간의 탐욕이 이를 여실히 보여주고 있다. 둘째는 자본주의 경제적 결함으로 자본주의의 금융 시스템이 얼마나 허약한지를 리먼브라더스 사태[9]가 증명했다. 이는 자본주의 경제 시스템은 강력한 정부의 존재 없이는 만족할 수 없다는 것을 역설적으로 보여준 셈이다. 왜냐하면 정부라는 존재는 전례 없는 세계화 과정에서 경쟁의 필요성과 함께 그 경쟁의 과정에서 생긴 희생자들에게 복지와 교육이라는 관대한 프로그램을 제공해줄 필요성도 깨닫고 있기 때문이다.[10]

토론 주제

- 정부의 개입은 전지전능한 것인가? 정부 실패는 없는가?
- 국가가 사회적 불평등을 해소시킬 수 있는가?
- 소비는 미덕이고 절약은 악덕인가?
- 소비 중시에 따른 부채경제의 원인이 케인즈 이론에 책임이 있나?
- 인간은 정말 경제적 동물(호모 에코노미쿠스: Homo economicus)인가?
- 야성적 충동(animal spirits)이 경제활동에 정말 중요한가?
- 소득불평등을 해소하기 위한 정부 정책은 무엇이 있나?
- 유효수요 창출은 정부 지출로만 가능한가?
- 청년실업문제를 해결하기 위한 정부의 역할은 무엇인가?
- 우리나라도 서구형 복지국가의 실현이 가능한가?

더 읽을 거리

- 김진방, 박만섭, 이규상, 최양규, 홍훈(2014), 경제의 교양을 읽는다, 현대편, 다난출판
- E.K 헌트와 라우젠히이저 지음, 홍기빈 옮김(2015), 애덤 스미스부터 21세기 자본주의까지 비판적 관점으로 본 E.K. 헌트의 경제사상사, 시대의 창
- 제리 멀러 지음, 서찬주, 김정환 옮김(2006), 돈과 시장의 경제사상사, 자본주의의 매혹, Human & Books
- 하이먼 민스키 지음, 신희영 옮김(2014), 케인즈 혁명 다시 읽기, 후마니타스
- 토드 부크홀츠 지음, 이승환 옮김 (1994), 죽은 경제학자의 살아있는 아이디어, 김영사
- W.C. 비븐(1991), 누가 케인즈를 죽였나, 교문사
- 로버트 스키델스키 · 에드워드 스키델스키 지음, 김병화 옮김(2013), 얼마나 있어야 충분한가, 부키
- 로버트 하일브르너 지음, 장상환 옮김(2005), 세속의 철학자들, 이마고
- 황재홍(2011), 불확실성과 합리성 그리고 정부개입: 케인즈와 하이에크, 經濟學研究, Vol.59 No.4, 147~167
- E.K 헌트와 라우젠히이저 지음, 홍기빈 옮김(2015), 애덤 스미스부터 21세기 자본주까지 비판적 관점으로 본 E.K. 헌트의 경제사상사, 시대의 창

주

1) J.M. 케인즈 저, 조순 역(2010). 고용, 이자 및 화폐의 일반이론, 비봉출판사

2) 이 짧은 미래주의적 에세이는 대공황이라는 당면 과제에 밀려 크게 주목을 받지는 못했지만 부(富)란 무엇을 위한 것인가? 좋은 삶을 살아가려면 얼마나 많은 돈이 필요한가? 라는 물음을 던지고 있다는 점에서 최근에 새롭게 평가되고 있다. 이에 대해서는 다음 책을 참고하기 바람. 로버트 스키델스키 · 에드워드 스카델스키 지음, 김병화 옮김 (2013), 얼마나 있어야 충분한가, 부키

3) W.C. 비븐(1991), 누가 케인즈를 죽였나, 교문사, 142~143쪽

4) Skidelsky, R., "Hayek versus Keynes: the Road to Reconciliation," in The Cambridge Companion to Hayek, edited by Feser, E., Cambridge University Press, 2006.pp.291-292 , 황재홍(2011), 불확실성과 합리성 그리고 정부개입: 케인즈와 하이에크, 經濟學硏究, Vol.59 No.4, 147-167, 159쪽에서 재인용

5) Skidelsky, R., "Hayek versus Keynes: the Road to Reconciliation," in The Cambridge Companion to Hayek, edited by Feser, E., Cambridge University Press, 2006.pp.291-292 , 황재홍(2011), 불확실성과 합리성 그리고 정부개입: 케인즈와 하이에크, 經濟學硏究, Vol.59 No.4, 147-167, 159쪽에서 재인용

6) 하이먼 민스키 지음, 신희영 옮김(2014) 케인즈 혁명 다시 읽기, 후마니타스, 259쪽

7) 이러한 현상을 스태그플레이션이라고 하는데 이 현상은 종전의 인플레이션 현상과는 본질적으로 다른 형태였다. 통상 인플레이션은 물가는 상승하지만 생산과 고용이 증가시키는 현상을 수반하지만 1974-75년의 인플레이션은 물가 상승이라는 나쁜 현상과 산출량의 감소와 실업의 증가가 동반된 것이다.

8) 금융시장에서 자산의 거품과 그 거품의 붕괴가 자본주의가 가진 근본적인 불확실성 속에서 점차 커져갔지만 "효율적 시장 가설"(Efficient Market Hypothesis : 이용 가능한 모든 정보가 시장가격에 즉각적으로 반영되므로 과거 정보를 통해 미래 가격을 예측하는 것은 불가능하다고 보는 이론)과 포트폴리오 이론을 적극 수용한 신자유주의자들은 금융자산 가격은 균형가격을 향해 움직인다고 믿었다. 만약 특정 종목의 주가가 지나치게 낮으면 정보 우위의 투자자가 매입해 가격을 끌어올리고, 특정 종목의 주가가 지나치게 높으면 정보 우위의 투자자가 이를 매도해 가격을 끌어내린다고 생각했다. 따라서 시장에 거품이 형성될 수 없으며, 거품이 형성되더라도 정보 우위의 투자자가 이를 제거할 것으로 믿었다. 그러나 케인즈는 인간의 야성적 충동 때문에 비이성적 투기는 불가피하고 한다고 주장했다.

9) 미국 금융시장에 대한 정부 규제가 풀리고 주택시장에서 거품이 일어나자 금융기관들이 비우량 모기지(subprime) 상품을 팔기 시작하면서 세계 금융시장의 위기가 시작되었다. 금융기관들은 채무자의 상환능력을 무시한 채 비우량 모기지 상품을 무분별하게 난발하여 영업이윤만을 추구했다. 주택시장의 거품이 꺼지고 비우량 모기지 상품의 시장 유통성이 급격히 떨어지면서 2008년, 150년 역사의 투자은행 리먼브러더스가 파산하게 된다. 리먼브러더스의 붕괴는 전 세계의 금융시장을 흔들어놓기에 충분했다.

10) 로버트 하일브르너 지음, 장상환 옮김(2005), 세속의 철학자들, 이마고, 379쪽

고전읽기와 토론

발 행 일 I 2018년 2월 28일 1쇄 발행
I 2019년 2월 28일 2쇄 발행

저 자 I 한남대학교 탈메이지교양교육대학
교재개발(편찬)위원회
편찬위원 I 마정미, 정명기, 성백용, 이하준, 이인수, 이기호
발 행 처 I 한남대학교출판부(글누리)
대전광역시 대덕구 한남로 70(오정동)
Tel (042) 629-7722
Fax (042) 629-7264
인 쇄 처 I 바름
Tel (042) 628-2412

ISBN 978-89-7066-384-5 03100

가격 15,000원